포스트휴먼 시대의 휴먼

포스트휴먼 시대의 휴먼

포스트휴먼사이언스 01

POSTHUMAN

한국포스트휴먼연구소 ·
한국포스트휴먼학회 편저

아카넷

《포스트휴먼사이언스 총서》 간행에 부쳐

인간이 한낱 자연물인지 그 이상의 어떤 품격을 가지고 있는지에 대한 팽팽한 논란의 와중에 이 논란을 더욱더 격화시키고, 인간 위격(位格, humanism)의 근본을 뒤흔드는 상황을 빚은 것은 유사인종('posthomo sapiens')의 출현 가능성이다. 인간의 지능 못지않은 또는 그것을 능가하는 인공지능이 개발되고, 그에 힘입어 종래에 인간이 해냈던 일들을 척척, 경우에 따라서는 더욱더 효율적으로 해내는 로봇이 곳곳에서 활동하며, 인체에 대한 물리학적·생물학적 탐구가 진전해감에 따라 자연인과 얼핏 구별하기도 어렵고, 어느 면에서 훨씬 탁월한 사이보그가 활보하는 사회도 멀리 있지 않은 것 같다.

이러한 상황에서 인간의 수명 연장과 능력 증강에 대한 욕구가 과학기술을 부추기면 아마도 자연인으로 태어난 인간도 종국엔 모두 사이보그가 될 것이다. 심장은 기계펌프로 교체되며, 어떤 장기는 여느 동물의 것으로 대체되고, 부실한 한 쪽의 뇌는 인공지능이 대신할 가능성 또는 우려가 점점 커지고 있다. 의생명공학적 조작에 의해 다수의 동일인이 대체(代替)적으로 생을 이어갈 수도 있으며, 사람이 노화는 해도 노쇠는 하지 않아 더 이상 동물적 죽음은 없을 것이라는 전망마저 나오고 있다. 게다가 당초에는 인간에 의해 제작되고 조정을 받던 로봇이 정교화를 거듭하면 마침내는 스스로 로봇을 제작하고 스스로 조작하고 조정하여, 도리어 인간을 제압하고 자기 도구로 사용하는 국면마저 도래할지도 모를 일이다.

"지식이야말로 힘이다"라는 매력적인 표어는 과학적 지식이 전근대적인 삶의 고초들로부터 사람들을 해방시키고, 의식주의 필수품을 구하는 데 매인 사람들의 삶에 자유와 여가를 줌으로써 충분한 신뢰를 확보하였다. 그러나 힘인 지식은 '가치중립적'이라는 구실 아래 어느 주인에게나 순종한다. 힘인 지식은 타인을 지배하고, 자연을 개작하고, 세계를 정복하고, 수요가 있는 곳에서는 제한 없이 이용된다. 지식은 기술에든, 자본에든, 권력에든, 전쟁에든 가리지 않고 힘이 된다. 과학과 기술이 갈수록 인간생활의 중심을 이루는 것은 사람들이 자연과 인간을 완전히 지배하기 위해 자연과 인간을 이용하는 지식=힘을 과학과 기술에서 얻을 수 있다고 보기 때문이다. 과학기술의 진보는 실로 자연, 즉 대상(객체)들을 지배할 힘을 증대시켜간다. 그러나 그 결과는 자칫 인간의 인간다움을 위협하거나 훼손시킬 수도 있다.

산업적으로 군사적으로 그 유용성이 점차 확인되는 마당에서

로봇의 기능은 급속도로 향상될 것이며, 인간의 끝없는 생명 연장 욕구를 충족시키는 의료기술과 함께 생명공학은 진시황적 소망을 성취하기 위해 질주할 것이다. 그리고 이를 정당화하는 논리 또한 개발될 것이다. 이른바 '포스트휴머니즘(posthumanism)'은 자칫 그러한 궤도에 들어설 우려가 크다. 이러한 시대 상황에서 인간 위격의 고양을 위해 우리는 무엇을 할 것인가?

《포스트휴먼사이언스 총서》는 이러한 문제의식과 물음을 공유하는 사람들이 함께 해답을 찾는 도정에서 얻은 결실들을 담고 있으며, 이 총서의 간행은 〈한국포스트휴먼연구소〉〈한국포스트휴먼학회〉와 '미래로!'라는 슬로건 아래 미래 사회를 전망하고 대비하는 〈대우재단〉의 협업에 의해 이루어진 것이다. 이 총서가 도래하는 포스트휴먼사회의 현실에 대한 인식을 확산시킴으로써, 휴먼과 포스트휴먼의 공존이 더욱더 휴머니즘의 진보를 이끄는 데 기여할 것을 기대한다.

2016년 11월 1일
《포스트휴먼사이언스 총서》기획간행위원회
위원장 백 종 현

차례

서문

포스트휴먼 사회를 그리다

도구의 역사는 철학의 역사보다 길다. 자연과 자기 스스로에 대해 질문을 던지기 훨씬 이전부터 인간은 도구를 사용하여 험악한 환경을 이기며 살아왔다. 인간을 호모사피엔스라 부르며 생각하는 존재임을 강조한 것은 후세의 철학적 인간이 저지른 사소한 부정직이다. 생각하는 능력이 전제되어야 도구의 필요를 알고 그 것을 사용할 수 있다고 우길 수 있겠지만, 여전히 생각이 도구의 사용을 지배했다고 보기는 어렵다. 호모사피엔스보다 호모파베르, 즉 도구를 만들어 사용하는 자로서의 인간이 더 원초적이다.

동물도 제한적이지만 도구를 사용하는 경우가 있다는 당연한 반론은 일면 타당하다. 그러나 인간의 생각이 동물의 제한된 생각과 달리 발전해 가듯이, 인간의 도구 사용은 사용하는 인간 자신을 바꾼다는 점에서 동물의 도구 사용과 다르다. 사람이 도구를 사용하지만, 도구는 다시 사람을 바꾸고 특징짓는다. 고대사를 구석기, 신석기, 청동기, 철기 등으로 구분하는 것은 그들이 사용한 도구가 삶과 사유의 방식에 미친 영향력을 인정할 수밖에 없기 때문이다. 최근 여러 사람들이 4차 산업혁명과 포스트휴먼을 운운하는 것 역시 같은 맥락에서 이해할 수 있다. 새로운 기술이 초래한 포스트휴먼의 등장과 그 함의, 이것이 이 책에서 심층적으로 다루고자 하는 내용이다.

우리는 어떤 미래를 살아가게 될까

현대기술의 발전 과정에서 몇 가지 중요한 계기들이 있었다. 그 한 축은 엄청난 동력이다. 증기기관의 발명으로 대형 기계들이 엄청난 물리력을 발휘하게 되었고, 마침내 핵융합 기술로 지구 전체를 날려버릴 힘마저 가지게 되었다. 전기는 정보와 동력을 멀리 전달할 수 있게 함으로써 공간의 의미를 완전히 바꾸어 놓았고, 컴퓨터는 과거에 불가능했던 연산 능력을 가용하게 만들었다. 화학과 관련 기술은 과거에 존재하지 않던 플라스틱 같은 물질들로 세상을 채웠고, 생명공학 덕분에 유전자 조작도 가능해졌다.

21세기 들어 산발적이고 국지적으로 발전해 오던 기술들이 융합하는 흐름이 이어지는데, 바로 이 지점에서 포스트휴먼에 대한 논의가 시작된다. 본문에서 자세히 논의될 것이므로 간단하게만 말하자면, 포스트휴먼은 다양한 기술의 발전 때문에 나타나는 새로운 인간형이다. 이전의 기술도 인간의 삶과 사고에 영향을 미쳤으므로 인간의 변화 자체가 새로운 것은 아니다. 그러나 그동안 축적된 변화들과 최근에 사용할 수 있게 된 기술들은 좀 더 단절된 방식으로 새로운 인간의 출현을 예고한다. 인간향상 기술로 인간의 자연 능력을 획기적으로 강화하거나, 수명을 비약적으로 연장시키거나, 인공물이 인간의 고유 능력을 수행할 수 있게 되는 것 같은 일들이 점차 현실화되는 중이다.

포스트휴먼 사회로의 전환을 주도하는 기술과 그 결과들은 과거의 기술이나 그로 인해 일어난 변화들과 다른 몇 가지 특징을 지닌다. 그 하나는 융합이다. 4차 산업혁명에서는 지금까지 따로 발전해 오던 기술들이 융합하면서 엄청난 시너지 효과를 얻는다. 특히 정보통신기술(ICT)은 기존의 여러 기술들과 합쳐져 놀라운 시너지 효과를 낸다. 인공지능, 자율주행자동차, 로봇기술 등이 대표적인 예다. 그 영향력의 규모도 물론 폭발적이다. 전기나 컴퓨터가 얼마나 빠른 시간에 얼마나 엄청난 변화를 일으켰는지를 생각해 본다면, 굳이 새로울 것이 없다고 생각할 수도 있다. 그러나 이미 구축된 기술 환경, 예를 들면 인터넷망이 전 세계를 연결하는 상황에서 일어나는 새로운 발전은 이전과는 비교할 수 없는 속도와 규모의 변화를 이끌어낸다.

포스트휴먼 시대가 가지는 또 다른 특징은 엄청난 힘의 불균형이다. 과거의 기술들 역시 막대한 자본과 권력을 기반으로 해서 발전한 경우가 많았다. 그러나 포스트휴먼의 시대로 우리를 이끄는 핵심 기술들은 그 개발과정과 결과 면에서 자본과 권력의 집중과 더욱 철저하게 결탁되어 있다. 이러한 상황에서 대다수의 비전문가들은 사용자로, 주변인으로, 관찰자로, 기술의 대상으로 점점 밀려나게 된다. 모두가 기술을 누리고 그 혜택을 받는 것 같다는 인상은 거의 망상에 가깝다.

포스트휴먼 시대를 규정하는 세 번째 특징은 과거와는 달리 그 전환에 관심을 보이는 사람들이 많다는 점이다. 물론 기술의 발전이 모두에게 좋다는 생각은 지금까지도 많은 이들에게 유효하다. 그러나 새롭게 다가오는 엄청난 변화에 면하여 약간의 변화도 감지된다. 4차 산업혁명에 대한 언론의 보도가 많이 있는데, 그 내용에 거의 예외 없이 미래의 실업에 대한 우려가 포함되는 것이 그 한 예이다. 기술사회의 발전을 주도하는 전문가와 정책결정자들 역시 새로운 사회의 도래에 대해 이전보다 조심스러운 태도를 취한다. 엄청난 경쟁 상황에서 미래를 예측하고 대비하는 것의 중요성은 과거와 다르지 않지만, 기술발전으로 인한 변화들의 정당성에 대한 의문에 대처해야 하는 부담이 커지는 셈이다. 포스트휴먼사이언스 총서와 이 책의 문제의식도 바로 여기에 있다.

포스트휴먼 사회의 제도와 정책

포스트휴먼과 포스트휴먼의 시대에 접근하는 방법은 다양하다. 그러나 시급하게 논의해야 할 중요한 주제 중 하나가 급변하는 상황에 맞는 제도와 정책이다. 이 책을 시작으로 해서 앞으로 계속 발간될 총서들은 포스트휴먼 시대의 최신기술과 그에 따른 변화가 요구하는 적절한 법 제도와 정책을 고민하고 구체적인 대안을 제시하는 것을 목표로 한다.

이 목표는 간명하지만, 그것을 제대로 성취하기 위해서는 품이 많이 든다. 우선 포스트휴먼 사회로의 변화 전반이 가지는 함의를 명확하게 진단하고 개별 기술이 초래할 영향력을 예측해야 한다. 그 변화를 이끄는 개별 기술에 대한 이해가 있어야 하고 관련된 철학과 사회학의 성찰이 필요하다. 좋은 제도와 정책을 제시하기 위해서는 그것을 뒷받침하는 다양한 유관 분야들을 면밀히 검토하고 연구해야 한다.

이러한 노력은 쉽지 않다. 우선 이와 같은 논의가 실질적인 효과를 거두기 위해서는 주요 기술들이 완전히 개발되어 전면 사용되기 전에 미리 이루어질 필요가 있다. 그런데 다른 한 편으로는 아직 그 실체가 완전히 드러나지 않은 기술이나 아직 실현되지 않은 상황을 염두에 두고 논의를 전개해야 하는 불가피한 한계가 있다.

그럼에도 불구하고 이러한 시도가 중요한 이유는 명백하다. 일단 기술이 개발되고 변화가 도래하면 어떤 방식으로든 그 상황을 다루기 위한 법령과 제도가 필요하다. 이를 미리 준비하지 않으면 당장 생겨나는 변화들에 대처하기 위해 임시방편으로 내 놓는 대책들의 피해에 모두가 노출될 수밖에 없다. 또 예상되는 문제와 변화들을 미리 고찰하여 요즈음에 일어나는 기술발전의 과정에서 고려해야 할 내용이 무엇인지를 파악할 수 있는 장점도 있다. 기술의 발전은 진공 상태에서 이루어지는 것이 아니라 일정한 맥락과 조건에 의존한다. 따라서 무조건 혁신의 노력에만 매진할 것이 아니라 다양한 성찰을 통해 적정한 발전의 방향을 모색하는 대안을 미리 제시해야 한다.

이러한 작업이 융합되는 것은 필연적이다. 법령과 제도를 정비하는 것은 법률과 행정의 영역이지만, 공학의 지식과 무관하게 추진될 수 없다. 새로운 기술과 제도의 등장이 초래할 사회 변화와 그 함의를 분석하기 위해서는 사회학과 철학의 기여가 필요하다. 이 책의 저자들이 다양한 영역의 전문가들로 이루어진 이유가 여기에 있다.

인문학자, 법학자, 공학자의 콜라보: 《포스트휴먼사이언스 총서》

주지하다시피 이 책은 한국포스트휴먼학회가 주도하여 발간하는 《포스트휴먼사이언스 총서》의 제1권이다. 한국포스트휴먼학회는 앞에서 서술한 포스트휴먼 시대를 제대로 대비하고 대안을 제시하기 위해 결성되었고 다양한 분야의 관심 있는 학자들과 전문가들이 참여한다. 학회의 구성원들은 공학, 과학, 철학, 법학, 사회학, 행정학, 교육학 등 다양한 분야에 걸쳐 대학, 기업, 연구소, 정부 등 다양한 곳에서 자신의 전문성을 발휘하는 이들이다. 서로 다른 입장과 접근방식에도 불구하고 구성원 모두는 포스트휴먼 사회의 도래를 준비하는 가장 좋은 방법이 융합이라는 데 공감하였다. 큰 변화가 일어나고 있으며, 그 변화는 각자의 전문성만으로 대응할 수 없다는 것을 인정한 것이다.

소통이 가능하게 하는 최소한의 지적 바탕을 구축할 수 있는 계기가 필요했기에 학회가 구성된 후 지난 1년여 동안 거의 매달 콜로키움을 열어 다양한 분야의 전문가들의 발표를 듣고 토론했다. 콜로키움에서는 다양한 주제를 다루었는데, 그중에서도 총서 2권의 주제가 되는 자율주행자동차에 대해 여러 번에 걸쳐 집중적으로 배우는 시간을 가졌다. 앞으로 당분간은 인공지능을 주제로 다루고 다른 분야로 이어갈 계획이다.

이렇게 논의의 주제는 주로 개별 기술들이지만 이어지는 토론은 철학, 법학, 사회학, 행정학의 범위를 넘나들게 마련이다. 이렇게 소통하면 공학자가 아닌 이들은 과학기술의 발전이 얼마나 높은 수준에 이르렀는지를 깨닫게 된다. 공학자들은 자신들이 수행하는 연구와 프로젝트가 가지는 여러 가지 함의에 새삼 놀라곤 한다. 이 모임에서 발표된 후 이 책에 포함된 글들을 포함해서 이 책에 실린 모든 논고가 이러한 소통의 연장선상에 있다.

대안을 마련하기 위해 시작한 소통이지만, 시간이 지날수록 명백해지는 것은 소통 그 자체가 포스트휴먼 사회의 대안이라는 사실이다. 소통하면 막연한 두려움이 해소되고 단순하게 생각했던 문제들의 심각성을 알게 된다. 소통은 현재 상황을 파악하기 위해서도 중요하지만 미래를 설계하는 데에도 큰 의미를 가진다. 각자의 전문성을 모두 공유할 수는 없다 하더라도, 일정한 내용 파악 능력(literacy)을 가지는 것은 매우 유익하다.

이 책은 이러한 소통의 기초를 마련하는 것을 목표로 한다. 독자들은 여러 저자의 글에서 포스트휴먼의 개념과 이슈들을 파악하고 관련 논의가 진행되는 여러 가지 방식들을 보게 될 것이다. 이 책이 지금까지 이루어진 소통의 내용을 전달할 뿐 아니라 독자들과의 소통으로 이어지기를 바란다.

이 책의 구성

철학, 법학, 과학기술학의 전공자와 공학 학위를 가진 변호사, 철학을 거쳐 언론학 박사를 받은 과학기술 전문기자가 한 가지 주제로 쓴 글을 함께 읽는 경험은 흔치 않을 것이다. 서로 다른 분야의 저자들이 함께한 만큼, 이 책의 각 장들은 그 형식이나 내용에서 일정한 차이를 지닌다. 그러나 그 성격이 매우 융합적이라는 공통점이 있다. 포스트휴먼의 논의가 기술을 매개로 하기 때문이기도 하지만, 여기에 실린 글들은 어느 한 분야의 범주를 넘어선다. 그래서 저자의 전공에 따라 각 장을 배치하려던 다소 안이한 최초 기획은 완성된 원고가 들어오면서 수정되었다. 각 원고의 장점을 살리고 공통점을 부각하기 위해 다소 촘촘하지만 8개의 원고를 4부로 나누어 구성하였다.

먼저 1부 1장 「포스트휴먼의 개념적, 규범학적 의의」에서는 포스트휴먼과 포스트휴머니즘에 대한 자세한 소개와 함께 포스트휴먼의 가능성으로부터 파생되는 여러 물음들을 소개한다. 김건우 교수는 포스트휴먼과 트랜스휴먼과 같은 개념들을 주창한 여러 학자들과 흐름을 자세히 일별하고, 어떤 기술들이 이 개념들에 연루되어 있는지도 상세하게 밝힌다. 그는 포스트휴먼의 시대가 가까이 왔는데도 불구하고 관련된 논의는 기술의 안전성 문제에서 많이 진전되지 않은 것을 문제 삼는다. 특히 포스트휴먼이 될 가능성을 수용하는 데 있어 어떤 규범적인 판단을 해야 할 것인지에 집중하면서 관련된 다양한 질문들을 제기하고 답한다.

2부는 포스트휴먼의 등장으로 인해 생겨나는 근본 개념들, 그중에서도 인간 개념에 대한 재검토와 성찰을 중심으로 구성된다. 백종현 교수는 2장 「포스트휴먼 사회와 휴머니즘 문제」에서 동서양의 역사에서 인간을 어떻게 이해해 왔는지를 개괄하고 인간 존엄성의 근거를 인간의 이성성, 자율성, 도덕성에서 찾을 수 있음을 보인다. 그러나 이러한 인간 개념은 현대에 와서 인간의 정신보다는 신체를 기준으로 삼는 민주주의와 인과적 설명을 보편적으로 적용하고자 하는 자연과학의 발전으로 혼란에 처했다고 분석한다. 이 혼란은 과학기술을 통해 인공지능을 탑재한 유사인간의 개발 가능성에 이른 포스트휴먼 시대에 이르러 절정에 달한 셈이다. 이에 저자는 "과연 '인간'은 무엇인가?"라는 가장 근본적인 물음으로부터의 철학적 재검토가 시급함을 역설한다. 이어서 제시된 철학적, 법적, 사회적 문제를 제시하는데, 이들은 이 책뿐 아니라 본 총서 시리즈를 통해 다루어야 할 다양한 주제를 포괄한다.

천현득 교수의 「인간향상 기술을 통한 포스트휴먼 되기: 인간 본성은 여전히 쓸모 있는 개념인가?」는 최근 실제적인 성과를 거두고 있는 인간향상 기술이 제기하는 인간 본성 개념에 대한 도전을 집중적으로 다룬다. 인간향상 기술에 찬성하는 사람이나 반대하는 사람 공히 인간의 본성에 대한 모종의 입장을 전제하기 마련이다. 저자는 과연 인간 본성이라는 개념이 존재하는지, 나아가 그 개념의 존재 여부가 규범적 함의를 가지는지를 세밀한 논변을 통해 분석해 나간다. 그는 먼저 인간 본성 개념이 수행할 것으로 기대되는 기능이 무엇인지를 밝히고, 인간 본성에 대한 다양한 입장들을 검토한다. 그 결과 인간에게 불변하고 배태적인 본성이 있다고 보는 본질주의의 관점을 받아들이지 않더라도 "과학적으로 존중받을 만한 인간 본성의 개념이 존재하며, 그것이 규범적 차원의 논의에서도 일정한 역할을 수행한다"는 것을 밝힌다. 생명공학과 인공지능 등으로 전혀 다른 능력과 특징을 가진 인간이 탄생할 수도 있다는 예측이 있는 상황에서 이 논의가 가지는 의미는 크다. 인간향상 기술을 전적으로 거부해야 할 이유는 없지만, 그러한 기술적 노력이 아무런 준거 없이 이루어질 수는 없다는 주장이기 때문이다.

「슈퍼휴먼이 된 장애인: 〈아바타〉, 트랜스휴머니즘, 교정의 명령」은 포스트휴먼을 그려내는 여러 영화가 신체 장애의 극복과 연결된 경우가 많다는 점을 발견하는 지점에서 논의를 시작한다. 포스트휴먼이 현재의 인간과는 단절된 새로운 인간을 지칭하는 것으로 생각하는 경우가 많지만, 그러한 변화를 추구해야 할 이유를 장애의 극복에서 우선적으로 찾고 있는 셈이다. 하대청 박사는 여기에서 강고한 정상/비정상의 구분을 통해 수많은 타자를 생산했던 근대 자유주의적 휴머니즘의 그림자를 본다. 장애를 '교정하려는 도덕적 명령'이 다양한 기술의 추구 속에 그대로 남아 포스트휴먼 시대를 관통하고 있다면, 과연 그것을 더 나은 인간을 추구하는 긍정적 과정으로 평가할 것인지 묻는다. 이 글은 오늘날 유행하는 포스트휴먼 기획들이 갖는 정치적 의미를 뚜렷하게 드러내면서 우리에게는 새로운 포스트휴먼 상이 필요하다고 주장하고 있다. 제3부와 제4부는 포스트휴먼 시대의 도래가 제기하는 실질적인 문제들과 성찰의 과제들을 나누어 다룬다. 먼저 제3부의 두 글은 법률적인 접근이다.

김경환·최주선 변호사는 「포스트휴먼법의 체계와 이슈」를 제목으로 하여 포스트휴먼법의 이슈를 6개의 주제로 나누어 설명한다. 포스트휴먼법의 목적을 시작으로 포스트휴먼의 법적 지위, 법적 실체, 법적 책임 등을 각각 고찰한 후에 포스트휴먼법의 체계와 상호운용성 문제를 정리한다. 포스트휴먼의 법적 지위와 관련해서는 현행 사람과 물건의 이원법적 접근을 파괴할 필요가 있는지를 살펴보고, 그 법적 실체와 관련해서는 정보를 실체로 보아야 하는지 아니면 몸체를 실체로 보아야 하는지의 논의를 펼친다. 아울러 포스트휴먼에게 어떠한 법적 책임이 발생하는지 등의 물음도 다룬다.

이어지는 글은 윤성현 교수의 「자율주행자동차 시대 생명·신체의 안전보호를 위한 공법의 대응」이다. 본 총서의 2권이 자율주행자동차의 기술적, 법적, 철학적 측면과 관련한 주제들을 다루고 있지만, 이 논고를 1권에 포함한 이유는 개별 기술과 관련 법안들이 가지는 철학적 · 헌법적 의미들에 천착했기 때문이다. 저자는 자율주행자동차의 기술적 우월성이나 경제적 효용도 중요하지만, 국민의 안전과 자유를 지킬 의무를 가진 국가는 조금 다른 접근을 해야 한다고 주장한다. 이에 따라 자율주행자동차가 초래할 수 있는 예측 불가능한 위험을 점검하고 각국의 관련 법령들을 검토, 비교한다. 저자는 "국민의 생명 · 신체의 안전을 위해서 사전적 · 예방적인 공법적 규제를 최우선적으로 고려해야 한다"고 주장하는데, 이러한 입장은 비단 자율주행자동차뿐 아니라 모든 신기술에도 적용할 수 있을 것이다.

　　제4부에서는 포스트휴먼 관련 기술이 미래사회에 미칠 영향을 가늠하고 이 시대가 요구하는 과제들을 점검한다. 과학기술 전문기자이기도 한 구본권 박사는 「인공지능 시대가 가져올 변화와 과제」라는 제목으로 우선 인공지능 연구의 역사를 일별하면서 최근 인공지능에 대한 관심이 폭발하게 된 계기를 정리한다. 이어서 인공지능과 포스트휴먼을 가능하게 하는 알고리즘 기반 기술이 가지는 특징과 한계들을 짚어내고 있다. 인간이 하던 판단을 기계가 수행하게 하는 알고리즘은 객관적이고 논리적인 구조인 것처럼 보이지만 실은 사회적, 문화적, 정치적 편향을 가진다. 문제는 인공지능 관련 기술들이 엄청난 데이터를 활용할 뿐 아니라 그 구조도 공개되지 않은 채 비인격적 주체의 역할을 하게 된다는 것이다. 결과적으로 인공지능의 우월한 효율성과 합리성을 명분 삼아 인간의 자율성이 심대하게 침해될 수 있다. 저자는 이러한 상황을 시민이 새로운 주체로 등장했던 근대와 비교하며 새로운 차원의

거버넌스를 위한 논의와 합의가 필요하다고 주장한다.

마지막 글인「포스트휴먼 시대의 기술철학」은 알파고의 사례를 분석하며 포스트휴먼 시대에 기술철학의 자리를 묻는다. 기술철학은 현대 기술의 급격한 발전이 시작되던 시점부터 실천철학의 역할을 수행해 왔다. 그런데 알파고와 같은 포스트휴먼 시대의 기술발전은 그 규모와 속도, 접근성의 측면에서 사람들의 손을 떠난 것 같은 인상을 준다. 그 결과 마치 날씨 예보에 따라 우산과 선글라스를 준비하듯 기술발전을 예측하여 대응해야 한다는 식의 정책 결정이 이루어지는 경우가 많다. 이러한 흐름에 대한 저항은 호모파베르의 역설, 즉 인공적인 것을 만들어내는 것이 인간의 자연스러운 본성이라는 사실을 받아들이는 것에서 시작된다. 실천철학으로서의 기술철학은 근본적인 변화를 일으키는 기술들을 특정하고 그에 대해 비판적 검토를 수행해야 한다. 인간이 기술의 수동적 대상이 아니라면, 인간에게 무엇이 유익하며 그 유익을 얻기 위해 기술발전이 어떤 방향으로 나아갈지를 지도해야 하기 때문이다.

내용의 일별에서도 드러나듯이, 이 책의 모든 글들이 한 방향을 향하는 것은 아니다. 가까운 미래에 다가올 포스트휴먼 사회의 모습은 아직 매우 유동적이고 우리의 논의는 아직 시작점에 있기 때문이다. 그러나 이러한 융합적 소통이 지속되고, 이 책을 계기로 더 넓게 확산되기를, 그래서 더 다양한 의견과 입장들이 개진되어 토론되기를 기대한다. 포스트휴먼 사회에 대한 여러 가지 예측과 이론 속에서 빠진 것이 있다면, 그것은 바로 소통, 다양성, 그리고 끝나지 않는 합의의 과정이다. 바로 이것이 더욱 정교해지는 현대기술의 홍수 속에 인간의 인간됨을 보여주는 단서이다.

촉박한 일정에도 불구하고 옥고를 기꺼이 주신 저자들과 원고의 편집과 교정으로 수고해 주신 최은광 선생, 그리고 이 책이 독자들에게 더 잘 다가가게 애써주신 양정우 과장께 깊이 감사드린다. 그 고민과 노력이 미래를 좀 더 밝게 하게 되기를 빌며, 독자제현을 이 논의의 장에 초대한다.

2016년 11월
대표저자 손화철

1부

포스트휴먼의 이해

POSTHUMAN

1장
포스트휴먼의 개념적, 규범학적 의의

김건우

1. 포스트휴먼으로의 초대

'포스트휴먼(posthuman)'과 '포스트휴머니즘(posthumanism)', '트랜스휴먼'과 '트랜스휴머니즘(transhumanism)' 같은 말을 들어본 적이 있는가? 이 개념들은 요즘 시대적 화두이기에 각종 매체에서 가끔 언급되곤 하지만, 아마도 많은 사람들에게 여전히 낯설 것 같다. 따라서 이 개념들에 관한 설명부터 시작해보자.

우선 이 비슷비슷한 개념들이 생겨나게 된 배경을 스케치해 보자. 트랜스휴먼이니 포스트휴먼이니 하는 말들은 인간이 겪을 수 있는 모종의 중대한 변화에 관한 것들이다. 역사적으로 인간은 각종 도구, 언어, 문자 등을 발명하고 이를 활용함으로써 자신의 지식과 경험을 넓히고 후대(後代)로 전승해 왔다. 에베레스트산 정상, 남극, 달 등 과거에 가 보지 못했던 곳에 갈 수 있게 되었으며,

화성의 표면, 안드로메다성운 등 과거에 보지 못했던 아주 먼 곳에 있는 대상을 보거나, 세포나 분자 등 아주 작은 대상을 볼 수 있게 되었다. 그리고 페니실린과 같은 항생제가 개발된 덕분에 각종 감염병으로부터 해방되고 임플란트와 같은 보철장치를 활용하여 손상된 치아를 복원하는 등 과거에는 극복하지 못했던 질병이나 신체적 제약을 하나둘씩 극복하게 되었다. 그 결과 인간의 삶의 여건은 크게 바뀌었다.

하지만 더 중요한 것은 인간의 외부 세계만이 아니라 인간 자체가 상당한 변화를 겪게 되었다는 점이다. 특히 이러한 변화는 근대 이후 과학기술의 획기적인 발전에 따라 가속화하여, 마침내 인간이 자기 자신을 인간 아닌 다른 존재로 바꿀 수 있는 단계에까지 왔다. 그리하여 혹자는 인간의 정보 처리 속도와 기억 용량이 획기적으로 증가하여 인간의 지능을 완전히 능가하는 지능, 즉 '초지능(superintelligence)'의 단계에 도달할 것이라고 한다.[1] 또 어떤 이들은 그 변화된 존재가 지금까지의 인간의 변화를 초월하는 어떤 존재일 것이라는 점에서, 그런 존재의 출현 시점을 '특이점(singularity)'이라고 칭하기도 한다.[2]

현대의 대표적인 트랜스휴머니스트라 할 영국 옥스퍼드대의 철학자 보스트롬(Nick Bostrom)은 이 두 개념을 구별하면서, 그 구별을 인간이 변화하는 단계상의 차이로 설명한다. 우선, 그는 트랜스휴머니즘이란 "노화를 제거하고 인간의 지적, 육체적, 심리적 능력을 향상시키는 기술을 개발하고 확대함으로써 인간조건을 근본적으로 향상시킬 가능성과 그 바람직함을 긍정하는 지적, 문화적 운동"이라고 정의한다. 인간은 이러한 향상 시도의 결과로서 '트랜스휴먼'이 된다. 반면 포스트휴먼이란 "[현생 인류(*Homo sapiens*)가] 인간 종을 더 이상 대변할 수 없을 정도로 철저히 변화되어 이제는 인간이라 할 수 없는 존재"이며, 이러한 포스트휴먼을 긍정하고 지향하는 사조이자 운동이 곧 포스트휴머니즘이다. 요컨대, 인간 존재는 "휴먼(현생 인류)−트랜스휴먼−포스트휴먼"의 단계로 변모해 가며, 포스트휴먼의 단계에 가면 그 존재는 더 이상 현생 인류로서의 인간이라 할 수 없는 새로운 존재에 이르게 된다는 것이다.[3]

독자들은 이미 이 용어들의 의미를 이해하는 데 있어서의 열쇠가 각 용어의 접두어인 'trans-'와 'post-'의 의미에 있음을 눈치 챘을 것이다. 'trans-'는 전환 혹은 변환을 나타내고, 'post-'는 후(後) 혹은 탈(脫)/벗어남을 나타낸다는 사실 말이다. 그렇다면 세 가지 개념, '휴먼', '트랜스휴먼', '포스트휴먼' 간의 구별은 분명한가? 앞에서와 같은 정의만으로는 이 세 개념이 명확하게 구별되지 않는다. 즉 휴먼과 트랜스휴먼이라는 두 개념이 항상 명확하게 구별되지는 않을뿐더러, 트랜스휴먼과 포스트휴먼 간의 구별도 그리 분명하지 않다. 현생 인류가 어느 정도로 변모해야 트랜스휴먼인지, 아니면 나아가 포스트휴먼인지를 단정하기는 어렵기 때문이다. 만약 지속적으로 스테로이드 주사를 맞고서 근육을 키운 이가 있다면, 혹은 안면이식 수술을 통해 타인의 얼굴(안면)로 바뀐 이가 있다면 그는 휴먼인가, 트랜스휴먼인가? 만약 심장에 이어 피부와 혈관까지 기계장치로 교체한 이가 있다면, 혹은 그가 뇌까지 교체했다면 그는 트랜스휴먼인가, 포스트휴먼인가? '휴먼–트랜스휴먼–포스트휴먼'의 3분법은 연속적이고 불명확한 단계 구분에 따른 것이다. 그렇다면 차라리 '포스트휴먼'을 '트랜스휴먼'을 포괄하는 다소 넓은 개념으로 취하여, '휴먼–포스트휴먼'의 2분법을 택하는 편이 더 나을 듯하다. 물론 이렇게 구분하는 것도 여전히 모호하다. 결국 포스트휴먼이란 현생 인류로서의 인간이 크게 변모한 존재 일반을 가리키는 말이 된다.[1]

일반적으로 포스트휴먼의 가장 대표적인 범주적 예로는 사이보그(cyborgs), 즉 인간의 뇌나 장기, 사지(四肢) 등을 기계장치로 교체한 존재를 들 수 있다.[2] 현재 인간의 신체에는 다양한 방식으로 기술적 개입이 이루어지고 있다. 기계로 된 장기(심장 등)를 이식하는 일, 전기적 자극을 가하거나 전자 칩을 삽입하여 인간의

---

[1] (휴먼으로부터 변화한 정도가 어느 정도인가를 기준으로 볼 때 포스트휴먼은 트랜스휴먼의 연장선상에 있다고 말할 수 있다 하더라도) 이념이자 운동으로서 포스트휴머니즘이 단순히 트랜스휴머니즘의 연장선상에 있다고 말하기는 어렵다는 지적도 가능하다. 포스트휴머니즘의 중요한 한 측면이 휴머니티(현생 인류의 가치)를 부정하거나 극복하는 데에 있는 반면, 트랜스휴머니즘의 핵심은 휴머니티를 더 확대하거나 극대화하는 데에 있다는 점에서 그러하다. 두 이념의 지향점은 이렇게 서로 다를 수 있는 것이다. 그렇지만 선명한 논의를 위해, 이 글에서 필자는 포스트휴머니즘을 일차적으로 포스트휴먼으로의 변화를 긍정하거나 지향하려는 사조로 정의하고자 한다. 그래서 이렇게 탄생한 포스트휴먼이 휴먼과 다르다는 사실을 넘어 휴머니티의 가치를 부정하거나 벗어난 존재인지의 문제나, 혹은 이렇게 넘어서는 일이 바람직한지의 문제는 포스트휴머니즘을 정의한 후에 고찰할 문제로 간주할 것이다.

[2] 사실 넓은 의미의 '사이보그'는, 외부조직을 체내이식한 잉어나, 생체공학적인 미생물, 인공생명 소프트웨어 혹은 유전자 조작을 가한 생쥐 등도 포괄할 수 있다. 하지만 이 글에서는 '사이보그'를, 적어도 부분적으로라도 인간과 연계된 개체를 가리키는 용어로서만 사용하고자 한다.

인지/행동 능력에 변화를 가하는 일, 약물을 주입하거나 유전적 처치를 가함으로써 인간의 인지/행동 능력에 변화를 주는 일 등이 그러하다. 그러나 아직까지는 이러한 기술적 개입을 거친 인간을 사이보그라고 부르기는 힘들다. 그저 사이보그의 초기 단계에 접어든 것일 뿐이다. 사실상 많은 측면에서, 사이보그는 아직까지 현실화된 실체라기보다는, 신화나 문학과 예술작품의 상상 속에서만 존재한다.[4]

이렇듯 '포스트휴먼'의 범주란 사이보그 혹은 전(前)사이보그—사이보그를 향해 가는 존재라는 의미에서—로 대표되기는 하지만, 그 범주는 더 넓다. 우선, 인간이 더 이상 신체를 갖지 않고 컴퓨터 저장장치에 저장된 정보로서만 존재하는 경우와 같은 급진적인 변화를 생각해 볼 수 있다. 이런 변화가 실현가능한 일인지는 논란의 여지가 크지만,[5] 만약 그런 식으로 변화된 존재가 출현한다면 그것은 마땅히 포스트휴먼이라 할 만하다.

뿐만 아니라, 요즘 세계적으로 큰 관심과 우려를 자아내고 있는 인공지능이나 로봇과 같은 것들도 포스트휴먼의 범주에 포함될 수 있다. 비록 인간에 의해 제작된 존재라 할지라도 인공지능이나 로봇 역시 일정한 인지, 사고(추론 및 판단), 행위 능력을 갖추었다고 간주될 수 있기 때문이다. 나아가 관련 기술의 발전에 따라, 향후 인공지능이나 로봇의 경우 단순히 인간의 도구로서가 아니라 인간 못지않은, 혹은 인간을 능가하는 자율적인 존재가 될 가능성이 열려 있다. 마치 영화 〈그녀(Her)〉의 인공지능 운영체제 사만다(Samantha)나 〈엑스마키나(Ex Machina)〉에 등장하는 로봇

영화 〈그녀〉의 인공지능 　　　　영화 〈엑스마키나〉의 로봇

에이바(Ava)가 그러하듯 말이다. 사만다 에이바는 비록 인간으로부터 변형된 존재가 아니라 처음부터 기계로서 설계되고 제작된 존재이지만, 이들은 '마치 인간인 것처럼' 진짜 인간과 교감하고 소통하지 않던가? 이런 점에서―누군가의 말처럼―인간이 사이보그로 변형되는 것을 '인간의 기계화'라고 한다면, 자율성을 갖는 인공지능과 로봇이 등장하고 발전하는 것은 '기계의 인간화'라고 부를 수도 있을 것이다. 그리고 이 두 방향의 포스트휴먼화의 결과로 등장할 포스트휴먼들은 향후 서로 형태, 기능, 특성 등의 면에서 수렴해 갈 수 있다. 앞서 서술한 사이보그가 향후 사만다나 에이바와 같은 인공지능/로봇과도 여러 속성을 공유하는 방식으로 발전, 변모할 수 있다는 것이다.[3)4)]

　　끝으로, 인간의 기계화나 기계의 인간화로 대별할 수 없는 포스트휴먼의 출현가능성도 생각해 볼 수 있다. 바로 복제인간의 출현이다. 오늘날 인간을 복제하는 일은 주로 기계적인 방법보다는 유전적 방법에 의한다. 특히 체세포 복제를 통한 인간 복제는 이

미 기술적으로 가능한 단계에 와 있다. 잘 알려져 있듯이, 복제양의 생성에서 시작된 생명 복제는 여러 동물들에 대한 복제를 거쳐 이제 인간에 대한 복제만을 남겨 놓고 있는 것이다. 복제된 인간은 어떤 존재로 볼 수 있을까? 생물학적으로만 본다면, 복제인간은 여전히 트랜스휴먼도, 포스트휴먼도 아닌 인간일 뿐일지도 모른다. 하지만 이 존재의 생성의 기원은 자율성을 가진 인공지능이나 로봇의 경우와 다를 바 없다. 바로 인간이 의도적으로 창조해 냈다는 사실이 그것이다. 이렇듯 복제 인간의 경우 전통적인 인류의 생성과는 그 기원을 달리하는 새로운 존재라는 점에서 포스트휴먼의 범주에 포함될 법하다.

---

3) 인간으로부터 출발하여 일정한 유전적, 약물적, 기계적 변화를 거친 존재를 '생물학적 포스트휴먼'이라고 한다면, 인공지능이나 로봇과 같이 애초에 인공적이고 기계적인 존재로서 설계, 제작되었지만 인간과 흡사한 형태나 능력을 갖게 된 존재를 '인공적 포스트휴먼'이라고 하여, 두 유형의 포스트휴먼을 구별할 수도 있겠다. 이렇게 구분할 경우, 비록 두 유형이 서로 수렴하지 않더라도 두 유형 모두 포스트휴먼이라는 더 큰 범주의 일부로 간주할 수 있을 것이다.

4) 프로바둑기사로서 최고수라고 할 수 있는 이세돌과의 세기의 대결에 나섰던 인공지능 바둑 프로그램 알파고(AlphaGo)도, 비록 제한적인 방식으로만 인간과 상호작용을 하지만, 사만다와 유사한 형태의 인공지능이라는 점에서 넓은 의미의 포스트휴먼이다.

1장 포스트휴먼의 개념적, 규범학적 의의

2. 포스트휴먼으로 가는 길[6]

　인간은 어떤 방법을 통해 포스트휴먼이 될 수 있는가? 오늘날 각종 신경과학적, 뇌공학적, 기타 의공학적 기술들은 이미 다양한 "직접적인" 방식으로 인간에 개입하여 인간의 마음과 행동을 변화시키는 데에 활용되고 있다.[5,7] 인간이 본래 가지고 있던 육체적, 인지적 기능이 손상되어 그것을 복원하고자 할 때나, 혹은 기존의 기능을 더욱 키우고자 할 때에 사용되고 있는 것이다. 그 대표적인 방법으로는, 기계적/전기적/수술적 방법, 약물적 방법, 유전적 방법 등을 들 수 있다.

　우선 기계적/전기적/수술적 방법 중에서 흔히 활용되는 방법들로는, 전기경련요법(electroconvulsive therapy), 정신외과수술법(psychosurgery), 경두개 자기자극 기법(transcranial magnetic stimulation, TMS), 심층뇌자극 기법(deep brain stimulation, DBS) 등이 있다.[6] 그리고 오늘날 점점 더 크게 주목받고 있는 방법으

---

5) 인간향상은 신체조건이나 체력과 같은 육체의 향상 외에 마음의 향상, 즉 인간의 마음에 개입함으로써 그것을 변화시키고자 하는 여러 시도로까지 확장되어 왔다. 이런 확장과 더불어 마음의 향상과 관련된 윤리적 탐구인 '신경윤리(neuroethics)'라는 새로운 분야가 등장하였다. 신경윤리란 이름 그대로 신경과학(neuroscience)과 윤리학(ethics), 기존 두 학문 분야 간의 간학제적인(interdisciplinary) 분야이다.

6) 전기경련요법은 뇌에 전류를 통과시켜 발작을 유도하는 기법이며, 정신외과수술법은 뇌의 연결을 외과적으로 절단하거나 고주파를 이용하여 손상을 유도하는 기법이며, 경두개 자기자극 기법은 강한 자기장으로 뇌의 표면구조를 자극하는 기법이며, 심층뇌자극 기법은 뇌에 전극을 심는 외과적 수술을 통해 전류의 외부 소스를 제어함으로써 인체의 운동 등에 변화를 유도하는 기법이다.

미국방과학연구소가 개발한 뇌 이식용 칩

로는, 더 전면적인 기계전자식(mechatronic) 방법인 신경보철술 (neuroprosthetics)이 있다. 이것은 뇌의 일부 혹은 전체 대신 인공적인 기계장치를 이식하는 기술이다.[8] 미국 펜타곤 국방과학연구소(DARPA)는 영구 손상되어 기억을 상실한 뇌에 전기자극을 주어 기억을 복원할 수 있게 하는 칩을 개발하는 프로젝트를 진행한 바 있다. 이 칩을 전장에서의 트라우마로 기억이 손상된 퇴역군인이나 기타 민간인에게 활용하는 프로젝트다. 이 칩을 뇌에 이식함으로써 기억 회복은 물론 생각을 조종하고 나아가 행동까지도 조종할 수 있을 것으로 예상할 수 있다. 이는 궁극적으로 아바타 혹은 사이보그로 가는 길일 수 있다.

인간향상의 과학기술은 뇌 혹은 마음의 향상에 국한되지 않고 육체적 향상 일반으로 확대 적용되고 있다. 일상에서 가장 흔하게 접할 수 있는 경우로는 각종 성형수술이 있다. 성형수술의 동기도 다양하고, 그 수술을 통해 인간이 변화할 수 있는 정도도 다양하지만, 성형수술이야말로 인간이 현재의 상태를 개선하고 극복하는 유력한 방법이 되었다. 또한 성형수술은 이제 사람들이 그 수술의 결과로 다른 존재가 된다는 자각조차 갖기 힘들 정도로 대중화되었다. 그 외에도, 인공귀/달팽이관 이식(cochlear implant)을 통해 청각장애인의 청력을 복원하는 일, 심박조율기(pacemakers)를 사용하여 심장에 전기충격을 가하는 일, 첨단 보철장치(limb prosthetics)를 장착하여 팔다리를 잃은 사람들의 운동성을 세밀하게 복원하는 일, 전자식 콘택트렌즈를 장착하여 원거리에서나 야간에도 볼 수 있게 하는 일, 이 렌즈와 외부장치 간에 정보를 주고받을 수 있게 하는 일, 피하에 터치식 디스플레이를 이식하여 영상을 볼 수 있게 하는 일 등이 있다. 이 모두 자연인이 기계적인 방법으로 육체를 향상시키는 예들이다.

포스트휴먼으로 가는 다른 길로는 약물적, 유전적, 기타의 방법들도 있다. 특히 약물적 방법의 경우, 마음에 개입하는 직접적인 방법들 중 가장 널리 쓰이는 동시에 가장 발전 전망이 클 것으로 예상되고 있다. 여기에는, 각종 향정신병제, 조울증에 쓰이는 리튬, 주의력결핍과잉행동장애(ADHD)의 치료에 사용되는 리탈린(Ritalin), 항우울제로 사용되는 프로작(Prozac) 등이 있다.[9] 이 약제들은 기본적으로 도파민(dopamine), 세로토닌(serotonin), 옥시토신(oxytocin) 등 이른바 신경전달물질들의 농도와 분포 및 흐름 등에 변화를 줌으로써 인간의 마음과 행동에 변화를 주고자 하는 방법들이다. 마음의 향상이 곧 육체적 향상으로 이어지는 셈이다. 이런 방법들의 주요 특징으로는, 마음을 변화시키는 원인이 인간의 '내부'에 대한 침습적인 개입과 조작이라는 점과, 이러한 침습과 조작은 상대적으로 '단기간에' 이루어진다는 점을 들 수 있겠다.

유전적 향상의 방법들도 빼 놓을 수 없다. 이 방법들을 둘러싼 윤리적, 사회적 논의는 20세기 말 유전공학의 혁명과 더불어 활발하게 전개되어 왔다. 유전자 검사를 하여, 배아나 태아가 심각한 장애나 질병을 갖고 태어날 것으로 예상되는 경우 그 배아를 폐기하거나 태아를 낙태하는 일이 가능하며 실제로 행해지고 있기도 하다. 반대로, 영화 〈가타카(Gattaca)〉에서 보듯, 유전적으로 더 나은 인간을 애초에 배아 상태에서부터 선별하여 출생시키는 일도 가능하다. 혹은 인간의 유전자 지도가 완성된 지금, 이미 존재하는 인간들의 유전체(genome)의 구성을 바꿈으로써 원하는 형질로 바꾸는 일도 가능해 질 전망이다. 이 모든 유전적 방법의 결과, 궁극적으로 향상된 인간들만의 공동체를 이루는 시나리오 역시 상상해 볼 수 있다.

앞에서 서술한 어떤 유형의 향상 방법에 의하건 간에, 현재의 각 유형의 기술들을 포함하여 향후에 개발되고 채용될 더 진보된 기술들에 의해 인간은 더 크게 변화할 것이다. 실제로 오늘날 예견되고 있는 포스트휴먼 출현의 가능성은 앞서 서술한 차원을 넘어서고 있다. 인간이 사이보그와 같은, 보다 급진적 차원으로까지 변화할 수 있다는 전망이 그것이다. 예컨대, 영국의 사이버네틱스 교수인 워윅(Kevin Warwick)은 2050년에 인간은 서로 간에 네트워크화된 사이보그가 될 것임을 다음과 같이 예언한 바 있다.

사이보그는 인간과 기계가 결합되어 업그레이드된 형태다. 그들의 두뇌는 무선장치를 이용해 직접 중앙 컴퓨터 네트워크에 연결되어 있다. 그들은 생각만으로 네트워크에 접속되고 지적 능력과 기억을 불러낼 수 있다. 반대로 중앙 네트워크는 정보를 얻거나 임무를 수행시키기 위해 개별 사이보그들을 불러 들인다. 이렇게 네트워크는 하나의 통합된 체계로서 가동된다. 사이보그들은 네트워크를 통해서 생각으로 보내는 신호만으로 자기들끼리 의사소통을 할 수 있다.[10]

미국의 물리학자 드렉슬러(K. Eric Drexler)가 제시하는 미래기술의 전망은 위와 다른 차원에서 급진적이고도 놀랍다. 그는 일찍부터 나노기술(nanotechnology)이 인간의 미래에 혁명을 가져올 것임을 주창해 온 인물이다. 그는 나노어셈블러(nanoassemblers)와 나노디스어셈블러(nanodisassemblers)라고 하는 두 가지 유형의 나노로봇(분자기계)이 출현할 것이라고 전망하였다. 나노어셈블러는 분자조립기계를 말하는 것으로, 자기증식능력을 가진 나노(분자) 수준의 기계 원자들을 한 번에 조금씩 큰 분자의 표면에 부착시켜 거의 안정적인 형태로 원자들을 결합하는 기계이다. 디스어셈블러는 기존의 어떤 대상을 원자 수준으로 분해하고 그것의 분자구성에 대한 3차원 설계도를 그리는 장치다. 그래서 이 두 나노로봇을 결합함으로써 세상 모든 물체를 원자나 분자 수준에서 분해하고 재결합하는 일이 가능해진다. 우리가 원하는 대로 물질을 변형하고 심지어 복제까지 할 수도 있게 된다. 그 결과, 인간은 새로운

조물주가 되는 셈이다.[11]

　나노기술과 유사하면서도 더 극한의 포스트휴먼 기술이 가질 전망을 말해 주는 것으로서 '마인드 업로딩(mind uploading)'을 빼놓을 수 없다. 그 대표적 주창자는 네덜란드 출신으로 미국에서 활동하고 있는 뇌공학자 코엔(Randal A. Koene)이다. 그에 따르면, 마인드 업로딩은 의식, 기억, 인성 등 개인의 정신 내용들을 복사하여 전산장치(로봇)로 전송, 탑재하는 가상의 과정이다. 이는 마치 영화 매트릭스(Matrix)를 연상케 하는 것으로, 인간은 글로벌 네트워크상의 프로그램으로 존재하며, 개인의 정체성은 뉴런 간의 상호작용에 불과하다. 평소에 마인드의 백업 복사본을 만들어 두고 유사시에 재부팅하여 마인드를 재설치하면 어떻게 될까? 업로드를 통해 구현된 인간의 정신은 육체와 결합되어 있을 때와 다를 바 없는 정신이 되는 것인가? 업로드의 결과 인간은 불멸영생하게 되고, 종교는 종말을 고할 것인가?[12] 사실 이쯤 되면 포스트휴먼 기술하의 인류 혹은 그 변형체들로 구성된 세상을 위한 규범학은 커녕 그 존재의 기본 구성요소(의식? 육체? 혹은 정보?)와 그 메커니즘조차도 가늠하기 어렵게 된다.

　지금까지 소개한 기술은 모두 경이로운 것들이다. 이 기술들은 과연 현실화될 것인가? 현실화된다면 그것은 언제쯤일까? 실제로 각 기술들에 대해 나와 있는 전망들은 극히 넓게 퍼진 스펙트럼상에 있다. 대단히 낙관적인 전망에서부터 매우 비관적인 전망에 이르기까지. 사실 이 모든 예단들은 아직까지는 과감한 추측에 불과해 보인다. 다가올 기술 혁명의 면모가 어떠할지를 전망하는 것이 극히 어려운 일이기 때문이다. 이 난점의 한 가지 이유는, 그 전망이 기술 내적인 진보의 전망에 의해서만 결정되지는 않는다는 점에 있다. 기술 내적인 진보의 전망 못지않게 기술 외적인 여건, 즉 사회경제 체제와 여건이라는 변수 역시 중요한 변수다. 해당 기술 발전을 위한 충분한 투자가 지속되고 노동력이 공급될 수 있는가, 관련 법적, 제도적 장치는 도움을 줄 수 있는가 등의 기술 외적인 변수들이 중요하게 도사리고 있는 것이다. 뿐만 아니라 기술 변화의 미래가 어떠할 것인가는 궁극적으로 판단과 행위 주체로서의 인간이 개인의 차원에서건 공동체의 차원에서건 어떤 규범적 판단을 하고 어떤 실존적 선택을 할 것인가에 달려 있기도 하다. 따라서 이 모든 이유에 비추어 볼 때, 상이한 기술들의 현실화 전망에 대해 일의적으로 답한다는 것은 불가능한 일이다.

하지만 이러한 어려움에도 불구하고, 인간이 지속적으로 변화해 가는 현재의 추세에서 볼 때 우리는 지금 어디에 와 있는가 하는 물음은 여전히 유효하다. 간단히 답하자면, 우리는 어떤 의미에서 이미 포스트휴먼화(化)되고 있지만 아직 포스트휴먼의 시대에 '충분히' 접어든 것은 아니다. 물론 이런 진단을 위해서는 그 전에 '인간임'과 '포스트휴먼임'이란 무엇인가를 더 깊고 정교하게 따져 봐야만 한다.[13]

3. 포스트휴먼 시대의 규범학

이제까지 포스트휴먼이란 무엇인지, 어떻게 하면 포스트휴먼이 될 수 있는지를 개략적으로 살펴보았다. 포스트휴먼의 유형은 다양하지만, 현재의 인간보다 육체적으로 더 강하고, 더 빠르고, 더 똑똑하며, 더 건강하며, 더 오래 사는 존재야말로 그것의 가장 전형적인 유형이라 하겠다.

그렇다면 우리는 포스트휴먼이 된다는 것을 어떻게 받아들여야 할까? 의식적이든 아니든 간에, 이러한 존재가 되어간다는 데에 일차적으로 대두될 수 있는 문제는 '안전성' 문제다. 여러 향상의 기술과 수단들은 사용자에게 안전한가, 혹시 예상하지 못한 심각한 부작용이나 폐해, 나아가 파멸적인 결과가 발생하지는 않을까 하는 문제이다. 많은 SF 영화나 소설에서 보는 것처럼 말이다. 물론 이 문제의 심각성과 해결 여부는 많은 부분 관련 기술의 발달 정도에 달렸다. 안전성이 확보되는 방식으로 발전되기만 한다면, 그런 기술은 널리 적용되기 위한 첫 번째 관문을 넘어선 셈이다.

하지만 이제 안전성의 문제를 넘어, 인간이 왜 포스트휴먼이 되어야 하는지 아니면 포스트휴먼이 되어서는 안 되는지를 정면으로 물어야 한다. 예를 들어, 자신이 더 나은(더 강하고 더 똑똑한) 인간이 되고자 원하거나 더 나은 자식을 낳기를 원하는 것이 도덕적으로 잘못인가? 그것이 법적으로 규제되어야 할 일인가? 나아가, 포스트휴먼은 어떻게 대우받아야 하는 존재인가? 가령, 포스트휴먼에게도 휴먼과 마찬가지로 존엄성, 자율성 등과 같은 근대적 가치들이 부여되어야만 할까? 이 질문들은 포스트휴먼화를 둘러싼 당위성에 관한 질문들로서, 이러한 당위성의 탐구를 우리는 '포스트휴먼 시대의 규범학'이라고 부를 수 있다.[7] 포스트휴먼 시대의 규범학적 의제라 할 만한 물음들은 크게 포스트휴먼화의 규범학에서의 물음들과, 포스트휴먼 사회의 규범학에서의 물음들로 나눌 수 있다. 그 목록을 예시해 보면 다음과 같다.

포스트휴먼화의 규범학

① 포스트휴먼화는 바람직한가?

② 포스트휴먼적 가치란 무엇인가?

③ 포스트휴먼화를 위한 (도덕적, 법적) 권리가 있는가?

④ 포스트휴먼화를 위한 (도덕적, 법적) 의무가 있는가?

포스트휴먼 사회의 규범학

⑤ 포스트휴먼은 (다른 존재들과 비교할 때) 어떤 규범적 지위와 의미를 갖는가?

⑥ 포스트휴먼은 어떤 권리와 의무를 갖는가?

⑦ 포스트휴먼은 어떤 개인적 책임을 지는가?

⑧ 포스트휴먼 사회의 법, 윤리, 거버넌스(Governance)는 어떠

---

7) 여기서 '규범학'이란, 개인의 차원에서건 공동체의 차원에서건 인간 행위에 대한 가치 판단 및 평가에 관한 탐구를 의미한다. 통상적으로 윤리, 법, 정책이라고 부르는 영역들이 이에 해당한다. 엄밀히 윤리, 법, 정책은 서로 밀접하게 연관되지만 중요하게 준별되어야 할 이유도 있는 세 규범 영역이다. 하지만 여기서는 따로 명시하지 않는 한 이 셋을 구별하지 않고 '규범학'으로 대별할 것이다.

해야 하는가?

이 쟁점들이 포스트휴먼으로 가는 과정에서 대두될 수 있는 규범적 쟁점들을 모두 망라하지는 않는다. 게다가 포스트휴먼화라는 변화 자체도 그 주체, 양상과 정도, 목적 등의 면에서 매우 다양해질 수 있기에, 개별적인 향상의 유형마다 구체적인 맥락에서 제기될 수 있는 도덕적, 법적, 정책적 문젯거리들은 너무나 다양해질 것이다. 따라서 일반적인 차원에서 그 규범학을 논하는 것은 불가능할 것이다.[8] 하지만 트랜스휴먼화를 중심으로, 혹은 그 연장선상에서 포스트휴먼화를 이해한다면, 그 규범학에 대해서도 의미 있는 논의가 가능하다. 물론 앞서 소개한 주요한 쟁점들에 대해 여기서 상세하게 다룰 수는 없다.[14] 하지만 단순화해서 말한다면, 이 모든 쟁점들은 '인간 존엄성', '자율성', '정의(正義)', '권리', '의무', '책임', '거버넌스' 등의 토픽들로 요약된다고 볼 수 있다.[9] 여기서는 그중 3개의 토픽, '인간 존엄성', '자율성', '정의'를

---

8) 어쩌면 독자는 포스트휴먼이라는 실체도 불분명한 대상(철학적으로 말해, 존재론이 불분명한 대상)에 대해 어떻게 규범론이 가능한가 라는 의문을 가질 수도 있다. 그러나 규범론이 반드시 존재론을 전제로 하는가의 문제 자체에는 논의의 여지가 있다. 설령 이 문제를 논외로 하더라도, 포스트휴먼화의 실체가 분명해질 때까지 기다리는 것은 규범론적 작업 자체가 쓸모없을 만큼 위험하고도 돌이킬 수 없는 결과를 맞는 일일 수 있다.

9) 부연하자면, 포스트휴먼을 둘러싼 개인의 행위에 결부될 '책임(responsibility)'과, 포스트휴먼 사회의 거버넌스를 지배할 이념으로서 '민주주의', 포스트휴먼 사회에서의 의사결정 방법(원칙과 전략) 등의 토픽이 포함될 수 있다는 의미이다. 그 외, 포스트휴먼 시대의 윤리에 요청되는 규범윤리란 무엇인가, 특히 덕(virtues)이 어떠한 의의를 가질 것인가의 문제 등도 중요한 주제일 수 있다.

중심으로 포스트휴먼 시대의 규범학을 스케치하고 필자 나름의 일반적 논평을 덧붙이는 것으로 만족하기로 한다. 다만 논의의 편의상, 포스트휴먼화(트랜스휴먼화)를 긍정하는 시각을 먼저 소개하기로 하자.

1) 우리가 포스트휴먼이 되어야만 하는 이유

인간이 트랜스휴먼으로의 변화나 향상을 꾀해 온 동기는 단일하지 않다. 그런 변화는 때로 신체적 결함이나 장애를 이겨내기 위한 것이었고, 때로는 단순한 호기심에서 비롯하였고, 또 때로는 인간의 근본적 제약을 초월하고자 하는 프로메테우스적 욕망에 기인하기도 하였다. 어떤 사람들은 이런 동기와 욕망이 국가정책과 같은 중앙통제적 수단을 통해 추동되는 것이 아니라, 개개인의 자유로운 동기에서 비롯하는 것임을 강조한다. 트랜스휴먼화를 이끄는 힘은 인간의 원초적인 본성이며, 이 본성 자체를 부정할 수는 없다는 점이다. 그리고 이런 관점의 귀결은, 인간의 향상 시도가 막을 수 없는 것이자 그 자체로 바람직하고 정당한 일이라는 것이다.[15]

트랜스휴머니즘의 이상(理想)은 개인의 욕망의 차원을 넘어, 자유지상주의(libertarianism)나 공리주의(utilitarianism)와 같은 규범윤리학 이론을 등에 업고 보다 체계적으로 정당화되기도 한다. 특히 자유지상주의는 인간의 무한한 호기심과 꿈, 그리고 개인이 가지는 자율적 선택의 중요성 등을 강조하는 도덕철학으로서, 포스트휴먼화를 정당화하는 가장 강력한 창구의 역할을 해 왔다. 가령 영국의 생명윤리학자 존 해리스(John Harris)는 그런 자율성을 옹호하면서, 유전적 향상을 시도하는 데에는 아무런 도덕적 문제가 없을 뿐 아니라 오히려 일정한 경우에 우리에게 유전적 향상의 도덕적 의무까지도 부여될 수 있다고 주장하였다.[16]

이런 생각에서 이른바 트랜스휴머니스트들은 트랜스휴먼으로의 변화를 지지하고 긍정하는 입장을 취한다. 일차적으로, 이들의 관점과 신념은 여러 옹호자들이 함께 작성하여 세계트랜스휴머니스트협회(World Transhumanist Association) 홈페이지에 공표한, 다음의 트랜스휴머니스트 선언에 잘 드러나 있다.

<표 1> 트랜스휴머니스트 선언[17]

1. 인류는 미래에 과학과 기술에 의해 급격한 변화를 겪게 될 것이다. 예견하건대, 여러 가지 인간의 상태를 재설계하는 일이 현실화될 것이다. 여기서 인간의 상태란 노화의 불가피성, 인간의 지적 능력에 있어서의 제약들, 인간이 선택하지 않은 인간 정신의 특성, 고통, 지구라는 행성에 갇혀 있다고 하는 제약 등을 포함하여 말하는 것이다.

2. 이러한 다가오는 발전상과 그 장기적 결과들을 이해하는 데에 체계적인 연구가 수행되어야 할 것이다.

3. 우리 트랜스휴머니스트들이 보건대, 이 새로이 등장하는 기술을 금지하기보다는 그 기술에 대해 널리 개방하고 끌어안는다면 그 기술을 우리에게 이롭게 바꿀 수 있는 더 좋은 기회를 얻게

될 것이다.

4. 우리 트랜스휴머니스트들은, 기술을 써서 자신의 정신과 육체의 능력(생식 능력을 포함하여)을 넓히고 스스로의 삶에 대한 지배력을 키우기를 바라는 이들이 갖는 도덕적 권리를 옹호한다. 우리는 현재의 생물학적 제약을 넘어서서 인간 개인의 성장을 추구한다.

5. 미래를 계획함에 있어 기술적 발전에서의 드라마틱한 진보의 전망을 고려하는 일은 필수적인 과제이다. 기술혐오증이나 불필요한 금지조치들로 인해 기술이 줄 잠재적 혜택이 실질화되지 못한다면 이는 비극이 될 것이다.

6. [미래의 기술과 관련하여] 해야 할 일이 무엇인지에 대해 사람들이 이성적으로 논쟁할 수 있도록 하는 포럼과, 책임성 있는 결정이 수행될 수 있는 사회질서를 만들어낼 필요가 있다.

7. 트랜스휴머니즘은 모든 지각력(sentience)을 갖는 존재—그것이 인공지능이건, 인간이건, 포스트휴먼이건, 인간 아닌 동물이건 간에—의 웰빙(well-being)을 옹호하며, 근대 휴머니즘의 많은 원리들을 아우른다. 트랜스휴머니즘은 어떤 특정한 정당이나 정치인, 혹은 정치적 플랫폼을 지지하지 않는다.

이 선언은 비록 그 자체로 트랜스휴머니스트들의 것이지만, 포스트휴먼 시대의 규범학 상의 주요 물음들 ①~⑧에 대한 포스트휴머니즘적인 답변이 어떠할지를 일정 부분 시사한다.

이제 포스트휴먼화와 관련한 몇 가지 주요한 규범적 쟁점들을 일별해 보기로 하자.

2) 인간의 존엄성

인간향상을 통해 트랜스휴먼/포스트휴먼으로 나아가고자 하는 시도에 대해 제기되어 온 가장 두드러진 비판은 인간의 존엄성에 호소하는 것이다. 그런 변화의 시도가 현 인류의 근원적인 가치라 할 인간의 존엄성을 훼손한다고 하는 비판이 그것이다. 여기서 인간 존엄성이란, 인종, 외모, 지능, 사회적 기여나 해악 여부에 상관없이 모든 인간이 동일하게 갖는 내적 가치를 말한다. 따라서 모든 인간은 (자신이) 인간이라는 그 사실 자체만으로 동등하게 존중받아야 한다는 신념이 따라 나온다. 한 마디로, 인간은 (좋은 의미로) 특별하다. 그래서 존엄하다.[18]

미국의 정치철학자 샌델의 경고는 이런 논지를 잘 드러내 준다. 그의 이른바 '선물 논변(Giftedness Argument)'이 그것이다. 이 논변은 다소 형이상학적이고 종교적인 색채를 띠고 있다. 인간이나 생명은 그 자체로 신성한 것이라고 하는 전통적 형이상학적 신념에 기대고 있다는 점에서 그러하다. 생명공학적 향상을 추구하는 것은 완전성이나 정복에 대한 인간의 (잘못된) 갈망을 보여준다는 것이다. 그리고 그런 시도를 하다 보면 인간은 주어진 삶을 선물로서 받아들이는 감사의 태도를 잃기 쉽거나, 혹은 스스로 노력하여 성취할 때 얻을 수 있을 미래에 대한 개방적 태도를 잃기 쉽다는 것이다. 그리하여 인간향상을 추구한 결과 우리는 인간 고유의 소중한 덕성과 태도와 성품을 상실한다는 것이다.[19]

포스트휴먼화의 문제를 더 넓고 첨예한 사회적 쟁점으로 부상시킨 인물은 미국의 정치사학자 후쿠야마(Francis Fukuyama)였다. 『우리의 포스트휴먼 미래』라는 저술에서 그는 포스트휴먼이 되고자 하는 인간의 욕망이 대단히 위험한 것임을 역설하였다. 바로 그런 욕망에 매달림으로써 인간은 자신이 이제껏 지켜온 인간성을 훼손하게 된다는 것이다. 첨단기술을 통한 인간향상은 인간을 인간으로 만들어 주는 어떤 본질적 속성을 파괴함으로써 인간성 자체를 훼손시킬 것이며, 인간의 존엄성이라는 가치가 더 이상 유지될 수 없을 것이라는 지적이다.[20]

어쩌면 인간향상의 기술을 다루는 과학자들의 작업은 마법을 쓰는 것 같기도 하고 마치 신 놀이(playing God)를 하는 것 같아 보인다. 그래서 우리가 '존엄성'이라는 용어로 함축하는, 인간과 생명이 가지는 특별한 의미를 퇴색시키는 것처럼 여겨진다. 이런 느낌은 많은 이들에게 직관적 호소력을 갖는다. 즉 우리는 넘지 말아야 할 영역을 넘어가고픈 호기심에 항상 뒤따르는 불편함과 불안감을 쉽사리 떨치기 힘들다.

그러나 인간 존엄성을 들어 포스트휴먼화를 비판하는 일은 느낌이나 정서의 문제를 넘어 우리에게 인류의 오랜 철학적이고도 실존적인 과제를 던져 준다. 인간은 왜 존엄한 존재인가? 인간이 존엄한 존재라면, 그 존엄성에 대해 도대체 '누구'에게, '왜' 감사해야 하는가? 특히나, 포스트휴먼화, 혹은 생물학이나 유전공학을 써서 인간의 육체와 정신에 개입하는 일이 인간의 존엄성을 해치는 일인가? 만약 그 개입이 당사자 스스로가 자율적으로 선택한 일인 경우마저도 그의 존엄성은 훼손되는 것일까? 특히 (많은 나라에서 법적으로 금지되어 있는) 체세포 수준이 아닌 생식세포 수준에서의 유전자조작은 그 조작 대상자의 존엄성을 훼손하는 것인가? 이때 존엄성 훼손의 대상자는 당대의 본인인가, 후대의 자손인가?

인간의 존엄성을 자각하게 된 근대 이후 많은 사상가들은 그것의 근거를 신학이나 형이상학에서 찾곤 했다. 인간의 존엄함이 인간을 창조한 신의 의지에서 비롯한다는 생각이나, 혹은 인간에게는 (인간을) 타 존재에 우선하는 것으로 구별지어 주는 불변적인 속성이 있기 때문이라는 생각이 그것이다. 21세기 세속화된 시대에 더 이상 이러한 초월적이고 불변적인 무엇에 호소하지 않는다 하더라도, 여전히 많은 이들은 인간에게 존엄성에 준하는 특별한 가치를 부여하고 그에 걸맞은 태도와 의무를 옹호하고자 한다. 샌델의 경우, 우리의 생명이나 재능은 우리에게 우연히 주어진 '선물'이기에 감사해야 한다고 주장한다. 하지만 이 '규범적' 주장을 하고자 한다면, 생명이나 재능이 우연히 주어졌다는 자연적 사실을 넘어 그 자체로 '가치'를 갖는 근거가 무엇인지를 설득력 있게 해명해야 것이다. 오마투나나 후쿠야마의 주장도 마찬가지다. 그들의 주장 역시 유사한 방식의 입증 부담으로부터 자유롭기 힘들 것이다.[21]

결국 포스트휴먼화가 인간의 존엄을 해치는가의 문제는 포스트휴먼 시대에 인간의 존엄성이 갖는 의미를 묻는 일이 되고 만다. 즉 포스트휴먼 시대에 우리는 다음의 질문들에 봉착한다. 근대적 의미의 인간이 도덕의 주체로서 존엄하다면 새로운 세계의 지배 주체라 할 포스트휴먼도 존엄하다고 해야 할까? 아니면 존엄은 인간만의 것이기에 포스트휴먼은 존엄을 상실한 존재에 불과한 것일까? 한 존재가 존엄한가의 판단에 대해 어떤 기준을 제시할 수 있을까? 특히 포스트휴먼 중 점점 인간화되어 가는 기계, 즉 인공지능이나 로봇에 대해서까지 존엄성을 말할 수 있을까? 존엄을 대신할 만한 새로운 존재의 가치와 사회의 이념이 있다면 그것은 어떤 것일까?

이러한 물음들은 윤리적 물음으로서 그치지 않고 법과 정책의 맥락에서도 비슷하게 생겨난다. 오늘날 많은 국가들은 국가 구성의 원리이자 통치의 원리로서 헌법을 가지고 있으며, 인간의 존엄을 그 기본 가치로서 수용하고 있다. 이때 포스트휴먼 시대의 헌법 역시 그러한 틀을 견지해야 하는 것일까? 아니면 아예 더 이상 존엄을 헌법의 기본 가치로 취하는 것은 시대착오적일까? 그리고 인간의 존엄성에 기초한 기타 기존의 각종 법과 정책을 포스트휴먼 시대에도 유지하고 확대해야 할까, 아니면 현재의 헌법적 거버넌스 모델이 개인중심의 자유주의적이면서도 국가법적인 것이라 할 때 이를 넘는 새로운(가령 공동체주의적이고 초국가적?) 거버넌스 모델을 개발하여 적용해야 하는 것일까?

이와 같은 규범학의 물음 하나하나에 대해 심도 있는 논의가 필요하다. 이 물음들에 대한 더 깊은 사유와 논의야말로 포스트휴먼 시대의 규범학이 우리에게 던져 주는 일차적인 과제인 것이다.

3) 자유 혹은 자율성

인간의 존엄성을 옹호하고 향상의 시도를 비판하는 전략으로서 우회적이면서도 유력한 것이 있다. 이는 인간의 존엄성을 직접 옹호하기보다는 그것을 인간의 자율성과 결부시켜 옹호하는 것이다. 즉 인간의 존엄성이야말로 인간이 생래적, 자연적으로 갖는 자유로움의 근본 전제가 되는데, 포스트휴먼화의 시도는 인간의 자율성을 근본적으로 해치기에, 결국 인간의 존엄성을 훼손하고 만다는 것이다.

인간향상에 의한 자율성 훼손을 문제 삼는 주요 논자로 독일의 철학자 하버마스를 들 수 있다. 그의 핵심 논변은 이렇다. 인간(후대)은 우연적으로 출생할 때에만 비로소 자율적일 수 있는 존재다. 그러나 자연적 출생과 달리 유전적 개입에 의한 출생은 우연적이지 않다. 따라서 유전적 개입을 통한 출생(혹은 인간향상)은 후대의 자율성을 훼손하며, 이 때문에 그런 개입은 금지되어야만 한다.[22]

후쿠야마도 비슷한 비판을 제기한 적이 있다. 유전적 개입과 같은 방법에 의한 인간향상이 인간 존엄성뿐만 아니라 근대 인류의 최고의 성취라 할 정치적 자유주의의 토대를 훼손할 것이라는 점이다. 그래서 그는 트랜스휴머니즘이야말로 그런 토대를 훼손시키는, "세상에서 가장 위험한 발상"이라고까지 경고하면서, 그것을 국가정책적으로 규제해야 한다고 주장한 것이다.[23]

반면, 앞서 트랜스휴머니스트들의 논지에 따를 경우 오늘날 자유주의 사회에서는 이런 향상의 자유가 당연히 보장되어야 한다. 오늘날 많은 국가들에서 국가작용과 시민의 권리 보장을 위한 일차적 준거틀로서 작동하는 근대의 자유주의적 법체계는 '사적(私的) 자치'를 그 기초이념으로 한다. 그것은 법과 제도가 그 사회 내의 법적 주체들로 하여금 타인에 의한 강제나 간섭이 없이 자신의 삶을 자유롭게 선택하면서 살아가고 자유롭게 주체들 상호 간의 관계를 맺을 수 있도록 보장해주어야 한다는 이념이다.

그러나 개인의 행위와 선택에 대한 '허용'으로부터 '전면적 금지'로 이어지는 스펙트럼상에는, 그 중간 단계로서 다양한 방식과 생각에 기반한 조치들이 있을 수 있다. 누구나 아는 것처럼, 자유주의 사회에서도 자유가 무한정 허용되는 것은 아니며, 자유는 여러 가지 이유와 방식으로 제한되고 있다. 우선 국가는 법과 정책을 통해 개인의 행위에 직접적으로 간섭하기도 한다. '후견주의(paternalism)'나 '법도덕주의(legal moralism)'에 따른 규제가 대표적이다. 이는 개인의 자율성에 대한 존중이 중요하다고 해도, 개인에게 안전이나 사회의 도덕규범(이른바 '사회상규(社會常規))을 명백히 해치는 방식의 자율성까지 존중하지는 않겠다는 생각에 따른 것이다. 예를 들어, 개인의 자율적 의사와 상관없이 자동차 내 운전석은 물론 모든 좌석에서 안전띠를 매도록 법으로 강제하는 일(후견주의)이나, 성매매를 금지하는 일(법도덕주의) 등을 들 수 있다. 물론 나라마다 후견주의나 법도덕주의에 따른 규제의 정도는 다르다. 가장 자유로운 국가라고 하는 네덜란드의 경우 대마 흡연, 성매매 등이 비록 제한된 장소에서나마 허용되기도 한다. 하지만 한국과 같은 나라에서는 일반적으로 그런 행위를 할 자유가 법적으로 허용되지 않는다.

더 정교한 정책적 접근법도 있다. 행위자로 하여금 일단 자유를 행하도록 허용하되, 그 자유를 행한 결과로 자신이 입게 될 해악을 알려 주면서 자율적으로 선택할 수 있도록 하는 경우도 있다. 예를 들어, 오늘날 많은 국가에서는 국민들에게 흡연의 자유를 허용하고 담배를 판매하되, 담배갑에 흡연이 건강에 치명적으로 해로울 수 있음을 알리는 경고문을 인쇄해서 담배를 판매하는 정책을 행하기도 한다. 담배 구매자이자 흡연자인 본인이 스스로 흡연의 해악을 안 상태에서 흡연 여부를 자율적으로 결정할 수 있게 하는 것이다. 물론 그 결정에 대해서 국가는 강제하지도 않으며, 그 결과에 대해서는 결정자 본인이 책임져야 한다.

그렇다면 자유주의 사회에서 법이 허용하는 자유를 행한 경우라면 그것으로 충분히 정당화되는 일일까? 법이 허용하는 방식으로만 대마를 흡연하거나 성매매를 했다면 그것으로 아무런 문제가 없는가? 흡연의 해악을 인지하고서도 스스로 흡연을 선택했으니 그 결과에 대해서는 자신이 모두 책임지라는 것으로 충분한가? 그것이 최선인가? 이 물음들에 대해 답하는 일은 이에 대해 이미 이루어진 숱한 논의의 역사에서 보듯 그 자체로 많은 철학적, 법이론적 논의를 요하는 일이다. 자율이냐 규제냐? 얼마만큼의 자율 혹은 규제냐? 이는 포스트휴먼 시대에도 그 규범학의 기본 이념으로서 여전히 논란거리다.

이 대목에서 흥미로운 논변 하나를 소개해 본다. 미국의 저명한 정치철학자 롤스(John Rawls)가 주창한 절차적 정의론의 제1원칙은 일차재(primary goods)의 평등한 분배를 옹호하고자 한 것이었다. 여기서 '일차재'란, 개인이 그 어떤 합리적 인생 계획과 목표를 가졌건 그것을 실현하는 데에 필요한 자원들을 말한다. 따라서 이는 모두가 원할 만한 자원들이라 볼 수 있는데, 기본적 자유와 권리, 소득과 부, 건강, 지능, 기회 등이 그 예다. 특히 '기회' 중에서 좋은 대학에 진학할 기회, 좋은 회사에 취업할 기회, 공직을 얻을 기회 등은 누구나 원할 법하다는 점에서 일차재에 속한다.[24] 이때 이토록 중요한 일차재를 늘릴 수 있는 (인간)향상이라면 그러한 향상은 충분히 정당화될 수 있다는 논변을 생각해 볼 수 있다. 그렇다면 사회에서 동등하게 존중받는 개인으로서 살아가는 데에 치명적인 핸디캡이 될 법한 보건의료상의 요인들, 즉 질병이나 장애, 기타 여건 등의 경우는 어떤가? 위 논변에 따를 경우, 이 요인들을 개선할 수 있는 인간향상의 기술들은 정당화되는가? 이 질문들에 대해 간단한 답을 시도해 보면 이렇다. 보건의료상의 요인들을 그 자체로 롤스 식으로 일차재로 볼 것인가의 여부에 상관없이, 이 요인들을 개선할 수 있는 인간향상이라면 적어도 '기회'라는 일차재를 증진하는 데에 결정적인 역할을 할 것이고, 이런 점에서 그 사용이 정당화될 만하다.[10]

---

10) 실제 롤스가 자신의 정의론 구상에서 보건의료상의 재화를 일차재로서 포함시킨 것은 아니었다. John Rawls, *Political Liberalism* (Columbia University Press, 1993), p.184. 보건의료서비스와 관련하여 롤스의 정의론이 어떻게 확장되고 응용될 수 있는가에 관한 논의로는, 박상혁, 「보건의료서비스의 정의로운 배분을 위한 롤즈 정의론의 발전방향: 대니얼즈의 롤즈적 보건의료정의

특히 미국의 생명윤리학자 올호프(Fritz Allhoff)는 이런 식의 논변이 심지어 생식세포 수준에서의 유전적 개입과 같이 실질적으로 후대의 동의를 얻을 수 없는 향상 방식에 대해서조차도 적용될 수 있다고 제안한다. 그 근거는 두 가지다. 첫째, 심각한 유전적 장애나 질병을 미리 제거, 개선하기 위한 유전적 개입은 비록 그것이 생식세포 수준에서의 개입일지라도 롤스 식의 일차재를 창출하거나 증진시키는 데에 기여할 수 있다. 둘째, 그런 개입의 경우 가정상 일차재의 분배에 관여하는 것이므로 후대라도 동의할 수 있다는 점이다.[25]

일차재를 증진시키는 일은 분배를 위한 총 재화를 증진시키는 일이기에, 그것에 대해서는 반대할 이유가 없을 법하다. 하지만 주지하듯 생식세포 수준에서 유전적 향상을 시도할 경우 그 영향이 '후대'에까지, '비가역적으로' 미친다는 점은 여전히 중요하다. 그럼에도 올호프와 같은 논자가 그런 향상을 긍정하는 이유는 그것이 후대의 자율성을 침해하지는 않는다고 보기 때문이다. 어떤 개입이 후대에 대한 비가역적 개입일지라도 그 개입이 후대 역시 동의할 만한 긍정적인 것일 경우라고 국한하고 있는 것이다. 하지만 이 논변에는 (그런 개입을 둘러싼) 후대의 가치관 역시 선대의 가치관과 같을 것이라고 하는 전제가 깔려 있다. 이 논변은 선대의 잣대로 후대의 가치관을 예단하는 일이기에, 그 예단의 위험

론을 중심으로」, 황경식, 박정순 외 저, 『롤스의 정의론과 그 이후』(철학과현실사, 2009), 373-403쪽 참조.

을 간과해서는 안 된다.

끝으로, 필자는 앞서 트랜스휴머니즘이나 포스트휴머니즘을 뒷받침하는 이념적 근거 역시 모종의 자유주의에 있음을 지적하였다. 인간은 누구나 자신의 삶의 계획, 즉 자신의 현재와 미래를 선택할 자유를 가지며, 이러한 자유의 권리는 인간에게 다른 어떤 권리보다도 우선한다고 보는 자유주의 말이다. 그리고 바로 이 점에서 자유의 권리가 근본적으로 중요하다고 보는 바로 그 자유주의 말이다. 여기서 깊은 고찰을 요하는 중대한 물음이 생겨난다. 자유주의적 발상에서 비롯한 이 변화의 신념이 결과적으로 자유주의의 토대를 해친다는 것은 역설적이지 않은가? 그런 시도는 후대의 자유(자율성)를 제한하고자 하는(혹은 제한할 수 있는) 시도일 뿐만 아니라, 본인 스스로의 자유(자율성)를 제한하고자 하는(혹은 제한할 수 있는) 향상(?)의 시도인 것이다. 즉 스스로 더 자유롭고자 하는 인간이 그런 시도의 결과로 자신의 자유를 근원적으로 제한하고 해칠 수 있다는 것이다. 이것을 '자유의 역설'이라 부를 수 있겠다. 이 역설은 다음과 같은 간단한 물음으로 표현된다.

자신의 자유를 스스로 제한할 자유도 보장/허용되어야 하는가?

4) 정의(正義)와 공정성

'디지털 분할(digital divide)'이라는 말을 들어 보았는가? 이 말은 디지털 기술이 제공하는 정보에 얼마나 잘 접근할 수 있는가가 한 개인의 사회적 발전과 퇴행을 크게 좌우할 수 있는 세상이 오면서, 높은 디지털 접근성을 가진 사람들(계층)과 그렇지 않은 사람들(계층) 간에 큰 사회적, 정치적, 경제적 격차가 생겨나게 된 현상을 말한다. 디지털 자료나 정보에 쉽게 접근할 수 있는 역량과 여건을 갖춘 개인은 큰 사회적 지위, 소득, 영향력을 갖기가 쉽고, 그런 역량과 여건을 갖추지 못한 개인은 그런 지위나 영향력을 갖기가 어렵다는 것이다. 그리하여 이 현상은 현대 사회가 가속적으로 디지털 사회로 변모함에 따라 중요한 사회적 문젯거리로 대두하였다.

포스트휴먼으로 향하는 인간향상 기술에 있어서도 디지털 기술에서와 유사한 분할 문제가 발생할 수 있다. 이제 '향상'이 기술적으로나 사회적으로 널리 보급되고 수용되는 시대가 온다면, '향상의 분할(enhancement divide)'이 사회적 문젯거리가 될 수 있는 것이다. 사실 우리는 이미 태어날 때부터 불평등하게 태어난다. 개개인이 타고나는 신체적, 지적 역량과 재능, 그리고 향후에 부모의 덕으로 얻게 될 기회와 혜택은 천차만별이라는 점에서 그러하다. 그러나 인간을 향상시키는 모든 조치는, 그 본성상 이미 존재하는 개인 간의 편차를 어떤 식으로든 더 확대하는 일이기 쉽다. 한 사람이 육체적으로 더 강해지거나 더 똑똑해지는 것만으로도, 그는 그런 변화를 겪지 않은 다른 사람들과 격차를 벌림으로써 더 큰 사회적 기회를 갖게 될 것이기 때문이다. 이런 예를 학업, 취업, 스포츠 경기 등의 영역에서 쉽게 떠올릴 수 있다. 기술 발전에 따른 향상의 혜택을 받지 못하고 태어난 이들은 그런 혜택을 받고 태어난 다른 사회구성원들과 비교할 때 낮은 사회계층을 이루며 살아간다. 이 두 계층의 사람들 사이에는 때로 동경이나 질시가 자리할 수 있다. 하지만 때로는 그것을 넘어 일방적인 지배와 착취, 혹은 역으로 체제 전복 시도로 이어질 수도 있다. 즉 인간향상의 시도를 통해 한 사회 내 정의와 공정성이 크게 손상될 경우, 그 사회는 긴장과 균열이 심화되고 나아가 파멸에 이를 수도 있다. 따라서 포스트휴먼의 규범학에서도 정의와 공정성을 논하고 실현하는 일은 여전히 중요한 사회적 과제일 수밖에 없다.

좀 더 분석해 보자면, 정의 혹은 공정성과 관련하여 우리가 인간향상의 시도를 우려하는 이유는 다음 두 가지다. 첫째, 그 시도의 결과가 기존의 부정의와 불공정을 새로운 양상으로 키우게 될 것이라는 점이다. 한 개인이나 집단은 매우 높은 사회적 효용을 인정받는 반면 다른 개인이나 집단은 그렇지 못할 경우, 사회는 이 두 개인이나 집단을 법이나 정책과 같은 공적 기제를 통해 차별하려 할 가능성이 높다. 그런 차별이 합법적이라는 점에서 형식적 정의와 공정성을 충족시킬 수 있지만, 두 개인 간의 차이나 두 집단 간의 차이가 그와 같은 제도적 차별을 정당화할 만한 진정한 도덕적 몫(desert)의 차이가 아닐 가능성이 있다는 것이다. 즉 인간향상의 시도와 관련하여 실질적 정의나 공정성이 확보되고 있는지에 대해서는 항상 주의 깊은 고찰이 요구된다는 것이다. 둘째, 인간향상의 시도가 그 자체로 상당한 비용이 들 수 있는 일이라는 점이다. 이 점을 감안할 경우, 향상이라는 사회적 자원과 기회에 대한 접근성에 있어 개인들은 큰 편차를 보일 수밖에 없으며, 이 또한 사회적 부정의와 불공정을 심화시키는 일일 것이다. 아무래도 한 사회 내에서 부자나 권력층이 향상의 수혜자가 될 가능성이 크고, 국제적으로는 선진국의 국민들이 그 수혜자가 될 가능성이 클 것이다. 요약하면, 포스트휴먼화로 가는 향상 기술에 있어서의 정의의 문제란, 향상의 결과로 인한 부정의의 문제와, 향상에 대한 접근성에 있어서의 부정의의 문제, 두 가지라 할 수 있다.

이런 점을 지적한 논자로 후쿠야마를 꼽을 수 있다. 그는 트랜스휴머니즘을 치명적으로 위험하다고 비판하면서, 앞서 언급한 인간 존엄성이나 자율성 외에, 바로 이와 같은 정의와 공정성도 훼손될 수 있음을 지적하였다. 그가 볼 때, 트랜스휴머니즘에 의해 트랜스휴먼과 비(非)트랜스휴먼 간에 내재적 가치나 권리에서 차이가 발생할 것이고, 그 결과로 사회적 불평등이 심화될 가능성이 크다는 것이다.[26]

포스트휴먼화는 반드시 사회적 불평등을 확대하는가? 포스트휴먼화가 사회적 불평등을 완화시키는 데에 기여할 수도 있다는 반론이 있다. 가령 페니실린의 경우가 그러했듯이, 인간향상 기술은 투자된 연구개발비가 회수되고 나면 그 가격이 점점 떨어지기 마련이므로 시간이 흐름에 따라 점점 더 많은 사람들이 그 혜택을 볼 수 있다는 것이다. 게다가 정부가 인간향상 기술을 강하게 규제하거나 금지할 경우 오히려 그 기술을 사용하는 데에 드는 비용은 높아지기 쉽지만, 반대로 가능한 한 많은 사람들이 폭넓게 그 기술의 혜택을 누린다면 사람들 간의 평등은 더 확대될 수 있기 때문에, 정부는 가급적 향상 기술의 사용을 권장해야 한다는 것이다.[27]

이런 반론은 일견 설득력이 있어 보인다. 하지만 이 논리는 과거의 몇몇 경험을 쉽사리 일반화한 '예측'일 뿐이다. 우선 이 예측은 지금까지 통용되었던 시장과 자본의 논리, 그리고 관련된 법과 정치의 논리가 앞으로도 그대로 유지될 것이라고 하는 정당화되지 않은 가정에 결정적으로 기대고 있다. 뿐만 아니라 그런 예측은 장기적 예측으로서 그럴듯할지 모르지만 당장에 발생할 수 있는 첨예한 불평등 문제를 간과하는 일일 수 있다.

이제 포스트휴먼 규범학에서 정의의 문제는 곧 사회적 자원, 그중에서도 향상 자원(혹은 자원으로부터의 혜택)의 분배 정의가 관건이 된다. 포스트휴먼화를 일종의 혜택이라고 가정할 때, 이 자원을 어떻게 배분해야 불평등이 완화되고 정의로울 것인가? 그 원칙과 기준은 무엇인가? 여기서 고려해 볼 만한 한 가지 이론적 시도는, 롤스의 정의 원칙 중 이른바 '차등원칙(difference principle)'에 기대는 것이다.[28] 즉 향상의 최소수혜자(집단)의 처지를 개선할 수 있는 한에 있어서만 향상 자원의 불평등한 배분을 용인하는 법정책을 채택한다는 것이다. '생명공학적 차등원리'라고도 불리는 이 원리는 다음과 같이 정식화된다.

당사자들에게 제공될 것으로 예상되는 인생계획들 중에서 가장 나쁜 내용을 가진 인생계획의 전망을 개선하는 방향으로 유전자 재화들은 개인에게 분배되어야 한다.[29]

그러나 이 일반 원칙의 설득력과 별개로, 구체적 현실 속에서 인간향상의 분배 정의라는 이론적, 실천적 과제는 더욱 섬세한 고찰을 요한다. 그러한 정의의 문제를 개별적인 향상 자원과 향상의 수혜자를 연결하는 문제라고 볼 경우, 이 둘을 어떻게 결부시킬 것인가의 물음에 답하는 데에는 고려해야 할 변수들이 많다. 기존의 생명의료윤리에서 중요하게 고려된 변수들을 보자면, 우선 사회적 차원에서 보건의료 자원의 공급량이 일차적인 관건이 될 것이다. 그리고 그런 자원에 대한 수요(필요)도 중요한 변수다. 이 수요는 세부적으로 다음 몇 가지 요소들로 나누어 볼 수 있다. (수요자가) 필요로 하는 처치의 긴급성, 필요로 하는 처치의 양이나 정도, 필요로 하는 처치로부터 수요자가 받을 수 있는 실질적인 혜택의 크기(수용량). 현재 문제되는 처치가 누구에게 더 급하게 요구되는가, 누구에게 더 많이 요구되는가, 그 처치로부터 누가 더 큰 실질적 혜택을 볼 수 있는가의 요소 말이다. 마지막으로, 수요자 개인의 정체성, 즉 그가 누구인가, 어떤 사람인가 하는 점도 변수가 될 여지가 있다. 가령 그가 사회적으로 얼마나 기여했거나 기여할 사람인지, 아니면 범죄자여서 사회적으로 해악을 끼쳤거나 끼칠 사람인지의 요인이 그것이다.

그렇다면 포스트휴먼화의 자원이 유한하다고 가정할 경우,

위 모든 일반 요인들은 포스트휴먼화의 시도에 대해서도 제기될 수밖에 없다. 그런 요인 각각은 인간향상의 분배 정의에서 얼마나 중요한 변수가 될 것인가?

4. 포스트휴먼 시대의 과제

이제까지 우리는 포스트휴먼이 무엇이고 어떻게 포스트휴먼이 될 수 있는가를 간략히 살펴보았다. 그리고 포스트휴먼화의 규범학이라는 범주로 포괄될 수 있는 몇 가지 쟁점들을 소개하면서 그 쟁점들에 관해 간략한 논의를 펼쳐 보았다. 우선 포스트휴먼화를 이끄는 다양한 힘들 중, 변화와 발전을 향한 인간의 자유로운 의지와 선택을 지지하는 자유지상주의가 그 중심이라는 것이었다. 반면 포스트휴먼화를 비판하는 주장의 전략은, 그러한 변화가 인간의 존엄성, 자율성, 정의 등 인류의 보편적 가치들에 반(反)한다는 점을 보이는 것이었다. 그래서 우리는 두 진영의 상반된 견해들을 소개하고 비판적으로 검토해 보았다. 포스트휴먼의 시대를 영위하는 주체들은 어떤 존재인가? 그것이 휴먼과 포스트휴먼이라면, 이들의 존재 가치는 인간 존엄이라는 전통적인 가치로 대별될 수 있는가? 그들은 어떠한 내용과 형식의 자유와 자율성을 인정받을 것인가? 그들의 사회에서 정의와 평등이라는 가치는 여전히 보편적인 의미를 가질 것인가?

이제 이러한 쟁점들은 "포스트휴먼의 규범적 지위가 어떠한

가"라는, 가장 근원적이면서도 포괄적인 물음으로 수렴한다. 이 물음은 바로 포스트휴먼 시대에 포스트휴먼과 기타 존재들(남은 인간, 동물, 사물 등)의 도덕적, 법적 지위와 의미는 어떠할까 하는 물음이다. 사실 개개의 규범적 쟁점들에 대한 앞에서의 논의는 이미 이 물음에 대한 부분적인 답을 함축하고 있다. 하지만 이 물음을 온전하게 답하기 위해서는 그 물음 자체를 붙들고 마지막 씨름을 해야만 한다. 휴머니즘의 시대에 우리가 '철학적 인간학'에 천착해야 했다면, 포스트휴머니즘의 시대에 우리는 '철학적 포스트휴먼학'에 발을 디뎌야 한다는 것이다.

물론 철학적 포스트휴먼학의 출발점이자 기반이 되는 것은 철학적 인간학일 수밖에 없다. 미국의 과학철학자 반 프라센(Bas C. van Fraassen)은 철학의 영원한 문제를 가리켜 말하기를, "새로운 세기마다 우리는 우리 자신에게 우리가 누구인지를 재해석해야만 한다. 우리는 백지 상태로 21세기에 들어가는 것이 아니다. 우리가 지금까지 어떤 존재였고, 어떤 존재가 될 수 있었는지, 어떤 존재가 될 수 있는지에 관한 안목을 갖고서, 우리 자신이 누구인지를 해석해야 한다. 이것은 영원한 과제이자, 끝없이 새롭게 되돌아오는 과제다."[30] 반 프라센이 지적한 우리의 영원한 숙명은 다가올 포스트휴먼의 시대에도 마찬가지다. 우리는 이 새로운 존재의 시대에도 그 존재의 지위와 가치를 재해석해야만 하는 것이다. 이제까지의 휴먼 시대에 얻어진 인간 이해를 바탕으로 해서 말이다.

마지막으로, 한 가지 분명한 사실을 덧붙이자. 포스트휴먼에 관련한 여러 쟁점들을 고민하고 논의할 시점은 바로 지금이라는 것이다. 이 글의 독자들이나 동시대의 많은 이들이 어떤 본격적인 의미에서 포스트휴먼이 되었을 때에는 이미 늦다. 왜냐하면 그 때에는 우리가 아무리 원한다 하더라도 결코 '휴먼'의 시대로 되돌아 갈 수 없을 것이기 때문이다. 누군가 이야기한 대로, "병에서 유령을 꺼내기는 쉬워도 그것을 도로 집어넣을 수는 없다."

2부

인간 대 포스트휴먼

POSTHUMAN

2장
포스트휴먼 사회와 휴머니즘 문제[1]

백종현

　현대의 과학기술은 사회적 존재로서의 인간의 삶 전반을 근본적으로 변혁하는 것을 넘어 이제 자연 생명체로서의 '인간' 개념 자체의 변경까지를 종용하고 있다.

　인간의 의사소통 방식을 근본적으로 변화시키고 있는 정보통신기술은 전통적인 정보 및 지식 개념을 흔들고 있으며, 생명과학기술은 생명의 탄생과 유지 및 종결 방식에 지속적으로 개입하면서 '생명이란 무엇인가?'에 대한 근본적 성찰을 재삼 요구하고 있다. 인간의 노동을 기계적으로 대신하는 단순한 로봇을 넘어 이제 정보통신기술과 생명과학기술 그리고 인공지능 기술이 융합함으로써 등장한 사이보그는 우리로 하여금 새로운 인간상과 맞닥뜨리게 하고 있다. 미구에 자기산출 능력을 갖춘 유사인간 종('posthomo sapiens')의 등장을 앞두고 우리는 '인간다움', '인간의 존엄성', '인격'이라는 인간의 본질 규정을 재검토하지 않을 수 없는 상황에 놓여 있는 것이다.

바야흐로 진전하는 과학기술이 초래할 자연인, 로봇, 사이보그 그리고 또 다른 유사인간 종이 공존하는 포스트휴먼(posthuman) 사회 진입 과정에서, 우리는 과학기술의 진보가 인류 문명에 위협이 되는 대신에 더욱더 휴머니즘(humanism)을 증진 발전시키는 동력이 될 수 있는 지혜를 찾아야 한다.

포스트휴먼 사회에서는 무엇보다도 기존의 도덕과 법률 체계만으로 해결하기 힘든 심각한 사회적(노동, 군사, 생명윤리 등의) 문제들이 발생할 것인 만큼, 어떤 규범이 새롭게 세워져야 할 것인지에 대한 사회적 공론화 과정이 절실히 요구된다. 이는 철학, 법학, 사회과학, 경영학 그리고 인공지능 및 정보통신, 생명공학과 뇌과학, 의과학 등 유관한 분야 전문가들이 머리를 맞대고 한편으로는 철학적인 원론적 탐구를 하고, 다른 한편으로는 사회 혁신방안과 현실적인 법률 체계를 모색하여 포스트휴먼 사회의 제반 사회문제에 대응하면서, 이에 대해 일반 시민과 문제의식을 공유해야 함을 뜻한다.

이 글은 먼저 전통적 인간 개념을 정리해보고, 현대 문명이 내포하고 있는 인간 개념의 혼란함을 들춰낸 후, 도래하는 포스트휴먼 사회와 함께 부상할 휴머니즘의 문제들을 점검한다.

1. 전통적 인간 개념

1) 생명체로서 인간

인간(人間, ἄνθρωπος, homo, human, Mensch)에 대한 여러 가지 정의 가운데서도 가장 포괄적이고 가장 널리 통용되는 것은 "이성을 가진 동물(ζῷον λόγον ἔχον)"[2] 또는 "이성적 동물(animal rationale)"일 것이다.

무릇 인간을 '이성적 동물'이라고 규정할 때 동물은 '짐승(獸, θηρίον, bestia)'이라기보다는 '생명체(ζῷον, animal, Lebewesen)'를 뜻하며, 그 '생명(生命, ζωή, vita, Leben)'의 원리는 보통 '영혼(靈魂, 목숨, ψυχή, anima)'이라고 일컬어진다.

또 '영혼'은 때로는 '정신(精神, mens, spiritus, Geist)' · '마음(心, animus, mind)'과 같은 것으로도 이해되고, 때로는 이것들과 구별되어 사용되기도 한다.

'정신(精神)'은 낱 말 '精'[정]과 '神'[신]의 합성어로서 이를 구성하는 두 낱의 의미를 간직한 채 새 의미를 표현하기도 하고, 그중 한 낱의 의미를 표출하여 쓰이기도 한다. '정(精)'은 고대 중국 문헌에서는 '곡식의 알맹이', '순수함', '정액(精液)', '정세(精細)함' 등을 뜻함과 함께 '만물 생성의 영기(靈氣)'를 뜻했다.[3] '신(神)'은 오늘날은 거의 '하느님'과 동일한 말로 사용되고 있지만, 옛적에는 '천신(天神)', '신령(神靈)', '혼령(魂靈)'이라는 뜻과 함께 '의식(意識)', '정신(精神)'이라는 뜻을 가진 말로 쓰였다.[4] '정신(精神)'이라는 말 또한 이미 일찍부터 때로는 형해(形骸) 또는 신체와 구별되는 '정기(精氣)'의 뜻으로,[5] 때로는 '의식(意識)'의 뜻으로[6] 사용되었다.

그러나 예부터 사람들이 '정신'이나 '심(心)'이 신체[身]와 본체상으로 구별된다고 보았는지는 분명하지 않다. 가령 '심(心)'만 하더라도 장기의 하나인 심장을 지칭하기도 하고, 사유기관이나 의지 주체를 지칭하기도 했지만,[7] 이것은 기능상의 구별일 수도 있고, 흔히 '심신(心身)'으로 짝을 이뤄 사용되는 '신(身)' 또한 때로는 '수신(修身)'에서 보듯이 '심(心)'까지를 포함하며, 또 때로는 '일신(一身)'이나 '자신(自身)'에서 보듯이 개인 자체를 지칭하기도 하니 말이다.

『구약성서』에는 '정신'이 자주 숨결, 바람 등을 뜻하는 히브리어 '루아흐(ruah)'로 등장한다. 예컨대, 입김(『시편』 33, 6), 숨[입김](『욥기』 19, 17), 생명숨결[바람](『예레미야』 10, 14) 또 선들바람(『창세기』 3, 8)과 폭풍[세찬 해풍](『출애굽기』 10, 19) 등은 같은 것을 지시한다고 보겠다. 이 모든 것이 생명을 만들어내는 힘들에 대한 고대적 표상들이다. 고대 오리엔탈의 야훼 신앙은 이 사념들을 창조 신앙과 결합하고, 그래서 신의 숨 내지 신의 입김으로서 "야훼의 숨결(ruah jahve)"이 모든 피조물의 생명의 생리적 효력이 된다. 인간과 동물의 세계는 동일한 생명력에 의해 존재하게 된 것이다.

> "숨을 거두어들이시면 죽어서 먼지로 돌아가지만, 당신께서 입김을 불어넣으시면 다시 소생하고 땅의 모습은 새로워집니다."[8]

숨결은 생명의 숨(「창세기」 6, 17)이며, 모든 피조물의 생명 정신이 야훼에 의해 소환되면, 모든 피조물은 죽음에 든다(「창세기」 6, 7 참조). 생명의 비밀은 숨 속에 들어 있다. 숨은 다름 아닌 '목숨'인 것이다. 야훼의 숨은 창조신의 절대적인, 사람이 마음대로 할 수 없는, 생명을 만드는 힘이다. 예언자시대에 야훼의 생명숨결은 야훼의 말씀과 결합되고, 그래서 「시편」은 "야훼의 말씀으로 하늘이 펼쳐지고, 그의 입김으로 별들[모든 무리, 군대]이 돌아났다(「시편」, 33, 6)."라고 읊고 있다.

때때로 생명의 숨결은 '네페스(nefes)'라는 말로 표현되기도 한다(「출애굽기」 23, 12). 그럼에도 '네페스(nefes)'는 '루아흐(ruah)'와 구별되는데, 그것은 '네페스'가 '루아흐'처럼 보편적으로 생명을 일으키는 힘이라기보다는 오히려 인간과 동물의 개별적인 구체적인 생명을 지시하기 때문이다. 그래서 '네페스'의 죽음에 대한 말은 있으나, '루아흐'의 죽음에 대한 이야기는 나오지 않는다.

'정신'에 상응하는 고대 그리스인들의 표현 '프네우마(πνεῦμα)' 또한 '호흡하다(πνέω)'에서 유래한 것이다. 그러니까 '프네우마'도 본래 '움직이는 공기', '호흡된 공기', '호흡', '숨' 정도를 의미한다 하겠다. 그렇다고 이 말이 '호흡작용'[숨을 쉼]을 뜻한 것은 아니고, 어디까지나 질료적 의미를 가졌던 것으로 보인다. 고대 그리스문화 초기부터 이 말은 의학과 철학에서 사용되었다. 우주와 인간의 생리 작용에서 공기와 '정신'은 중요한 기능을 하는 것으로 간주되었다. 살아 있는 숨은 피와 함께 혈관을 돌면서 생물학적 작용들의 근원을 이루는 것으로 여겨졌다. 정신의 중심부는 뇌에 위치하고 있으며, 거기서 인간의 전 신체 조직을 주재한다고 생각한 사람들도 있었고, 또 어떤 사람은 정신은 심장에 위치하며 거기서 피와 함께 전 신체를 관통한다고 보았다. 아리스토텔레스도 이렇게 생각한 사람 중 하나라 하겠다.

플라톤은 물, 불, 공기, 흙과 같은 물질은 스스로 운동할 수 없는 것으로 보고, 어떤 것의 운동의 원인(αἴτιον)을 영혼에서 찾았다. 플라톤은 낱말의 원래 뜻이 숨·숨 거두기·목숨인 '영혼(ψυχή)'을 "스스로 운동하는 것"으로서 "운동의 원리/단초(ἀρχή)"[9]라고 추상화하여 말한다.

『신약성서』에도 정신을 지칭하는 말로 그리스어 '프네우마'가 자주 사용되고 있다. '공기, 바람, 숨의 힘이 충전된 운동'쯤을 뜻하는 이 말이 인간 정신을 지칭하는 말로 쓰이면서, 한편으로는 '생명의 힘'이라는 뜻의 '숨'(「마태오」 27, 50)이, 다른 한편으로는 지각·인식·감각이라는 뜻의 '생각'(「마르코」 2, 8)이라는 표현이 곳곳에 등장한다. 곳에 따라서는 '성령'을 일컬을 때에도 있고, 악령을 지시하는 데서도 쓰인다.

스토아철학에서 '정신(πνεῦμα)'은 포괄적인 의미를 가졌다. 정신은 한편으로는 개별 영혼의 실체이자 내적 신성(神性)의 실체이다.[10] 다른 한편으로 정신은 만물을 관통하고 우주의 통일성과 우주 안에 함유되어 있는 개별 존재자들의 통일성을 보증한다. 우주는 커다란 유기체이고 살아 있는 것으로서, 그것의 부분들은 모두 서로 화합하고, 서로 영향을 주고받는다. 개개 영혼이 육체에게 그렇게 하듯이, 우주 유기체에게 내부로부터 혼을 넣어주는 것은 생명의 호흡인 신성(神性)이다. "그러니까, 세계가 신적인 정신(spiritus)과 연관을 이루고 있는 정신에 의해 통합되어 있지 않다면, 세계의 모든 부분들이 서로 화합하는 일이란 정말로 일어날 수 없을 터이다."[11] 만물은 신의 정신으로부터 생긴다. 그것은 우주의 질서 잡힌 실재를 자신으로부터 산출하는 창조적인 불이다.[12] 그렇기에 우주의 생성은 개개 생물의 생성과 똑같은 것으로 관찰된다. 우주는 나중에 펼쳐질 모든 성분들을 이미 자기 안에 가지고 있는 최초의 정자(精子)로부터 발생한다. 또 주기적인 세계화재(火災)가 있어, 그로부터 우주가 발생했던 근원 종자(種子)로의 규칙적인 귀환이 있다. 똑같은 방식으로 인간의 생의 표출들도 육체의 모든 부분들에 들어있는 영적 정신을 근거로 해서 설명된다. 그래서 감각적 인식이란 영적 정신에 지각된 대상의 모상(模像)의 인상(印象)으로 파악된다. 이 인상은 영혼의 중심부에서 육체의 주변으로, 또 주변으로부터 중심부로 흐르는 정신의 유동들에 의해 만들어진다. 이 정신의 유동들은 유기체의 응집을 돌본다. 이 정신의 유동들이 영혼의 중심부에 의한 일정한 육체 운동들의 성립을 설명해 주고, 또한 다른 한편으로는 인상들이 외부로부터 중심부 안으로 받아들여지는 것을 설명해 준다.[13]

스토아학파에서 정신은 일관되게 질료적인 원리로 간주되었고, 그러면서도 그것의 섬세성과 운동성이 매우 강조되었다. 인간에게 있어서 영적 정신은 사후에도 한동안 개별성을 유지하고 있다가 이내 보편적 세계영혼 안에 받아들여진다. 이런 식으로 우주의 전개에 있어서와 마찬가지로 개별 영혼에서도 모든 것이 순환적 과정에 따라 진행된다. 그러니까 스토아 자연학자들은 인간을 포함하는 '물질주의적' 우주생물학을 내놓았다고 볼 수 있다.

"건강한 정신은 건강한 신체 안에 있다."[14]라는 명제는 역으로 신체가 건강하지 못하면 정신 또한 건강하지 못하다는 것을 함의하며, 이는 정신과 신체는 불가분리적임을 함축한다. 그러니까 이는 설령 신체가 건전하지 못해도 정신은 건전할 수 있다거나, 비록 육신은 부패해도 정신은 생생하다는 주장을 배척한다.

반면에 1세기 초의 절충주의(syncretism) 학파는 정신에게 중요한 위치를 부여했다. 여기서는 '정신'이라는 말이 신의 세계에 대한 관여를 상징적으로 서술하는 데에 사용되었다. 그러니까 정신은 신의 세계 생기(生起)에 대한 직접적인 관여이다. 이 관점에서 중요한 것은 정신이 더 이상 질료적인 것으로 파악되지 않는다는 점이다. 그러나 그렇다고 해서 정신의 비물질적인 성격이 좀 더 자세하게 규정된 것은 아니었다.

영지(靈知)주의(gnosticism)자들에게서 '정신'은 여러 가지 의미로 사용되고 있다. 이 말은 곧잘, 혼돈적이면서도 조형적인 물질에 혼을 집어넣는 우주의 형식적 원리를 뜻한다. 또 어떤 사람들에게서는 이 말이 빛과 어둠 사이의, 그리고 우주의 상위 영역들 사이의 중간에 놓여 있는 우주 원리를 뜻한다. 그것이 또 어떤 때는 인간의 상위 부분을 의미한다.

신플라톤학파 철학에서 정신은 무엇보다도 비물질적인 것과 물질적인 것 사이의 중간자로서 간주된다. 정신이란 영혼을 둘러싸고 있으면서, 영혼의 육체와의 오염된 접촉을 방지하는 어떤 것을 뜻한다.[15] 이것은 인식작용에서 분명하게 드러난다. 영혼은 물질적인 대상들과 직접적으로 접촉하지 않고, 사물들의 모상들을 영혼의 정신적 보자기에 싼다. 인간과 신성(神性) 사이의 직접적인 접촉은 배제되어 있다. 예언과 황홀은 신적 정신을 매개로 일어나는바, 신적 정신에 의해 영혼은 빛나고 정화되며, 그렇게 해서 인간은 보다 높은 인식에 이를 수 있고, 그의 자연적인 가능성들을 뛰어넘는 활동을 펼칠 수 있다.

당초에 그리스어 '프네우마'에 상응해서 쓰이던 라틴어 '스피리투스(spiritus)'는 1~2세기의 기독교 문헌에 자주 등장했고, 그 의미는 스토아학파의 유물론적 정신론으로부터 큰 영향을 받고 있었으나, 점차 정신주의 색채를 드러냈다.

아우구스티누스는 정신(spiritus)을 무엇보다도 비물질적 실재, 곧 신이나 인간의 영혼을 지칭하는 말로 사용한다. 이때 정신적인 것은 적극적인 의미를 얻어, 단순하고 불가분해적인 것으로 생각되고 있다.[16]

보통의 개념들이 그러하듯이, '정신'과 그 상관 개념들도 철학적 숙고가 더해지면서 일상적 용법과는 차츰 멀어져 더욱 추상화한다. 이미 그런 생각의 일단이 없었던 것은 아니지만,[17] 근대에 와서 데카르트에 의해 정신(mens)·물체[신체](corpus) 이원론이 주창된 이래, 거듭되는 논쟁을 거치면서 '정신(mens)'이란 '자기 고유의 운동력을 가진 것'으로 설정되고, '물체'란 뉴턴의 '제1운동의 법칙[관성의 법칙]'에서 분명하게 규정된 바처럼 '오로지 외부의 힘에 의해서만, 그러니까 기계적으로만 운동하는 것'이라는 개념을 얻었다. 이러한 물체[신체]와 결합하여 통일체를 이루고 있는 정신을 '영혼'이라 일컫기도 한다. 그러니까 이 경우 영혼은 물체[신체]성과 정신성을 동시에 갖고서 한편으로는 수동적(passiv)이고 수용적(rezeptiv)으로 작동하며 다른 한편으로는 능동적(aktiv)이고 자발적(spontan)으로 활동하는데, 이러한 영혼(anima)을 마음(animus)이라 일컫는다. 그러므로 이런 경우에는 사실상 '영혼'과 '마음'은 서로 바꿔 쓸 수 있는 말이다. 그런데 때로 영혼은 "물질 안에서의 생명의 원리(Principium des Lebens)"[18]를 지칭하고, 이럴 경우 영혼(anima)은 사물의 "생명성(Animalität)"을 일컫기도 하므로, 그런 한에서 '영혼'과 '마음'은 구별하여 쓰인다. 그래서 '영혼 불멸', '영혼은 불사적이다.'라는 표현은 써도 '마음 불멸', '마음은 불사적이다.' 등의 표현은 쓰지 않는다. 그러니까 수동적[감수적]인 한편 능동적[자발적]인 활동체라는 점에서는 '영혼'과 '마음'은 한가지이나 '영혼'은 생명성이라는 내포를 더 갖는 개념이라 하겠다.

이러한 의미 변천의 과정을 거치면서 개념이 형성된 '영혼'이란 생명의 원리로서 스스로 운동하는 역량을 말하며, 그 운동은 자기발전 내지 자기보존을 위한 것으로 이해된다. 생명체는 영혼이 이러한 운동을 하는 동안은 '살아 있다' 하고, 더 이상 운동이 없으면 '죽었다'고 말해진다. 그러니까 넓은 의미에서는 생장력(anima vegetativa)을 가지고 있는 식물도 생명체에 포함된다.[19] 그러나 '살아 있음'의 생생한 징표가 '감각하고 지각할 수 있음(anima sensitiva)'으로 이해[20]되면서, 생명이 "존재자의, 욕구능력의 법칙에 따라 행위하는 능력"[21]으로 규정되고, 욕구능력이 "자기의 표상들을 통해 이 표상들의 현실성의 원인이 되는 그런 것의 능력"[22]으로 정의된다면, 생명체란 자기 욕구 실현을 위해 능동적으로 운동하는 생물, 즉 동물만을 지칭하기도 한다. 비근한 사례는 어원적으로 '생명체/생물'을 뜻하는 라틴어 '아니말animal'이나 독일어 '레베붸젠Lebewesen'이 흔히 '동물'을 지칭하는 데서도 볼 수 있다.

2) 이성적 동물로서 인간

그러나 이러한 동물 가운데는 말(λόγος)하고 셈(ratio)할 줄 아는 것과 그리 할 줄 모르는 것이 있으니, 전자를 인간이라고, 후자를 '여타 동물들(τὰ ἄλλα ζῷα)' 또는 '비이성적 동물들(ἄλογα ζῷα)'이라고 부르기도 한다. 그러니까 인간이 이성적 동물이라는 것은 감각하고 지각할 줄 알며, 자기 욕구 실현을 위해 능동적으로 활동한다는 유적(동물적) 성질에 더하여, 말을 할 줄 알고, 셈을 할 줄 안다(anima rationalis)라는 종적(인간적) 특성을 가지고 있음을 지시한다. 인간의 여타 동물과의 이러한 차이[種差]를 두고서, 동물을 다시금 '짐승 동물(animal brutum)'과 '이성 동물(animal rationale)'로 구별하기도 한다.

인간이 말을 한다는 것은 그것을 통해 보고 느낀 것을 논리적으로 개념화한다, 사고한다는 뜻과 함께 선과 악을 식별하고 이것들을 서로 견주어서 그에 대해 의견을 세우고, 자기 의견을 가지고서 남과 이야기를 나눌 수 있다, 곧 의사소통할 수 있다는 것을 뜻한다. 그래서 '말다운 말' 또는 '말 같지 않은 말'은 논리적 척도에서뿐만 아니라 윤리적 척도에 의해서도 구분된다. 그런데 이 말하기에는 으레 말하는 '나'가 있으니, '너'에 대해서 '나'를 세우고, 선악을 분별하여 그것에 대해 나의 생각을 말하는 이 '나'로 인해 이성적인 인간은 이제 주체적 '인격'이 된다.

인간이 자기의 표상 안에 '나'를 가질 수 있다는 사실은 그를 지상의 여타의 모든 생물들 위로 무한히 높이 세운다. 그로 인해 인간은 하나의 인격이며, 그에게 닥치는 모든 변화에도 불구하고 의식의 통일성에 의해 하나의 동일한 인격이다. 다시 말해 인간은 사람들이 임의대로 처분할 수 있는, 이성 없는 동물들과 같은 그러한, 물건들과는 지위와 존엄성에서 전적으로 구별되는 존재자이다.[23]

인간이 '나'로 나타나는 인격이라 함은 인간은 한낱 물건이 아니며 '아무나'가 아니라는 것, 그러니까 한 인간은 다른 인간으로 대체될 수 없는 독자적이고 고유하다는 것을 의미한다. 그러나 인간이 '나'를 말하는 이 인격성으로 인해, 인간은 스스로 '나'를 바라보는, 그러니까 내가 나를 돌아보는, 말하자면 내가 '나'를 대상화하는 일 또한 일어나며, 이로써 '나'는 '나'와 분열하여, 나를 타자화하고, 소외(Entfremdung) 시키기도 한다. 그러한 '나'와 '나'의 관계에서 인간은 자신의 선의 이념에 따라 자기에게 스스로 의무를 부여하되, 또한 스스로 부여한 의무를 위반하기도 한다. 그래서 때로 나는 나로부터 칭찬받기도 하고 때로 책망받기도 한다.

동물로서 인간은 동물적인 경향성에 따라 움직이는 한편, 그것이 선의 이념에 어긋나는 듯싶으면 인간으로서 인간이 그에 제동을 걸기도 한다. 동물이 '물성(物性)'과 '육성(肉性)'을 본질로 갖는 한, 동물에게는 '물질에 대한 육욕'이 있다. "한 존재자가 자기의 표상들에 따라서 행위하는 능력"[24]으로서의 생명이 행위를 위한 그 규정근거를 자신 안에 가질 때, 그러한 "임의대로 행동하는 능력"[25]을 '욕구 능력'이라 한다. 그런데 이때 그 행동의 준거가 되는 임의적 표상들에 따라 행위의 목적을 세우는 생명체는 '주체' 곧 '자기'라고 하고, 그러한 임의가 자기의 이성 안에 있는 한에서, 그러한 욕구능력은 '의지(Wille)'라고 일컬어진다. 이러한 개념틀을 적용해서 말하면, 인간은 동물적 경향성을 갖되 또한 동시에 이성적 의사(Willkür)를 갖는 주체적이고 의지적인 존재자이다.

인간의 역사를 인간적 활동의 족적으로 볼 때, 그것은 다름 아닌 주체적이고 의지적인 '인간'의 역사이다. 동물들도 생명의 공간에서 잇따라 새끼를 낳고 번식해가면서 생명의 궤적을 남기지만 그것을 '역사'라고 할 수 없는 것은, 동물들의 활동은 의지적이고 주체적이라 볼 수 없기 때문이다. 역사는 의도 또는 목적 실현의 성과로 이루어지는 것이며, 스스로 목적을 세우고 그를 실현해나가는 의지를 바탕에 두는 것이다. 그러므로 역사는 자기 의사대로 목적을 세우는 이성, 곧 자발적 이성과 나아가서 그에 의해 수립된 목적을 실현해내는 힘, 즉 자유로운 의지의 주체적 활동결과이다.

3) 자유로운 행위 주체로서 인간

(1) 동일성 원리로서 인격

자연 안에 고정불변적인 것은 없다. 이 관찰 명제가 참이라면, 자연 안에서 살고 있는 인간 역시 고정불변적일 수 없다. 이러한 마당에서 '자유로운 의지의 주체'라는 개념에 앞서, 도대체 '인간'이라는 일반 명사가 가능한가?

임대인 갑과 임차인 을이 A라는 가옥을 2년 기한으로 임대차 계약을 맺은 경우, 그 계약은 기한 도래와 함께 을이 갑에게 A를 반환할 것을 내용으로 갖는다. 이러한 계약은 그러니까 적어도 두 가지를 당연한 것으로 전제한다. 하나는 계약당사자들의 책임의식과 의무수행능력이고, 또 하나는 임대인과 임차인 그리고 임대차 가옥의 불변성이다.

그런데 실로 계약이 유효한 생활세계는 자연 안에 있고, 자연 안에서는 그 2년 사이에 갑도 변하고, 을도 변하고, 심지어 A라고 동일하게 지칭되는 가옥 또한 제아무리 조심스럽게 사용한다 해도 미세하게나마 변화하지 않을 수 없다. 그러니까 임대차 계약을 맺을 당시의 임대인과 임차인과 자연적 속성이 동일한 자도, 임대 물건인 동일한 가옥 A도 계약종료 시점에는 더 이상 자연 안에 없는 것이다. 이러한 상황에서 도대체 누가 누구에게 무엇을 반환한다는 말인가? 이와 같은 계약의 효력은 2년 사이의 자연적 속성들의 변화, 그러니까 상이성에도 불구하고 갑과 을과 A가 동일성을 갖는다는 것을 전제로 해서만 있을 수 있는 것이다. 그렇다면 그

동일성은 어디서 성립하는가? 인간을 한낱 신체적 존재자로, 가옥을 한낱 물체적 존재자로만 본다면 이러한 계약행위는 인간 사회에서 일어날 수 없다. 그러니까 인간은 적어도 암묵적으로 인간을, 그리고 물건을 한낱 물리적 존재자로만 보지 않고 있는 것이다. 다시 말해 우리는 이 지점에서 세상의 사물들의 변화 중에도 '불변적인' 어떤 것을 상정하고 있는 것이다.

그래서 누가 "인간은 변화할 수 있고 또 변화하는 동안만 인간이다. 끊임없이 스스로를 만들어가는 존재인 동안에만 인간이다. 인간은 움직이는 자이며 스스로를 완성해가는 자이다."[26]라고 말함에 충분히 공감한다 해도, 우리가 어떤 한 인간을 특정할 때 우리는 '한 불변적인 인간'을 보고 있는 것이다.

(2) 책임질 수 있는 자로서 인격

그리고 이러한 계약행위가 여타 동물들의 세계에서는 볼 수 없으되, 인간생활에서는 하나의 일상사인 것은, 인간은 이러한 계약의 주체가 될 수 있다는 것, 다시 말해 자발적으로 계약을 맺고, 계약을 준수할 수 있는 능력, 즉 책임능력을 가지고 있기 때문이다.

계약을 준수함이 단지 계약을 불이행할 때 발생할 손해를 피하기 위한 것이라면 그것은 한낱 법률적 행위이지만, 만약 계약 이행은 계약 체결 당사자의 당연한 의무이기 때문에 준수해야 하는 것이라는 이유에서 계약을 준수한다면 그것은 동시에 도덕적 행위이다.

도덕적 행위는 어떤 조건 아래서도 자기의 의무를 그것이 의무라는 오로지 그 이유에서 준수함에 있다. 그런데 이러한 의무 준수는 인간이 자연적·사회적 환경에서 자유롭다는, 다시 말해 인간은 하는 것이 마땅한 일은 행할 의사와 능력이 있고, 또한 감성적 이해관심을 떠나 행위할 수 있다는 전제 아래에서라야 기대할 수 있는 것이다. 그러니까 인간이 자유로운 의지의 행위 주체라는 것이 받아들여질 때에만 도덕적 의무 준수를 인간에게 기대할 수 있는 것이다.

(3) 자율성, 따라서 존엄성을 갖는 인간

인간은 동물적 경향성에 의해 자주 도덕법칙에 어긋나게 행동하도록 촉발되지만, 자유의 힘에 의해 이러한 경향성을 멀리하거나 물리칠 수 있다고 보아진다. 그리고 그렇게 행위함이 인격체인 인간의 의무이다.

인간에서 자유란 자율로서, 그것은 곧 자기가 정한 법칙에 복종함이다. "의지의 법칙에 대한 자유로운 복종의 의식은, 모든 경향성들에게, 오직 자신의 이성에 의해 가해지는, 불가피한 강제와 결합돼 있는 것으로서, 무릇 법칙에 대한 존경이다."[27] 이 도덕"법칙에 따르는, 일체의 규정 근거에서 경향성을 배제하는, 객관적으로 실천적인 행위를 일컬어 의무"[28]라 한다. 그렇기 때문에 의무는 개념상 '실천적 강제'를 포함한다. 즉 싫어도 행위하도록 시킨다. 자연적 존재자로서의 인간이 선(善) 아닌 다른 것을 욕구하기 때문에, 바로 그 때문에 그는 선을 행해야만 한다. 자기 마음이 자연히 그렇게 내켜서 하는 행위라면 그것을 우리는 당위라고 하지 않는다. 당위는 강요된 행위를 말함이고 그런 뜻에서 필연적이되, 그러나 이 강제는 밖으로부터의 것이 아니라, 자신에 대한 자신의 강제, 즉 "자기 강제" 내지 "내적 강요"이다. 그렇기 때문에 도덕은 밖으로부터 강제된 규칙이 아니라 자신으로부터의 규칙이다. 즉 자연법칙이 아니라 자유로운 자기 강제의 규칙, 이를테면 자율(自律)이다. 이 자율의 힘에 인격성은 기반한다.

스스로 행위의 준칙을 세우고, 그것을 보편적 법칙처럼 준수하려는 인간 의지와 자기 법칙수립적인 인간의 자율성이야말로 인간의 도덕성의 원천이고 "존엄성의 근거"[29]이다.

'존엄성'은 일체의 가격을 뛰어넘는 가치이다. 가격을 갖는 것은 비교할 수가 있고, 그리하여 어떤 것이 일단 가격을 갖게 되면 그것은 교환이 가능하게 되거니와, 주고받고 할 수 있는 것, 교환할 수 있는 것을 일컬어 '물건'이라 칭한다. 인간이 '이성적' 동물이라 하더라도 그 '이성'이 수단인 것이라면, 인간은 그 '이성'의 역량 정도에 따라 가격이 매겨지고, 그러고 나면 그 가격에 따라 시장에서 거래가 되고, 결국 일종의 '물건'이 된다. 그러나 인간은 인격인 한에서 그 자체로 가치 있는 것, 곧 목적적인 존재자로서, 결코 무엇과도 교환될 수 없고 대체될 수 없으며, 바로 그런 의미에서 존엄성을 갖는다.

인간의 존엄성의 근거는 인간의 이성성, 자율성, 도덕성이다. 그러나 이는 현재적으로 이성적이고, 자율적이고, 도덕적인 사람만이 존엄함을 말하는 것이 아니라, 도덕적이고자 애쓰는 사람들

안에 이미 존엄성이 있음을 말하는 것이다. 그것은 유(類)로서의 인간이 존엄함을 말한다. 유로서의 인간이 존엄성의 권리를 갖는 한, 각자 "이성 역량을 품수한 동물(理性的일 수 있는 動物: animal rationabile)인 인간은 자기 자신을 이성적 동물(理性的 動物: animal rationale)로 만들 수 있다."[30] 그리고 그러한 가능성 위에서 개개로 서의 인간은 존엄성을 얻어야 할 의무를 갖는다. 개개 인간의 존 엄성은 당위적인 것이고, 인간성의 현실화 원리(entelekeia)이다.

2. '현대' 문명과 '인간' 개념의 혼란

인간에 대한 전통적인 개념에서 인간 존엄성의 가장 강력한 근거는 인간의 자기 행위에 대한 책임능력이고, 이 책임능력은 인 간 이성의 자율성에 기초한 것이다. 그리고 이 자율성의 본부로 '정신'이 상정되었다.

그런데 이런 생각은 서양 근대 문명의 형성과 함께 그 기력 이 희미해져가고 있다. 서양 근대 문명의 핵심 요소는 시민사회와 과학기술이라 하겠고, 시민사회의 토대인 민주주의와 과학기술의 기초인 자연과학은 근대인의 최고 성취라 할 수 있는데, 이 둘은 '정신'의 희생을 대가로 요구하는 것이기 때문이다.

서양의 근대는 사실 정신과 신체의 분열로 시작되어 신체의 점진적 우위로 진전되어갔다. 사람들이 데카르트의 정신-물체 이 원론에 귀 기울였던 것은 그에 의해 인간의 인간다움의 배경인 윤리세계를 새로이 등장하는 자연과학의 물리세계로부터 분리 보존할 수 있겠다고 생각했기 때문이다.

그러나 근대 문화와 함께 '정신'은 두 방면에서, 즉 한편으로는 정치사회에서 다른 한편으로는 자연과학에서 협공을 받았다.

민주주의는 주권재민의 이념에서 출발하며, 주권재민은 투표권으로 표상된다. 그런데 투표권은 '1인 1표'로 실현되며, 이때 '1인'은 '하나의 몸'을 단위로 한다. 사람은 누구나 본래적으로 자유롭다고 선언하면서 주장한 첫 번째 자유의 권리가 '신체의 자유'이다. 민주주의의 기저를 이루고 있는 것은 신체적 존재자로서 인간인 것이다. 민주주의에서 인간은 '정신'적 존재자라기보다는 '신체'적 존재자이다.

그러나 이는 인간이 인간인 것은 신체적 존재자로서가 아니라 '인격'적 존재자로서라는 생각과 상충된다. 그런데 이런 상충에서 자연과학은 민주주의 기조의 편에 선다. 자연과학이 이해하는 자연 세계의 사물들과 사건들은 모조리 인과관계 가운데 있으며, 그러니까 자연 안에 자유로운 존재자란 있을 수 없다. 인간도 자연물들의 인과관계 속에 있는 하나의 물체일 따름이다. 자연과학의 관점에서 인간은 신체(Leib)이고, 신체는 물체(Körper) 이상의 것이 아니다. 이제, 물체의 운동에 무슨 책임을 물을 수 있겠는가? 인간은 더 이상 행위의 주체, 인격으로 간주될 수가 없게 된다.

현대의 '과학'과 자연과학주의는 인격의 모태인 인간의 자율성, 그리고 자유의지에 대해 부정적이다. 물리학주의든 생물학주의든 같은 결론에 이른다. 자연 안에 있는 모든 존재자의 운동은 물리적 법칙에 따른다는 물리학주의와, 인간의 행위는 뇌 운동의 외현인데 뇌의 운동은 무질서하다는 생물학주의는 인간의 자유의 지론에 깊은 회의를 표명한다. 물리학주의자들은 물리적 세계의 결정론적 법칙성을 상정하고 자유의지의 문제를 곧 "자연의 기계적 필연성과 인간의 '자유의지'가 양립할 수 있는가?"라는 물음의 형식으로 제기하며, 생물학주의자들은 생명체의 분자들은 질서정연한, 계산 가능한 궤적에 따라 운동하지 않고, 오히려 매우 변화무쌍하거니와, 인간의 활동은 다름 아닌 그와 같은 유의 뇌 운동에 의한 것인데, 그러한 뇌의 운동에 자유의지가 어떻게 법칙적 동기가 될 수 있겠는가 하고 의문을 제기한다.

여기서 인간의 자유의지가 또는 자유에 의한 법칙이 물리학적 세계의 법칙과 충돌한다고 보는 것이나, 생물학적 세계의 무질서와 충돌한다고 보는 것은 다 같이 자연세계와 자유의지가 양립하기 어렵다고 보는 것이다.

현대 물리학의 성과를 신뢰하는 다수의 사람들은 자연세계는 물리적 법칙의 지배 아래에 있는데, 인간은 자연세계 안에서 살고 있기 때문에, 인간의 모든 행동 그리고 이른바 의식, 의지라는 것도 물리적 법칙에 예속되지 않을 수 없다고 믿는다. 이러한 믿음은 결정론이라 일컬어지거니와, 결정론에 따른다면, 인간의 모든 인지, 의사결정, 행동이 선행 사건들에 의해 결정되는 것이며, 이를 뒤집어 말하면 인간의 모든 행동과 인간사는 미리 정해져 있는 것이고, 현재의 인간의 상태를 토대로 연쇄 고리를 거슬러 올라감으로써 과거의 모든 일을 알 수 있고, 또한 미래에 발생할 모든 인간사도 모조리 알 수도 있다는 것이다. 그러니 이런 결정론이 사태에 맞고, 사태를 밝혀낼 만큼 장차 물리학이 발달한다면 더 이상 역사학이나 사회과학의 대상은 없게 될 것이다. 아니, 인간에 관한 모든 탐구는 물리학으로 수렴될 것이다.

이에 물리학주의에 경도된 어떤 이들은 이러한 결정론을 심지어 뇌과학에도 끌어 들여 인간의 의식과 행위를 다음처럼 설명하고자 한다.

(1) 뇌는 정신을 만들며 뇌는 물리적 개체이다. (2) 물리적 세계는 결정되어 있다. 따라서 뇌 역시 결정되어 있다. (3) 뇌가 결정되어 있고 뇌가 정신의 필요조건이자 충분조건이라면 정신에서 나온 사고 역시 결정되어 있다고 믿어야 한다. (4) 그러므로 자유의지는 환상이며 우리가 각자의 행동에 개인적 책임이 있다는 자유의지의 개념은 수정되어야 한다. 다르게 말하면 '자유의지'라는 개념은 의미가 없다. 자유의지라는 개념은 뇌가 작용하는 방식에 관한 이 모든 지식을 알기 전에 나타난 것이므로 이제 우리는 자유의지라는 개념을 버려야 한다.[31]

그런데 이러한 논변에서 과연 (1)이 사실명제인지는 자연과학자들 사이에서도 여전히 검토사안이며, 설령 이런 추론에서 (1)을 받아들인다 해도 (2)는 불확실하고, (3)은 상당히 회의적이다. 그러므로 이를 근거로 (4)를 주장한다는 것은 무리이다.

물리세계를 구성하는 인자인 양자들이 보편적인 운동법칙을 따르지 않는다는 이른바 '불확정성 원리'가 (2)를 불확실한 것으로, (3)에 대해서 회의하게 만드는 것은 아니다. 불확정성도 어디까지나 물리세계 내의 현상을 표현하고 있는 것으로, 경우에 따라서는 인간의 물리적 측정의 한계를 뜻하는 것일 뿐이기 때문이다. 불확정성 원리는 기껏해야 물리적 결정론에 대한 어떤 제한 점을 제시하고 있을 따름이라고 볼 수 있다. 그것보다는 오히려 뇌의 신경계운동과 정신 내지 의식과의 관계를 '결정적'인 것으로 설명한다는 것이 현재의 과학 수준으로는 가능하지 않기 때문이다.

그런가 하면 최근의 '획기적'인 뇌과학의 발달과 함께, 인간의 '마음' 내지 '정신'이 몸 또는 신체의 한 부분인 두뇌의 생리적 활동이라고 보는 이들은 그 증거로 두뇌의 어떤 부분의 손상이 마음의 어떤 변화를 가져온다는 사실을 댄다.

인간 뇌의 특정 회로의 교란은 종종 기이한 결과를 낳는다. 대뇌 피질의 옆면과 뒷면을 차지하고 있는 두정엽(頭頂葉, prietal lobe)과 후두엽(後頭葉, occipital lobe) 밑면의 특정 부위가 손상되면 실인증(失認症, prosopagnosia)이라고 불리는 희귀한 증상이 나타난다. 실인증 환자는 사람의 얼굴을 보고 그 사람을 알아보지는 못하지만 목소리를 들으면 그 사람을 기억할 수 있다. 또 특이하게도 그 환자는 얼굴이 아닌 다른 대상들을 시각적으로 인식하는 데 문제가 없다.[32]

자유의지를 생성하고 지각할 때 활성화되는 뇌의 중추가 있을 수도 있다. 지금까지 알려진 바로는 전방 대상 고랑(anterior cingulate sulcus) 내부나 적어도 그 근처에 있는 것처럼 보인다. 그 부위에 손상을 입은 환자들은 자기 자신의 복지에 대한 주도권과 관심을 잃는다. 그들은 매순간 집중하지는 못하지만 압력을 받을 때에는 생각하고 반응한다.[33]

그러나 '두뇌의 어떤 부분의 손상이 마음의 어떤 변화를 가져온다는 사실'이 곧바로 마음이 두뇌작용에 불과함을 뜻하는 것은 아니다. 사령관의 작전은 휘하 장졸에 의해 수행되는 것이고, 이때 장졸의 손상은 작전수행에 변화를 가져오지만, 그렇다고 장졸의 조직이나 활동이 바로 작전활동의 전부는 아닌 경우에서 보듯, 마음의 표현은 두뇌활동을 매개로 해서만 드러나지만, 그렇다고 마음이 곧 두뇌활동이라고 단정할 수는 없기 때문이다. 두뇌 외에 또는 몸 외에 그 활동의 주재자가 있을 가능성은 충분하다. 두뇌작용의 현상과 마음 현상의 일치가 두뇌가 곧 '자동기계'임을 말하는 것은 아니다.

의식(또는 무의식)의 활동이 모조리 물리적일 수밖에 없다 하여, 물리적인 것만이라고 단정할 수는 없다. 모든 의식활동에는 반드시 물리적 작용이 대응한다 해도 그 물리적 작용이 전적으로 '자동적'이지는 않을 수 있기 때문이다.

인간을 물리학적으로 설명하려는 이들 뿐만 아니라, 생물학적으로 설명하는 현대의 유전학자들 대부분 또한 "오직 물질적인 측면에만 주목"하고, "오직 논리적이고 분석적인 방법으로 유전자

2장 포스트휴먼 사회와 휴머니즘 문제

를 인과인자로서만 이해하려 한다. 하지만 유전자는 또한 형태인자이기도 하다. 유전자가 지닌 미적 요소는 바로 이와 같은 형태 개념을 통해서 드러난다. 이때 우리는 유전자가 자연을 형성할 뿐만 아니라 자연 또한 유전자를 형성한다고 말할 수 있다. 마찬가지로 유전자가 인간을 탄생시킬 뿐만 아니라 인간 또한 유전자를 탄생시킨다."[34]는 주장 또한 만만치 않다.

한 개체의 발생은 자연법칙에 맞추어 규칙적으로 이루어진다. 하지만 그렇다고 프로그래밍된 것은 아니다. 세계와 생명은 수많은 규칙적인 과정을 감추고 있다. 이 과정들은 아무런 프로그램도 없이 진행된다. 그러므로 컴퓨터의 세계에서 온 이 개념은 폐기되어야 한다. […] 세포와 유전자의 발생을 프로그래밍된 과정으로 파악하는 것이 그다지 의미가 없다. […] 배아는 성장하고, 세포는 분열하고 변형하면서 자신의 특성을 스스로 찾아나간다.[35]

유전자는 그 어떤 프로그램도 따르지 않는다. 정반대로 유전자의 활동은 대단히 창조적으로 이루어진다. 전체 유전자(게놈)는 창조력을 지니고 있다. 창조력의 개념을 생물학에 도입하는 것은 물론 위험한 일이다. 그럼에도 이 개념을 받아들여야 할 타당한 이유가 있다. 그 이유란 다름이 아니라 유전자의 작용으로 만들어진 형태다. 우리는 항상 그 아름다움, 즉 자연의 아름다움에 대해서 말한다. 하나의 개체가 스스로를 완성시켰을 […] 때 그것은 단순한 유기적 반응장치가 아니라 살아 있는 아름다운 형체다.[36]

이러한 논란을 지켜보면서 사람들은 인간의 의식과 행위를 결정하는 것이 자연본성(nature)인지 생활환경(nurture)인지 하는 오래된 물음에, 교과서적으로 쉽게 또는 중도적으로 "자연본성과 생활환경의 상호작용"이라고 답하기도 한다. 그러나 일찍이 라이프니츠가 그 비율을 1 : 3이라고 말한 바 있듯이,[37] 인간의 '자연본성'에 '이성성(rationalitas)'도 있고, '동물성(animalitas)'도 있다면, 어느 성격이 주도하느냐에 따라 인간의 의식도 행위도 판이하게 나타날 수 있다. 인간이 오로지 자연존재자라면 '이성성'도 결국엔 '동물성'의 한 요소이겠지만, 인간 문화의 자취에는 인간의 동물성을 끊임없이 통제하고자 하는 이성성의 노고가 적지 않게 보이며, 인간 문화사는 생활환경의 개조와 변혁의 도정으로 보인다.

인간 역사의 주체는 자유로운 의지를 가진 인간일 수밖에 없다. 이제 누가 그 자유의지조차도 자연의 한 요소라고 말하고 싶어 한다 해도, 자연현상에는 두 가지 방식의 인과관계, 즉 기계적인 인과관계와 자유에 의한 인과관계가 있음을 부인하지 못할 터이다. 그것은 제아무리 사실이 누적되어도 결코 당위의 근거가 될 수 없는데, 인간은 당위의 표상에 따라서도 행위한다는 '사실'이 있기 때문이다. 이러한 사실은 인간 문화의 특징 중의 특징인 도덕 체계, 그리고 그를 형성하는 자유와 의무(책임), 인격의 개념은 물리적 입자와 생물의 분자 운동만으로는 설명될 수 없음을 뒷받침한다.

3. 포스트휴먼 사회의 문제들

인간(human, human being)이 한낱 자연물(물리학적이든 생물학적이든)인가 그 이상의 어떤 품격을 가지고 있는가에 대해 팽팽한 논란이 있는 중에 이 논란을 더욱더 격화시키고, 인간 위격(位格, humanism)의 근본을 뒤흔드는 상황을 빚은 것은 유사인종('posthomo sapiens')의 출현이다. 인간의 지능 못지않은 또는 능가하는 인공지능이 개발되고, 그에 힘입어 종래에 인간이 해냈던 일들을 척척, 경우에 따라서는 더욱더 효과적으로 해내는 로봇이 곳곳에서 활동하고, 인체에 대한 물리학적인 생물학적인 탐구가 진전하면서 인간과 얼핏 구별하기도 어려운 또는 어느 면에서 훨씬 탁월한 사이보그도 등장하는 국면 말이다. 이러한 상황에서 인간의 수명 연장과 능력 증강에 대한 욕구가 과학기술을 부추기면 아마도 자연인으로 태어난 인간도 종국엔 모두 사이보그가 될 것이다. 심장은 기계펌프로 교체되고, 신장은 돼지 신장으로, 혈관은 생쥐의 혈관으로 대체되고, 파괴된 한 쪽의 뇌는 인공지능이 대신할 가능성이 (또는 우려가) 점점 커지고 있다. 또는 생명공학적 조작에 의해 다수의 동일인이 대체(代替)적으로 생을 이어갈 수도 있고, 사람이 노화는 해도 노쇠는 하지 않아 "수명이 1,000살 정도에 도달할 수"[38]도 있다는 전망까지 나오고 있다. 또한 당초에는 인간에 의해 제작되고 조정받던 로봇이 정교화를 거듭하면 마침내는 스스로 로봇을 제작하고 스스로 조작하고 조정하여, 인간을 제압하는 국면마저 도래할지도 모를 일이다.

"지식이야말로 힘이다(ipsa scientia potestas est)"[39]라는 매력적인 표어는 과학적 지식이 전근대적인 삶의 고초들로부터 사람들을 해방시키고, 의식주의 필수품을 구하는 데 매인 사람들의 삶에 자유와 여가를 줌으로써 충분한 신뢰를 확보하였다. 그러나 "힘인 지식은 인간을 노예화하는 데서도 세계의 주인들에게 순종하는 데서도 어떠한 한계도 알지 못한다."[40] 힘인 지식은 타인을 지배하고, 자연을 개작하고, 세계를 정복하고, 수요가 있는 곳에서는 제한 없이 이용된다. 지식은 기술에든, 자본에든, 권력에든, 전쟁에든, 가리지 않고 힘이 된다. 갈수록 자연과학이 대세로 자리 잡고, 진리로 찬양받는 것은 사람들은 자연과학을 통해 "자연과 인간을 완전히 지배하기 위해 자연[과 인간]을 이용하는"[41] 지식=힘을 얻을 수 있다고 보기 때문이다. 과학기술의 진보는 기실 자연 즉 대상(객체)들을 지배할 힘을 증대시켜간다. 그러나 그 결과는 자칫 인간의 인간다움을 위협 내지 훼손시킬 수도 있다.

산업적으로 군사적으로 그 유용성이 점차 확인되는 마당에서 로봇의 기능 향상은 급속도로 향상될 것이며, 인간의 끝없는 생명 연장 욕구를 충족시키는 의료기술과 함께 생명공학은 진시황의 소망 성취를 향해 질주할 것이다. 그리고 이를 정당화는 논리 또한 개발될 것이다. 자칫 '포스트휴먼 사회'는 그러한 궤도를 달릴 수 있다.

인간이 자연물이라면, 자연물의 산출 또한 자연물인 만큼, 인간의 지능과 손을 거쳐 나온 인공지능도 온갖 인공적 조작도 실은 일종의 자연물이라 해야 할 것이다. 이쯤 되면 '인공적(人工的,

artficial)'이라는 말이 적용될 대상은 없다. 자연 안에 있는 모든 것은 다 '자연적(自然的, natural)'인 것이니 말이다. 이로써 자연인과 인공인간의 본질적 구별도 사라진다. 그러니까 자연인이 인격체라면 로봇도 사이보그도 인격체이다. 자연인이 대체 불가능성을 근거로 '존엄성'을 주장하는 것은 근거를 상실한다. 자연인이든 로봇이든 사이보그든 모두 복제도 가능할 것이고, 동일한 것으로 대체도 가능할 것이기 때문이다. 칸트는 "자연은 그것이 동시에 예술인 것처럼 보였을 때 아름다운 것이었다. 그리고 예술은 우리가 그것이 예술임을 의식할 때에도 우리에게 자연인 것처럼 보일 때에만 아름답다고 불릴 수 있는 것이다."[42]라고 말했던가. 휴머니즘의 전형인 칸트의 자연과 예술의 이런 구별은 데카르트의 정신·물체의 구별처럼 포스트휴머니즘의 관점에서는 헛되고 터무니없는 것이다.

이제 포스트휴머니즘의 인간관이, 또는 포스트휴먼의 사회가 우리로 하여금 지금 당장 생각해보게끔 하는 물음은 한둘이 아니다.

우선 인간을 다시 돌아보게 하는 물음들이다.

1) 과연 '인간'은 무엇인가?
2) 도대체 '생명'이란 무엇인가?
3) '인간적 삶', '인간답게 산다'는 것은 무엇을 뜻하는가?

전통적인 인간 개념을 바꾸는 것이 불가피하다면 윤리적이고 법률적인 물음들이 뒤따르지 않을 수 없다.

4) 인간은 어느 지점까지 의료기술에 의지해 생명을 이어가야 하는가?

— 의료기술이 할 수 있는 한 생명을 이어간다면, 자연인으로 태어난 인간도 종국에는 사이보그로 생존할 것이다.

5) 인간의 유전자 변형·복제·성형 시술은 (어디까지) 허용할 것인가?

— 이를 인간의 기술능력이 미치는 한 허용하면 결국 우생학적 조치를 하는 것이 될 것이다.

6) '동일인' 개념은 언제까지 유지될 수 있는가?

— 거듭되는 시술에 의해 자연인이 변형되어 가면 어느 지점까지 '동일인'으로 간주해야 할까? 이에 대한 판정은 수많은 법률 문제를 수반한다.

현실적이고 구체적인 물음들도 뒤따른다.

7) 노동 현장에서 로봇과 사이보그에게 일자리를 넘겨주고 인간은 단지 한가를 즐길 수 있을까?

— 지금 자연인 노동자가 퇴직 후에는 로봇의 노동력에 의해 연금을 받게 되는 것이 좋기만 할 것인가? 로봇으로 대체되어 줄어든 일자리를 자연인에게 어떻게 분배해야 합리적일지에 대한 논

의는 급선무 중의 하나이다. 또한 노동 시간과 연계된 임금체계와 사회복지 체제를 재편하는 것도 중차대한 문제로 부상하고 있다.

8) 전쟁터에서 자연인 부대와 로봇 부대가 전투를 벌이는 국면은 피할 수 있겠는가?

(이미 이런 초기 국면을 우리는 맞고 있다.)

끝내는 '포스트휴먼 사회'의 본질적 물음에 이를 것이다.

9) 자연인과 로봇 또는 사이보그의 사회적 관계는?

— 로봇, 사이보그도 자연인과 똑같은 '국가시민'인가?

— 자기산출 능력과 자치능력을 갖춘 로봇, 사이보그들이 독자적 국가를 세운다면?

근대 문명의 총아인 과학기술의 진보와 그 덕분에 광범위한 찬동을 얻은 자연과학주의적 인간관의 연장선상에 있는 포스트휴먼 사회가 야기하고 제기하는 이러한 문제들에 대한 성찰이야말로 당면한 철학적 과제가 아닐 수 없다. 인간이 창출한 과학기술 일반이 인간의 품격을 고양하는 데 쓰여야 함은 당연하다. 과학기술의 성과가 인간성을 지속적으로 고양시킬 수 있는 방안이 늘 함께 강구되어야 한다. 인간 문명의 성과가 인간 문명을 파괴할 위험을 방지하고, 인간이 애써 취득한 힘이 인간을 궁지로 내모는 폭력이 되지 않도록 말이다.

3장

인간향상 기술을 통한 포스트휴먼 되기[1]:

인간 본성은 여전히 쓸모 있는 개념인가?

천현득

기술 발전의 역사를 거슬러 올라가는 시간 여행을 떠나보자. 우리가 가진 기술이 없던 시절 우리 삶은 어떠했는가? 스마트폰이 없다면 우리 삶은 어떻게 달라질까? 인터넷이 없고, 전기가 일상화되지 않았으며, 엔진으로 구동되는 이동수단이 없는 삶을 상상해본다면 어떨까? 이 같은 상상만으로도 기술이 우리의 삶 속에 얼마나 깊숙이 자리하고 있는지 쉽게 이해할 수 있다. 의식주를 해결하고, 다른 사람들과 의사소통하며 사회를 이루어 함께 살아가는 모든 과정에 기술은 개입해 있다. 우리 현대인은 기술을 통해 스스로의 한계를 끊임없이 넘어서고자 했던 인류 역사의 끝자락에 서 있다. 오늘날 유전공학, 정보통신기술, 인지공학, 뇌신경과학, 로봇기술과 사이보그 기술 등으로 대표되는 기술들은 인간의 신체적·정신적 능력을 단순히 확장하는 것을 넘어 인간 자체를 변형시키려 한다. 세계를 대상화하고 이해하는 주체로서 인간을 한쪽에 위치시키고, 자연과 기술을 인간에 의해 대상화되는 객관적인 세계에 위치시키는 근대적 이분법과 인간중심주의가 위협받고 있는 이 시기, 우리는 인간이란 어떤 존재인지를 다시금 묻게 된다. 인류는 다양한 기술들을 통한 인간 능력의 향상이 급진화되는 포스트휴먼 시대로의 전환기를 맞이하고 있다.[2]

1. 향상 기술과 인간 본성

휴머니즘을 넘어서려는 여러 시도들이 포스트휴먼, 트랜스휴먼, 메타휴먼 등의 유사 개념들을 통해 실험되고 있지만, 명확한 정의 없이 여러 개념들이 사용되고 있다. 이 때문에 여러 개념들을 명료화하는 1장의 작업은 큰 의미가 있다. 다만, 이 글에서는 다음과 같은 규정을 채택하고자 한다.

포스트휴먼(posthuman)이란 현재 인류의 생물학적 능력을 뛰어넘는 능력을 갖추어 현재 기준으로는 인간으로 분류될 수 없는 인간 이후의 존재를 뜻한다. 트랜스휴먼(transhuman)은 현재 인류를 증강함으로써 포스트휴먼이 되어가는 과정에 있는 존재이다. 따라서 포스트휴먼 시대에 도달하는 한 가지 분명한 방식은 기술을 통해 인간의 능력을 급격하게 향상시키는 것이다. 인간향상(human enhancement)이란 다양한 기술공학적 수단을 통해 인간의 인지적, 정서적, 신체적 능력을 통상적 범위를 넘어서는 수준까지 향상시키는 것을 말한다.

수천 년 전 인류와 현재의 우리를 비교한다면, 과거의 관점에서 우리는 이미 트랜스휴먼인지도 모른다. 우리는 선조들보다 더 오래 살고 더 건강하며, 더 영리하다. 만일 인간향상 기술을 통해 인류가 더 오래 더 건강하게 살며, 더 똑똑해지고 더 좋은 기분을 느낄 수 있다면, 인간향상 기술을 반대할 이유가 있을까? 물론 그러한 시도에서 파생될 수 있는 부작용을 최소화하며, 안전성을 충분히 점검하고, 관련 기술을 연구하고 그것을 실제로 적용하는 과정에서 여러 윤리적 쟁점들을 점검하는 일은 꼭 필요하다. 그러나 향상 기술의 안전성을 확보하고, 부작용이 있더라도 미리 인지하거나 피할 수 있고, 기술 도입에 따른 사회적 격차나 불평등, 기본권의 침해 등 윤리적 문제들이 없다면, 인간향상을 반대할 논거는 마땅치 않아 보이는 것도 사실이다. 이것이 바로 트랜스휴머니스트(transhumanist)의 생각이다.

그러나 인간향상 시도에 대한 저항은 만만치 않다. 인간향상 기술을 통한 포스트휴먼 되기는 많은 사람들에게 강한 정서적 거부감과 도덕적 불안감을 불러일으킨다. 이러한 정서적 반감의 바탕에는 인간 본성(human nature)이라는 뿌리 깊은 개념이 자리 잡고 있다. 인간향상을 반대하는 일반인들의 목소리나 생명윤리학자들과 철학자들의 체계적인 논의에서, 인간 본성은 자주 활용되는 핵심 개념이다. 예컨대, 프랜시스 후쿠야마는 "인간 본성은 정의, 도덕성, 좋은 삶이라는 우리 개념에 본질적"이라고 단언한다.[3] 인간향상으로 인해 인간 본성이 변화한다면, 필연적으로 올바름, 정의, 도덕성, 좋은 삶에 대한 우리의 개념들이 위협받을 것이라고 그는 우려한다. 우리에게 "정의란 무엇인가"로 잘 알려진 철학자 마이클 샌델은 인간 본성이 선물처럼 우리에게 주어진 것임을 강조한다. 그에 따르면, 생명공학에 의한 인간향상 시도는 단지 자유나 권리, 정의로는 포착될 수 없는 도덕적인 차원에서 문제를 가지며, "우리는 근대 세계의 관점에서 우리가 잃어버린 물음들, 즉 **자연의 도덕적 지위에 대한 물음들**과 **주어진 세계**에 대해 인간이 취해야 할 적절한 태도에 대한 물음들을 직면할 필요가 있다."[4] 미국 부시 행정부의 생명윤리위원회 의장을 지냈던 레온 카스는 인간 복제에 반대하는 자신의 논문에서 "유성 생식은 … 인간의 결정, 문화 혹은 전통에 의해서가 아니라 **자연에 의해서** 확립된 것이다. 유성 생식은 모든 포유류가 자식을 낳는 **자연스러운** 방식이다. **본성상** 아이는 두 명의 상호보완적인 생물학적 조상을 갖는다"라고 썼다.[5]

트랜스휴머니즘과 달리 인간향상 기술의 개발과 적용에 반대하는 이들을 생명보수주의자로 부르는데, 이들은 제각기 다른 방식으로 인간향상에 반대하지만 공통적으로 인간 본성의 개념에 호소한다. 이들이 제기하는 다양한 반론들의 공통된 구조는 다음과 같다.

- 기술을 통한 인위적인 인간향상은 인간 본성을 거스르거나 인간 본성을 개조한다.
- 인간 본성의 변경은 인간의 존엄성이나 인권, 자율성, 도덕 판단 능력 등 우리가 가치 있게 여기는 것들을 훼손한다.
- 따라서 인간향상을 시도해서는 안 된다.

인간 본성 개념은 생명보수주의자만의 전유물이 아니다. 트랜스휴머니스트들도 인간의 본성이나 자연에 대한 자신들만의 이해를 전제로 논의를 전개한다. 예를 들어, 생명윤리학자이자 트랜스휴머니스트인 사불레스쿠와 동료들은, 향상 약물이 운동 경기에서 사용될 수 있도록 허용해야 한다고 주장하는데, 이런 주장을 담은 논문에서 "더 나은 상태가 되도록 선택하는 것이 곧 인간이라는 것"[6]이라고 말한다. 여기에는 두 가지 생각이 깔려 있다. 첫째, 인간종은 끊임없이 변화하고 개선의 여지가 있는 존재라는 생각이고, 둘째, 인간 자신을 개선하려는 희망과 노력들은 인간됨의 본질적 부분이라는 것이다.

이렇듯 인간향상에 찬성하거나 반대하는 여러 논의들이 궁극적으로 인간 본성에 관한 특정한 입장을 전제로 한다. 그렇지만 인간 본성이라는 개념과 그 쓸모에 관해 심각한 도전이 존재한다. 크게 두 가지 도전을 구분하면 다음과 같다.

- 인간에 관해 과학적으로 알려진 사실들과 조화될 수 있는 인간 본성의 개념이 존재하지 않는다.
- 설사 그런 인간 본성의 개념이 존재한다고 하더라도, 인간향상을 둘러싼 윤리적 논쟁에서 아무런 역할을 하지 않는다.

첫째, 많은 사람들은 인간에게 주어진 본성이란 존재하지 않는다고 주장한다. 만일 우리가 인간종에 관해 알고 있는 것과 양립할 수 있는 인간 본성이란 애당초 존재하지 않는다면, 인간 본성에 기댄 논증들은 더 이상 쓸모가 없을 것이다. 둘째, 만일 그러한 인간 본성이 존재하더라도, 규범적이거나 윤리적 차원의 논의에서 어떤 역할을 할 수 있는지 점검해보아야 한다. 몇몇 철학자들은 인간 본성이라는 개념을 올바로 이해하기만 하면, 그 개념은 인간향상을 둘러싼 윤리적 논쟁에서 아무런 역할을 하지 않는다고 주장한다.[7] 그러나 이 장에서 나는 과학적으로 존중받을 만한 인간 본성의 개념이 존재하며, 그것이 규범적 차원의 논의에서도 일정한 역할을 수행할 수 있음을 보일 것이다.

2. 인간 본성이란 무엇인가?

인간 본성에 관한 본질주의적 관점에서 논의를 시작해보자. 오늘날 이 관점을 받아들이는 사람은 별로 없지만, 이를 검토해봄으로써 우리는 인간 본성의 개념에 요구되었던 이론적 역할이 무엇이었는지 알 수 있다. 또한, 본질주의적 관점이 실패한 지점을 드러냄으로써 인간 본성에 대한 대안적 관점의 가능성을 모색해볼 수 있다.

인간 본성에 관한 본질주의적 관점은 생물종 본질주의의 특수한 사례로서 인간종(homo sapiens)에 관한 본질주의로 볼 수 있다. 이 관점에 따르면, 한 속성 집합 $X = \{x_1, x_2, ...\}$는 다음과 같은 경우 그리고 오직 그 경우에만 인간 본성을 이루고, 그때 각 속성 x_i는 인간 본성의 일부가 된다.

(E1) 모든 인간이 그리고 오직 인간만이 속성 집합 X를 소유한다.

(E2) 인간이 되기 위해서, 각 속성 x_i는 개별적으로 필요하고, 결합하여 충분하다.

(E3) 각 속성 x_i는 내재적 속성이다.

(E4) 속성 집합 X는 인간이 전형적으로 보여주는 특성들이 왜 생겨나는지 설명해준다.

사람들에게서 발견되는 생물학적, 행동적, 심리적 특성이나 경향성 등이 인간 본성을 이루는 속성들의 후보가 된다. 조건 E3은 인간 본성의 일부가 될 수 있는 속성들을 내재적 속성으로 제한하기 때문에 관계적 속성은 인간 본성의 일부가 될 수 없다. 조건 E1은 인간 본성이 인간 사이에서 보편적으로 공유되면서 동시에 인간에게 고유한 속성들의 집합이어야 한다고 말해준다. 반면, 조건 E2는 양상적 지위를 갖는다. 인간 본성을 이루는 각 속성은 인간이 되기 위한 필요조건이기 때문에, 인간 본성을 구성하는 속성 가운데 하나라도 소유하지 않는 어떤 존재는 인간이 될 수 없고, 또한 인간 본성을 이루는 모든 속성을 갖춘 존재자는 인간일 수밖에 없다. 조건 E4는 어떤 속성이 인간 본성의 일부이려면, 그것은 인간의 어떤 행동적 특징들에 대한 설명력이 있어야 한다고 요구한다.

인간 본성의 개념은 다양한 이론적 역할을 수행할 것으로 기대되었고,[8] 본질주의적 인간 본성은 그러한 역할들을 잘 수행하는 것처럼 보인다. 첫째, 인간 본성은 서술적 기능을 갖는다. 우리는 인간이란 어떤 존재인지 알고자 한다. 인간 본성은 인간은 어떤 속성들을 갖는지, 인간의 행동 방식은 어떠한지 등에 관해 우리에게 알려줄 것으로 기대된다. 본질주의는 이러한 기능을 잘 수행한다. 인간 본성이 인간종의 본질적 속성 집합이라면, 인간 본성은 모든 인간이 그리고 오직 인간들만이 소유하고 있는 속성들이 무엇인지 알려주기 때문이다.

둘째, 인간 본성은 분류적 기능을 갖는다. 분류적 기능은 두 가지 수준에서 논의될 수 있다. 종(species) 수준에서 분류적 기능이란 인간종과 인간 아닌 다른 동물들 사이의 구분선을 그리는 일이다. 인간종을 다른 동물들과 구별지어주는 것이 바로 인간 본성이다. 인간종은 인간 본성을 소유하며, 다른 동물들은 인간 본성을 결여한다. 반면, 개체 수준에서 분류적 기능이란 구성원 자격의 문제가 된다. 인간 본성은 어떤 개체가 인간이라는 범주에 속하는지 속하지 않는지를 결정한다. 왜냐하면 인간 본성이란 그 개체가 인간이기 위해 소유해야 할 속성 집합이기 때문이다. 본질주의적 인간 본성은 이러한 분류적 기능들을 잘 수행한다. 인간종을 정의하는 필요충분조건으로서의 인간 본질은 종 수준에서도, 개체 수준에서도 분류적 기능을 수행한다.

셋째, 우리는 인간 본성에 일정한 설명적 기능을 기대한다. 사람들의 어떤 행동을 설명하고자 할 때 우리는 종종 인간 본성에 호소한다. 인간 본성은 인간종이 전형적으로 가지는 속성이나 성향들을 설명하는 데 사용된다. 만일 인간에게 이러저러한 행동 패턴이 발견되는데 왜 그런지 설명을 요구한다면, 본질주의자는 그런 행동 이면에 놓여있는 심층적인 속성, 즉 인간 본성을 언급함으로써 설명을 시도할 것이다.

넷째, 인간 본성은 규범적 담론에서 일정할 역할을 해왔다. 이를 규범적 기능으로 부를 수 있다. 어떤 행위, 특성, 삶의 양식이 좋은 것인지, 바람직한지, 또는 허용될 수 있는지 등에 관한 논의에서 인간 본성은 기준 내지는 규범을 제공할 것으로 기대되었다. 예컨대, 만일 이성애가 인간 본성에 속한다면, 동성애와 같은 행동 성향은 인간 본성에 반하는 것이므로 그릇된 것으로 판단된다. 인간 본성은 인간이라면 가져야 할 (혹은 가지는 것이 바람직한) 속성 집합이기 때문이다. 물론, 인간 본성의 이러한 기능이 한 사회 내에서 여성이나 흑인 등 사회적 약자들과 소수자들을 억압하는 기제로 사용되어 왔다는 것 역시 역사적으로 잘 알려진 사실이다.

이상의 논의에서 우리는 인간 본성을 향하는 다양한 기대를 읽어낼 수 있다. 그것은 인간의 특성을 서술하고 설명하거나 인간을 다른 동물들과 구별해내는 등 사실적이고 탐구적인 맥락에서 일정한 역할을 하지만, 동시에 규범적이거나 윤리적 맥락에서도 일정한 역할을 수행한다. 현대적 학문 분류를 배경으로 이런 상황을 읽어내자면, 인간 본성이란 심리학, 인류학, 행동과학과 같은 인간에 대한 경험적 학문뿐 아니라 윤리학 같은 규범적 학문에서도 중요한 역할을 수행하리라 기대된다는 뜻이다. 인간 본성의 역할은 크게 보아 인간과학에서의 역할과 윤리학에서의 역할로 구분해볼 수 있다. 그러한 역할 구분에 따라, 우선 과학적으로 타당한, 즉 객관적인 탐구에 의해 포착될 수 있는 인간에 관한 사실들과 양립 가능한 인간 본성이 존재하는지 검토할 필요가 있다. 그다음, 과학적으로 타당한 인간 본성의 개념이 윤리적 논쟁에서 어떤 함축을 지니는지 검토할 필요가 있다. 생명보수주의에 대한 비판자들은 올바로 이해된 인간 본성은 인간향상을 둘러싼 윤리적 논쟁에서 아무런 지침을 주지 않는다고 주장하기 때문에, 이 논점은 별도로 점검해야 한다.

3. 인간 본성에 다원주의적 도전

첫 번째 도전은 우리가 인간에 관해 알고 있는 사실들과 양립 가능한 인간 본성이란 존재하지 않는다는 주장이다. 본질주의가 쇠퇴한 주된 이유 가운데 하나는 인간종에 관한 경험과학적 이해와 조화될 수 없다는 데 있다. 인간 본성이 인간종의 본성이라면, 우리는 일차적으로 생물학적 논의에 주목해볼 필요가 있다. 인간 본성에 대한 반론이 생물철학자들과 이론생물학자들에게서 날카롭게 제기되었다는 사실은 이와 무관치 않다.

생물종이 전통적인 의미에서 자연종이 아니라는 생각은 생물학, 철학 분야에서 광범위하게 받아들여지고 있다.[9] 생물종은 본질을 가지지 않으며, 필요충분조건에 의해서 정의되지도 않는다. 저명한 생물학자이자 생물학사가인 에른스트 마이어는 다윈 혁명의 근본 함축을 유형학적 사고에서 개체군 사고로의 변화로 요약한다.[10] 그렇다면 인간종에 공통되고 또 특유한 인간의 본질이 존재한다는 본질주의적 생각은 더 이상 유지되기 어렵다는 것이다. 그래서 생물철학자 데이비드 헐은 "인간 본성이 존재하며 그것이 중요하다는 지속적인 주장에 대해 회의적"이라고 밝혔고(Hull 1986), 이론생물학자 기셸린은 "진화가 인간 본성에 관해 우리에게 무엇을 가르쳐주는가? 그것은 인간 본성이란 미신이라고 알려준다"[11]라고 말했다.

인간 본성에 관한 다윈주의적 도전이라고 이름 붙일 수 있는 이러한 비판은 두 가지 형태의 변이에 달려있다. 첫째, 공시적 변이의 문제가 있다. 모든 인간이 공유하는 속성이면서 동시에 인간에게만 고유한 (다른 동물들은 가지지 않은) 속성들의 집합을 발견하기란 어렵다. 인간에게 보편적인 속성들은 인간 아닌 동물들도 가지고 있을 가능성이 많고, 인간에게만 고유한 어떤 속성들은 인간의 어떤 구성원이 소유하지 않을 수도 있다. 인간은 다양하고, 또한 인간과 동물들 사이의 경계도 딱 잘라 말하기 어렵다. 둘째, 통시적 변이의 문제가 있다. 어떤 속성들의 분포가 모든 인간에게 보편적이면서 고유할 가능성이 전혀 없다고 단언할 수는 없더라도, 그런 보편적 공유는 진화적인 우연성의 문제일 것이다. 한 시점에서 그러한 속성 집합이 존재하더라도 그것이 영구적일 것으로 기대할 수 없다. 한 생물종에게 보편적이면서 고유한 속성 분포는 (그것이 있다고 하더라도) 진화사를 통해 변해왔고, 현재 그런 속성들이 존재한다고 해서 그것이 앞으로도 유지되리라 장담할 수 없다. 그러한 일시적이고 변화하는 속성 집합이 인간 본성에 기대되

는 중요한 역할들을 감당하기는 어렵고, 특히 인권과 같은 윤리적 차원에 개입하기는 어려울 것이다.[12]

다원주의적 도전이 인간 본성에 관한 본질주의적 관점에 어떤 식으로 비판을 가하는지 살펴보자. 변이의 문제들이 있더라도, 인간 본성 개념이 아무런 역할을 수행하지 못한다고 단정할 필요는 없다. 인간 본성은 서술적 기능을 일부 수행할 수 있다. 현 시점에서 인간종에 보편적으로 공유되고 특유한 속성 분포가 존재할 수도 있고, 그렇지 못하더라도 인간 종에서 흔히 발견되는 전형적인 속성들이 존재할 수 있다. 그런 속성 집합을 기술함으로써 인간이란 어떤 존재인지 말해줄 수 있다. 그러나 다른 기능들을 수행할 수 없다는 점 또한 분명하다. 우연히 성립하는 보편적이고 고유한 속성 집합이나 전형적으로 공유되는 속성 집합으로는 인간 종과 다른 종을 구별할 수 없고, 한 개체가 인간종에 속하는지 아닌지도 결정할 수 없으며, 인간 행동 양식이나 성향을 설명해주기도 어렵다. 그리고 헐이 강력히 주장한 것처럼, 진화적 우연은 인권이나 다른 도덕 담론의 기초를 제공해줄 수 없다. 따라서 인간 본성이 인간종의 본성을 의미하는 한, 본질주의적 관점은 유지되기 어렵다.

본질주의가 틀렸다면, 생물학적으로 존중받을 만한 인간 본성의 개념은 존재하지 않는가? 그렇지는 않다. 인간 본성에 관한 대안적 관점들이 있을 수 있다. 다음의 두 조건을 만족한다면, 인간 본성에 관한 대안적 관점으로 볼 수 있다. 첫째, 그것은 본질주의적 관점에 대해 제기된 반론들을 피할 수 있어야 한다. 둘째, 본질주의적 관점이 충족했던 혹은 충족하고자 했던 모든 기능을 수행할 수는 없더라도, 가능하면 인간 본성에 기대되는 여러 이론적 역할을 수행할 수 있어야 하고, 그렇지 않은 경우 특정한 기능을 수행하지 않아도 될 (혹은 수행하지 않아야 할) 좋은 이유를 제시할 수 있어야 한다. 다음 절에서는 그 가운데 몇 가지 후보군을 살펴보고자 한다.

4. 인간 본성에 관한 대안적 관점들

1) 법칙론적 본성

본질주의 이래, 가장 많이 언급되는 대안적 관점은 마셔리의 법칙론적 관점이다.[13] 그에 따르면, "인간 본성이란 진화의 결과 인간들이 소유하는 경향이 있는 속성들의 집합"이다.[14] 이러한 법칙론적 인간 본성의 규정은 두 부분으로 이루어져 있다. 인간 본성에 대한 첫 번째 조건은 사람들이 공통적으로 가지는 속성이어야 한다는 것이고, 다른 하나는 그 속성(들)이 진화적 과정의 결과물이어야 한다는 조건이다. 이 두 조건은 본질주의적 관점이 규정하는 인간 본성의 조건보다 상당히 완화된 형태라는 점을 어렵지 않게 확인할 수 있다. 첫 번째 조건은 인간 본성에 속하는 속성들은 인간 대부분이 공유하는 것이어야 한다고 강조할 뿐, 모든 인간들이나 오직 인간만이 소유해야 한다고 요구하지 않는다. 이렇게 완화된 조건은 계통적으로 인간에 속하지만 인간 본성의 일부인 어떤 속성을 결여한 경우나, 반대로 인간이 다른 동물들과 인간 본성의 일부를 공유하는 경우를 허용한다. 따라서 인간 본성에 속하는 속성을 갖는 것은 어떤 개체가 인간이기 위해 필요하지도 충분하지도 않다. 두 번째 조건은 인간 본성에 포함되는 속성들은 진화의 결과물이어야 한다고 말한다. 이때 진화란 단지 적응에 한정되지 않는다. 마셔리가 여기에서 말하는 진화적 과정이란 적응뿐 아니라 부산물, 유전적 부동, 발생적 제약 등을 모두 포함하는 광범위한 개념이다. 법칙론적 관점에 따르면, 만일 이성 능력이 진화의 결과물이면서 동시에 대부분의 인간이 공유하고 있다면, 인간 본성의 일부일 수 있다. 또한, 다리가 두 개 있다는 것도 대부분의 인간들이 가진 속성이면서 진화의 결과물이기 때문에 인간 본성의 일부일 수 있다. 다리가 두 개인 다른 동물들이 존재한다는 사실은 그 속성이 인간 본성의 일부가 아님을 보여주지 않는다.

마셔리의 이 같은 관점은 본질주의에 대한 비판들에 노출되지 않는다. 인간이 법칙론적 본성을 가지기 위해 필요충분한 속성 집합은 요구되지 않으며, 법칙론적 인간 본성은 진화과정을 통해 변화할 여지가 있기 때문이다. 이러한 관점은 인간 본성을 발견하려는 인지과학이나 진화행동과학의 노력과도 잘 부합하는 듯하다. 그렇다면 법칙론적 인간 본성은 구체적으로 어떠한 이론적 역할을 수행하는가? 먼저, 그것은 인간들이 전형적으로 어떤 속성을 소유하는지 우리에게 알려줌으로써 인간이란 어떤 존재인지 서술하는 기능을 수행한다. 이는 본질주의적 관점에서의 인간 본성이 서술적 기능을 수행하는 방식과는 다르지만, 인간의 특징을 우리에게 말해준다는 점에서 서술적 기능을 수행한다고 볼 수 있다. 둘째, 마셔리는 분류적 기능이 충족되지 않아야 한다고 주장한다. 우리가 인간종에 속하는 까닭은 우리가 지닌 어떤 내재적 속성이 아니라 우리가 인간의 자손이라는 사실에 있다. 인간 본성이 아니라 계통이 분류적 기능을 충족시킨다. 셋째, 이 관점은 인과적 설명은 아니지만 일종의 설명적 역할을 수행한다. 법칙론적 관점에서는 인간이 이러저러한 행동 패턴을 보이는 것이 인간의 본성 때문이라고 설명하는 대신, 법칙론적 본성은 인간에게 본성이 있다면 어떤 의미에서 그것이 인간 본성인지를 설명해준다. 넷째, 마셔리는 인간 본성으로부터 직접적인 규범적 함축은 끌어낼 수 없다고 본다. 정리하자면, 법칙론적 인간 본성은 서술적 기능을 잘 수행하고, 설명적 기능을 독특한 방식으로 수행한다.

법칙론적 관점에 대한 문제제기도 없지 않다.[15] 첫째, 인간 본성을 이루는 속성들이 모든 인간은 아니지만 대부분의 인간에게서 전형적으로 나타나야 한다는 조건은 우리가 흔히 인간 본성의 일부로 간주하는 것들도 배제할 수 있기 때문에 지나치게 강한 조건일 수 있다. 예컨대, 진화심리학자들은 질투에 있어서 남녀의 성차를 이야기하곤 한다. 남성에서 전형적인 특징들과 여성에서 전형적인 특징들은 법칙적론 관점에서 인간 본성의 일부가 아니다. 다형성(polymorphism)은 법칙론적 본성에서 배제된다. 그러나 다형성을 인간 본성에 포함시켜야 한다는 직관도 존재한다. 둘째,

법칙론적 관점의 두 번째 조건은 진화와 문화 사이의 이분법을 전제하는 것처럼 보이기 때문에 문제의 소지가 있다. 법칙론적 관점에서 인간 본성은 학습이나 사회화 과정이 아닌 진화적 과정의 결과물로 간주된다. 그러나 진화와 문화는 이분법적으로 구별될 수 없으며 때때로 상호작용하며, 특히 유전자-문화 공진화론자들은 둘 사이의 그러한 상호작용에 초점을 맞추어 연구한다.

램지는 이러한 비판들을 수용할 수 있도록 자신의 대안적인 관점을 제안한다.[16] 한 개인이 어떤 특정한 환경에 놓여있다고 하자. 그러면 그 개인의 삶에는 서로 다른 다양한 결과들이 있을 수 있다. 그 가운데 가능한 결과들의 집합 하나를 하나의 가능한 생활사라고 부를 수 있다. 예컨대, 하나의 생활사에는 어떤 개인이 태어나서 성장하고 번성하고 가족을 가지고 사망하는 것을 포함할 수 있다. 다른 생활사는 유아 시절 치명적 질병으로 인해 이른 나이에 끝날 수도 있다. 이런 생활사들은 수많은 형질들로 가득 채워져 있다. 이때 형질은 특정한 신체 조건일 수도 있고, 행동 성향일 수도 있고, 그 밖에 개인의 다른 특성일 수도 있다. 형질은 한 생활사의 임의의 특성을 말하며, 오랫동안 지속될 수도 있고 짧게 종결될 수도 있으며, 개체의 생존에 매우 중요할 수도 있고 그렇지 않을 수도 있다. 그런데 형질들은 홀로 존재하거나 무작위로 생활사를 채우는 것이 아니다. 한 생활사 내에서 형질들은 어떤 패턴을 이루며 존재한다. 이제, 한 개인의 본성은 개인에게 "가능한 생활사들 안에 있는 형질 다발의 패턴"으로 정의되고, 인간 본성은 "현존 인류의 가능한 생활사들의 총체 안에 있는 형질 다발의 패턴"으로 규정된다. 램지는 이를 인간 본성에 관한 생활사 형질 다발 관점(이하 LTC 관점)이라고 부른다.

생활사를 이루는 특성들은 진화의 결과일 수도 있고 사회적 학습으로 인해 획득된 것일 수도 있다. 가능한 생활사들 내에서의 형질 다발은 통계적인 분포의 패턴이므로 불변하는 것이 아니다. 그러므로 램지의 LTC 관점은 본질주의에 대한 비판과 법칙론적 관점에 대한 비판을 모두 피하는 것처럼 보인다. LTC 관점은 심리과학과 사회과학에서 연구의 대상이 되는 무엇인가를 포착해내는 것 같다. 인간에 관한 학문 분야들은 가능한 생활사들 내의 형질 다발에서 발견되는 특정한 패턴을 발견하는 것을 목표로 한다고 해석될 수 있다. 그렇지만 인간 본성에 요구되는 역할 가운데 LTC 관점이 어떤 역할을 담당할 수 있는지 점검해본다면, 기존 비판들을 피하기 위해 지나치게 느슨하게 만들어진 이론이라는 의심을 거두기 어렵다.

LTC 관점에 따른 인간 본성은 모든 가능한 생활사에서 발견될 수 있는 형질 다발의 패턴인데, 이것은 얼핏 보아 일정한 서술적 기능을 하는 것 같다. 그러나 그것은 현존하는 인류가 어떤 존재인지, 인간이라는 존재의 특성은 무엇인지를 말해주지 않는다. 다만, 인류는 어떤 특성들을 가질 수 있는지를 이야기해준다. 다시 말해, 램지의 관점은 실제 인간이 아니라 가능한 인간에 관해 서술하려 한다. 그리고 이런 방식으로 서술적 역할을 일부 담당하는 것 외에 LTC 관점은 인간 본성 개념에 기대되는 다른 기능들은 수행하지 않는 것으로 보인다. 그러한 형질 다발 패턴은 분류적

기능이나 설명적 기능을 수행하지 않으며, 규범적 담론의 토대일
수도 없다.

2) 인과적 본질주의

생물종은 자연종이 아니라는 비판에 대해, 몇몇 철학자들은
자연종 자체에 대한 대안적 관점을 고민해왔다. 그 가운데 대표
적인 것은 자연종에 관한 항상적 속성 다발(Homeostatic Property
Cluster, 이하 HPC) 관점으로, 몇몇 철학자들은 생물종이 HPC종이
라는 점에서 자연종이라고 주장한다. 이 입장에 따르면, 생물종의
한 사례로서 인간종도 자연종일 수 있고 그것의 본성이 곧 인간
본성이 될 것이다. 사무엘스의 인과 본질주의는 HPC종의 개념을
인간종에 적용한 것이다.[17] 먼저 HPC종에 관해 간략히 설명해보
자.[18]

한 종은 다음의 세 조건들을 만족하는 경우 HPC종이다.

H1. 그 종은 공변하는 속성들의 다발과 연관되어 있어서, 다양
한 속성들이 그 종의 사례들을 통해서 함께 예화된다. 그러나 그
속성들이 그 종에 속하기 위한 필요조건은 아닐 수 있다.

H2. 그러한 징후들이나 속성들의 공변을 인과적으로 설명해주
는 기저 메커니즘, 과정 혹은 구조들의 집합이 존재하며, 이러한
기저 인과 메커니즘들은 경험적으로 발견될 수 있다.

H3. 어떤 것이 그 종의 구성원인지 아닌지를 결정해주는 정의

가 있다면, 그것은 징후들이나 공변하는 속성 다발이 아니라 그것을 책임지고 있는 인과 메커니즘이다. 즉 속성 다발보다는 인과 메커니즘이 종의 구성원 자격을 결정한다.

HPC종의 구성원 자격을 결정해주는 인과적 메커니즘이나 과정, 혹은 구조를 우리는 인과적 본질이라고 부를 수 있다. 사무엘스는 인간 본성이 곧 인간종의 인과적 본질이라는 관점을 취하기 때문에, 그의 입장은 인과적 본질주의로 불린다. 인간종은 위의 세 조건을 만족한다는 점에서 HPC종으로서의 자연종일 수 있다. 인간은 여러 속성들을 지니며, 그 속성들은 무작위로 발생하는 것이 아니라 함께 나타난다. 그러한 속성 다발을 설명해주는 인과적 본질이 존재하고, 그 인과적 본질이 인간종의 구성원 자격을 결정한다면, 인간종은 HPC종이고 인간 본성이란 곧 그러한 인과적 본질에 다름 아니다. 그러나 인과적 본질은 필요충분조건으로 정의되는 전통적 본질과 동일하지 않다. 한 종을 정의하는 전통적 본질을 결여하는 어떤 것도 그 종의 구성원이 될 수 없지만, 한 종의 구성원이 인과적 본질을 결여하는 경우는 허용된다. 그래서 조건 H3은 정의가 있다면 (그리고 그런 만큼), 인과적 본질이 구성원 자격을 결정한다고 말하고 있다.

인과 본질주의는 마셔리의 법칙론적 관점과 비교함으로써 잘 이해될 수 있다. 인간이 법칙론적 본성을 가질 수 있는 가능성을 사무엘스가 부인하지는 않는다. 그러나 사무엘스는 인간 본성이 피설명항이 아니라 설명항이라고 주장한다. 그가 보기에, 인간 본성은 설명되는 무엇인가가 아니라 무엇인가를 설명하는 것이다. 이것이 바로 그가 인간 본성을 인간종의 인과적 본질과 동일시하는 이유다. 이런 정신을 따라, 그는 인간 본성이란 "종-전형적인 심리적 규칙성을 설명하는 데 연루되어 있는 메커니즘과 구조들의 모임"이라고 정의한다.[19] 법칙론적 본성이 다양한 심리적 속성들이 나타나고 공변하는 것을 말한다면, 인간 본성은 그러한 속성들의 공변에 책임이 있는 무엇인가를 가리킨다.

인과 본질주의는 설명적 기능을 수행하는 데 특화되어 있다. 법칙론적 관점도 일종의 설명적 역할을 하지만, 인간들이 이러저러한 특성과 경향성을 왜 가지는지 인과적으로 설명하기보다는 어떤 점에서 인간이 인간 본성을 가지는지를 설명해준다. 반면, 인과 본질주의에 따르면 인간 본성은 행동적, 심리적 규칙성에 관한 인과적 설명을 제공한다. 이 점은 인과 본질주의의 분명한 장점이다. 그러면 다른 기능들에 관해서는 어떤가? 법칙론적 관점과 유사하게, 인과 본질주의도 규범적 역할이나 분류적 역할을 수행하지 않는다. 예컨대, 인간종의 인과적 본질을 가지지 않은 개체도 인간일 수 있고, 인과적 본질의 존재 여부가 인간과 인간 아닌 동물들 사이의 구분선을 제시하는 것도 아니다. 인간의 시각 능력과 관련된 다양한 속성들이 존재하고 그들 사이에는 모종의 규칙성이 성립한다. 그러한 규칙성을 설명하는 인지적, 신경적, 발달적 메커니즘이 인간 본성에 속할 것이다. 그러나 유전적이거나 환경적 요인으로 인해 그러한 메커니즘을 가지지 않는 사람들이 있을 수 있다. 또한, 인과적 본질이 어떤 직접적인 윤리적 함축을 갖는다고 보기도 어렵다. 그렇다면 인과 본질주의가 서술적 기능을 얼마나 훌륭하게 수행해내는지가 관건이다.

사무엘스는 자신의 이론이 서술적 기능을 잘 만족한다고 생각한다. 인간 본성에 해당하는 인과적 본질을 밝히려면 먼저 한 종 내에서 폭넓게 공유되는 전형적인 규칙성들을 서술해야 하고, 그런 규칙성이 성립할 수 있게끔 해주는 구조나 메커니즘을 서술해야 한다. 따라서 종 전형적인 규칙성과 그것을 책임지는 인과적 메커니즘 모두를 서술한다는 점에서 인과적 본질주의는 이중으로 서술적 기능을 수행한다는 것이다. 그러나 인과적 본질주의가 서술적 기능을 매우 잘 만족한다는 주장은 착각이다. 어떤 자연종의 인과적 본질을 밝히려면 그 종의 구성원들이 흔히 갖는 전형적인 규칙성들을 언급해야 하는 것은 올바른 지적이다. 그러나 인과적 본질주의에서 인간 본성은 설명되는 어떤 것이 아니라 설명하는 무엇이다. 설명되는 전형적 규칙성이 아니라 그러한 규칙성을 설명해주는 기저 메커니즘이 바로 인간 본성에 해당한다. 달리 말하자면, 인간에게서 흔히 발견되는 이러저러한 전형적 특성들은 인간 본성에 의해서 설명되는 피상적인 속성들이지, 그 자체가 인간 본성의 일부가 아닌 것이다. 인과 본질주의는 기저 메커니즘을 서술한다는 점에서 인간이 어떤 존재인지에 관해 말해주는 서술적 기능을 수행할 수 있을지도 모른다. 그러나 이는 사무엘스가 자신의 이론이 서술적 기능을 수행한다고 생각하는 방식과 다르며, 본질주의적 본성이나 법칙론적 본성이 인간이 어떤 존재인지 말해주는 방식과도 다르다.

3) 소결

인간 본성에 관한 본질주의적 관점이 가진 난점들을 피할 수 있는 대안적인 인간 본성의 개념이 가능한지 살펴보았다. 그 가운데 법칙론적 관점이나 인과 본질주의는 단지 인간 본성의 개념을 폐기하는 수동적인 태도에서 머물지 않고, 적극적으로 대안적인 인간 본성의 개념을 구성하려 시도했다. 그러나 본질주의적 관점이 의도했던 모든 역할을 수행할 수 있는 다목적의 인간 본성 개념은 존재하지 않는다는 점에 주목할 필요가 있다. 상이한 대안적 관점들은 서로 다른 관심과 목적을 갖는다. 그들이 주로 고려하고 있는 경험과학의 분야도 서로 다르며, 그들이 특히 초점을 맞추어 수행하려는 이론적 역할도 상이하다. 법칙론적 관점이나 인과 본질주의는 진화 행동과학이나 인지과학 등의 분야에서 탐구하는 인간의 여러 특성들에 주목하지만, 전자는 인간 본성의 서술적 기능을 더 강조하는 반면, 후자는 설명적 기능을 더 강조한다. 우리는 특정한 탐구 맥락과 주어진 인식적 역할에 적합한 다수의 인간 본성 개념들이 존재할 수 있다고 결론내릴 수 있다.

5. 규범적 논의에서 인간 본성의 역할

남은 과제는 규범적 차원에서 그러한 인간 본성(들)이 수행할 수 있는 역할이 있는지 검토하는 일이다. 생명보수주의자들은 인간 본성이 윤리적, 도덕적 담론에서 중요한 근거로 작용한다고 생각한다. 이런 점에서 그들은 신-아리스토텔레스주의 윤리학의 핵심적인 부분을 공유하고 있는 것처럼 보인다. 인간이 어떠한 존재인지에 관한 사실적인 내용들이 인간이 좋은 삶을 영위하기 위해 어떻게 해야 하는지에 관한 논의에서 토대로 기능한다는 것이다.[20] 그러나 몇몇 생명윤리학자들은 인간향상을 둘러싼 논쟁에서 인간 본성이라는 개념 자체를 거론하지 않는 편이 훨씬 유익하다고 주장한다.[21] 윤리적 논쟁에서 인간 본성의 개념은 오히려 혼란만 가중시킬 뿐이며, 적절히 이해된 인간 본성의 개념은 규범적 담론에서 아무런 역할을 하지 않는 불필요한 서문에 불과하다는 것이다.

비판자들이 이해하는 인간 본성은 법칙론적 관점과 유사하거나 혹은 그보다 더 허용적이다. 인간 본성이란 모든 사람이 공유하는 보편적이고 항구적인 어떤 특성이거나, 인간을 인간 아닌 다른 생명체와 구별해주는 독특한 특성이 아니다. 예컨대, 뷰캐넌에 따르면, 인간 본성이란 "인류 공통의 진화적 발전 과정의 결과로 대부분의 인간들이 지금 가지고 있는 고정 배선된(hard-wired) 특성들"이다. 뷰캐넌은 이 같은 인간 본성 개념으로부터 아무런 도덕적 함축이 따라 나오지 않는다고 주장한다.[22] 그 논증은 간략하지만 다음과 같이 재구성될 수 있다.

(HN) 인간 본성은 진화의 결과물로 대부분의 인간이 가지게 된 전형적인 특성들이다.

(T) 전형적 특성들이 반드시 좋은 것이라고 말할 수 없다.

(N) 진화의 결과로 주어진 것(혹은 자연스러운 것)이라고 해서 좋은 것이라고 말할 수 없다.

(C1) 따라서 어떤 속성이 인간 본성의 일부라는 사실로부터 그것이 좋거나 나쁘다는 도덕적 평가는 따라 나오지 않는다.

(C2) 따라서 우리의 윤리적인 논의에서 인간 본성의 개념 자체를 제거하는 편이 낫다.

인간 사회 대부분의 구성원들이 어떤 특성을 공유하고 있다고 해서, 그 특성이 반드시 바람직하다거나 좋은 삶의 토대가 된다고 볼 수는 없을 것이다. 그 특성이 진화의 결과로 우리에게 주어진 것이라고 해서, 다시 말해 우리가 가진 자연적인 속성이라고 해서 도덕적인 삶의 양식의 기반이 되는 것도 아닐 것이다. 예컨대, 카스는 인간 유전자 복제를 반대하며 두 부모에게서 태어나는 것이 인간의 본성이라고 주장했다.[23] 유성 생식의 방식은 인류에게 보편적으로 공유된 진화의 결과물이며 그런 의미에서 인간 본성의 일부다. 그러나 아무런 추가적인 논증 없이 유성 생식이 바람직하며 더 도덕적이라고 주장할 수는 없다. 사실 카스도 그런 식으로 단순한 논변을 전개하지 않았다. 그 자신도 추가적인 이유를 넌지시 내비치면서, 무성 생식의 세계는 상호간 무관심하고 매우 동질적인 세계이며, 생명공학을 통해 유성 생식 이외의 방식으로 자녀를 낳게 되면 결국 인간 소외를 가져올 것이라고 주장한다. 반면, 유성 생식을 통한 출산은 특별한 관심과 강도를 가지고 서로에게 다가서는 두 부모의 특별하면서도 상호보완적인 결합을 통해 이루어지기 때문에 도덕적으로 존중받을 만하다. 결국 그의 논변은 인간 소외 혹은 상호 간의 관심에 기반을 둔다. 이런 논증을 얼마나 심각하게 받아들여야 할지는 논란이 되겠지만, 어떤 속성이 인간 본성의 일부라는 이유만으로 특정한 윤리적 함축을 도출하지 못한다는 점은 분명해 보인다.

그렇더라도 인간 본성의 개념이 아무런 역할을 하지 않으며 제거해야 한다는 결론은 성급하다. 적극적으로 대안적인 인간 본성의 개념을 구축하려는 여러 노력들은 상이한 강조점들을 가지고 있지만, 공유하고 있는 부분이 없다. 나는 그 공유점이 가진 의의가 충분히 인지되지 않았다고 생각한다. 한 가지 공통분모는 바로 인간 본성은 유연하지 않다는 점이다. 인간 본성의 비가단성(unmalleability)이란 대부분의 인간들에게 공유되는 어떤 속성이 인간 본성의 일부라면, 그 속성은 금속을 두드려서 펴 늘리듯 손쉽게 변경할 수 없음을 뜻한다. 물론, 인간 본성에 속하는 속성이 영구불변하다는 뜻은 아니다. 인간 본성에 의해 부과된 일정한 한계를 극복하는 것이 불가능하지는 않겠지만, 그런 과정은 그에 상응하는 상당한 대가를 동반하게 될 것이다. 에드워드 윌슨은 "인간 본성은 고집스럽고 비용 없이는 강제될 수 없다"라고 말한 바 있다.[24] 요컨대, 인간 본성은 어떤 형질이 변화시키기 어려운지 혹은 어떤 형질이 변화에 더 취약한지를 알려준다. 인간 본성의 이러한 완고함은 인간 본성에 대한 상이한 관점을 관통하는 공통의 생각이다. 이를 인간 본성의 최소 조건으로 부를 수 있다.

인간 본성의 완고한 측면을 아무도 몰랐다고 주장하는 것이 아니다. 몇몇은 이러한 특성을 인식했고 또 언급하기도 했다. 예컨대, 사무엘스는 인간 본성이 수행해야 할 한 가지 기능으로 불변성 기능을 언급했다. 인간 본성은 애당초 변할 수 없는 것이거나 그렇지 않더라도 변화하기 어려운, 혹은 손쉬운 변화에 저항하는 성격을 지닌다는 것이다. 뷰캐넌 역시도 인간 본성의 유연하지 않은 성질을 언급하며 다음과 같이 말했다. "무언가가 인간 본성의 일부라면 그것은 문화화, 교육, 또는 세뇌 교육 등에 의한 변경에 쉽사리 순응하지 않으며 다양한 환경에 걸쳐 안정적이라는 생각이 [인간 본성에 관한] 상식적 관점이나 진화적 관점에 공통적이다."[25] 그러나 경직성에 관한 언급들은 지나가는 말로 가볍게 취급되거나 평가절하 되었고, 그 의미를 충분히 살피지 않았다. 인간 본성의 최소 조건은 최소한으로만 언급되었을 뿐이다.

인간 본성의 비가단성이 가지는 중요성이 간과된 이유는 지금까지 인간 본성과 인간향상에 관해 이야기하면서 적절한 논의 수준을 구분하지 않았기 때문이다. 우리는 논의를 광역적 수준과 국소적 수준으로 구분해 보아야 한다. 지금까지 인간 본성에 기대 인간향상을 반대하는 생명보수주의자나 이에 대한 비판자들은 모두 광역적 수준에서 인간 본성을 다루었다. 생명보수주의자들은 인간을 향상시키려는 어떤 시도도 거부해야 한다고 주장한 반면, 비판자들은 인간 본성에 호소하면 오히려 논의를 어지럽히기 때문에 인간 본성 자체를 논의에서 제거해야 한다고 주장한다. 이런 논쟁 구조에서 인간 본성은 한 덩어리로 그리고 총체로서 취급된다. 한편에서는 인간 본성에 속하는 속성들은 총체적으로 좋은 삶의 토대이기 때문에 그것에 변화를 가하려는 모든 시도는 거부되어야 한다고 주장하고, 다른 한편에서는 인간 본성의 개념 자체가 본격적인 논의에 불필요하게 덧붙여진 서문 격이므로 논의에 전혀 도움이 되지 않는다고 주장한다.

그러나 국소적인 수준의 논의에서 인간 본성은 윤리적 논쟁에서 중요한 역할을 수행할 수 있다. 인간 본성이 하는 일차적인 역할은 인간에게서 보이는 여러 특성들 가운데 어떤 것이 변경하기 어려운지, 어떤 인지적·신체적 능력이 향상 기술에 의해 더 손쉽게 변화할 수 있는지 등에 관한 정보를 알려주는 데 있다. 예컨대, 한 사회 내에서의 사회화나 교육 등을 통해 획득된 형질들은 상대적으로 변경이 용이할 것이고, 진화적으로 뿌리가 깊은 형질들은 변경이 쉽지 않을 것이다. 따라서 인간향상을 모두 허용할 것인가 애당초 불허할 것인가 하는 광역적 수준의 논쟁이 아니라, 어떤 향상을 허용하고 어떤 향상은 반대할 것인지 하는 국소적 수준의 논쟁에 돌입하면 어떤 속성이 인간 본성에 속하는지, 그리고 얼마나 강하게 고정배선되어 있는지는 중요한 변수로 작용할 수 있다. 또한, 인간 본성은 특정한 인간향상의 시도가 가져오게 될 잠재적 유익과 위험을 밝혀줄 수 있다. 어떤 향상 시도가 야기할 유용성과 위험성에 관한 정보는 인간향상을 둘러싼 논쟁에서 매우 중요한 역할을 하며 그런 정보를 제공함으로써 인간 본성은 논쟁에 깊숙이 개입한다. 따라서 인간 본성으로부터 직접적인 윤리적 함축을 이끌어낼 수 없다고 해서 인간 본성이 아무런 역할을 하지 않는다고 결론내리는 것은 성급하며, 구체적인 수준에서 인간 본성은 여전히 탐구되고 논의되어야 한다.

누군가는 인간 본성은 단지 서술적 역할을 수행할 뿐 여전히 규범적인 역할은 수행하지 못한다고 지적할지도 모르겠다. 그러나 이는 잘못 겨누어진 비판이다. 이 글의 주장은 인간이 이러저러한 자연적인 성향이나 특성을 공통적으로 가진다는 사실로부터 이러저러하게 행위해야 한다는 당위를 직접 이끌어낼 수 있다는 데 있지 않다. 앞서 언급한 것과 같이, 인간 본성이 직접적인 윤리적 함축을 가진다고 보기 어렵다는 입장은 상당히 설득력이 있다. 그러나 인간 본성이 할 수 있는 역할이 있고, 그 역할은 결코 사소하지 않다.

게다가, 인간 본성이 수행하는 역할은 규범적인 의사결정 과정에서 중요하다는 사실에 주목할 필요가 있다. 합리적인 의사결정 과정은 세 가지 기초 요소들로 이루어진다.[26] 첫째, 선택할 수 있는 가능한 선택지들이 있어야 한다. 둘째, 각 가능한 결과가 실제로 발생할 정보가 확률로서 제시된다. 셋째, 의사결정자가 각 결과가 얼마만큼의 가치를 가지는지 평가한다. 규범적 의사결정 이론은 의사결정자는 가용한 정보들에 비추어볼 때 가장 큰 가치가 기대되는 선택지를 선호해야 한다고, 혹은 선호하는 것이 합리적이라고 말해준다. 이러한 의사결정 과정의 틀에서 보자면, 인간 본성 그 자체는 어떠한 도덕규범이나 원리를 제공해주지 않지만 규범적 판단이 작동할 수 있도록 규범적 원리와 사실적 차원을 연결해주는 역할을 한다.

우리가 처한 사회문화적 환경에서 그리고 우리에게 가용한 인적, 사회적, 경제적 자원들을 고려할 때, 인간의 능력 가운데 어떤 것을 향상시켜야 할지 혹은 어떤 특성을 변경시켜야 할지 판단하는 의사결정 과정에서 인간 본성은 개입한다. 이는 인간 본성에 속하는 특성들은 무조건 보존해야 한다는 주장이나, 어떤 것이 인간 본성에 속하는지 아닌지 여부는 윤리적 판단에 아무런 영향을 미치지 않는다는 '모 아니면 도'라는 식의 논의와 차별화된다. 첫째, 인간 본성에 속하는 어떤 특성을 변경하려는 시도는 상당한 비용을 치르게 될 것이므로, "다른 조건이 같다면"(궁극적으로 유사한 효과를 가져올 수 있다면) 인간 본성에 속하지 않는 성향이나 특성을 변경하는 것이 바람직할 것이다. 이 경우에 여러 향상 시도로 인해 얻을 수 있는 잠재적인 유익과 가능한 해악에 대한 평가가 본질적이다. 둘째, 구체적인 의사결정은 배경 조건에 의존한다. 한 사회의 집단적인 가치 체계나 사회문화적 여건이 다르다면, 특정한 인간 능력을 향상할지 말지, 아니면 어떤 능력을 향상할지 등에 관한 논의는 다른 결론으로 귀결될 수 있다.

6. 요약 및 결론

인간 본성의 불변성에 집착해 모든 기술적 변화를 거부하는 일도, 인간 본성이 인류의 미래를 결정하는 과정에서 아무런 역할을 하지 않는다는 생각도 잘못이다. 인간향상을 둘러싼 논쟁이 광역적 수준이 아니라 국소적 수준에서 이루어져야 하며, 이 과정에서 인간 본성은 여전히 중요한 역할을 할 것이다. 미래 사회에서 우리는 정상적인 범위의 인간 능력을 넘어서는 존재자들과 함께 살아가야 할지도 모른다. 그런 포스트휴먼 사회를 준비하는 이 시점에서 인간 본성은 제거해야 할 주제가 아니라 여전히 물어야 할 물음이다.

4장

슈퍼휴먼이 된 장애인

〈아바타〉, 트랜스휴머니즘, 교정의 명령

하대청

포스트휴먼의 미래처럼 쉽게 가늠할 수 없는 과제들을 대할 때는 엄격한 학문적 접근보다 SF 영화의 자유분방한 상상력이 더 도움이 되는 경우가 많다. 〈블레이드 러너(Blade Runner)〉, 〈터미네이터(The Terminator)〉, 〈로보캅(RoboCop)〉 등 SF 영화의 고전들은 이런 맥락에서 여느 철학자보다 더 날카롭게 포스트휴먼의 쟁점들을 제기했다. 기계와 결합한 인간에서 신체와 의식의 경계는 어디에 있는 것인지, 인간과 동일한 능력을 가진 사이보그(cyborg)가 있다면 인간됨의 기준은 어떻게 정의해야 할지, 포스트휴먼이 초래할 사회는 우리가 바라는 그런 유토피아일지 등 가볍지 않은 질문들이 이런 영화들을 통해 실감 있게 다가왔다. 이 영화들 덕분에 이 질문들은 진지한 철학적 논쟁을 넘어 누구나 한 번쯤 제기하고 답해볼 수 있는 문제처럼 다뤄졌다.

하지만 영화적 상상과 탁월한 형상화 능력의 도움을 받고도 쉽게 떠올리지 못하는 질문도 있다. 어느 날 포스트휴먼을 다룬 영화로 알려지기도 한 〈아바타(Avatar)〉에 관한 글을 읽었는데, 이 글에서는 〈아바타〉가 장애를 다룬 영화라고 언급했다. 영화내용이 정확하게 기억나지는 않았지만 이 영화가 장애를 다루었다는 대목에서 고개를 갸웃거렸다. 아무리 생각해 봐도 그런 실마리를 떠올릴 수 없었기 때문이다. 영화를 찾아서 다시 보자마자 내 형편없는 기억력을 탄식했지만 곧 의문이 생겼다. 외계인인 나비족들에 동화되어 이들과 마지막까지 운명을 같이 하는 주인공은, 보통의 몸을 가진 이들이 아니라 하반신이 마비된 퇴역군인 제이크라는 의미심장한 설정에도 불구하고, 나는 왜 이 영화의 주요 모티브로 장애를 떠올리지 못했을까? 혹시 이 영화가 장애나 포스트휴먼을 이해하고 재현하는 방식과 관련 있지 않을까? 이 영화가 포스트휴먼과 장애를 결합하는 방식이 이런 결과를 낳지 않았을까? 이런 의문들을 이어가면서 정작 포스트휴먼과 장애의 관계에 대해선 우리가 거의 생각조차 해보지 않았다는 사실을 새삼 깨달았다.

1. 슈퍼휴먼으로 거듭난 장애인

곰곰이 생각해보면 포스트휴먼을 재현하는 매체에서 장애를 가진 이들을 쉽게 발견할 수 있다. 슈퍼히어로 사이보그의 원조처럼 여겨지는 TV 시리즈물인 〈6백만 불의 사나이(The Six Million Dollar Man)〉나 〈소머즈(The Bionic Woman)〉의 주인공들은 불의의 사고로 장애인이 된 군인이나 전직 운동선수였으며, 이런 예는 영화 〈로보캅〉에서도 다시 반복되고 있다. 불의의 사고로 장애를 입은 주인공들은 첨단 기계와 결합해 보통의 인간보다 월등한 인지와 신체능력을 갖게 된 이들로 새롭게 태어난다. 이런 '슈퍼휴먼으로서의 장애인'은 사실 허구적 이야기에서만 일어나는 일은 아니다.

선천적 손상으로 다리를 절단한 피스토리우스(Oscar Pistorius)는 장애인올림픽(Paralympics) 단거리 달리기 선수로 활동하다가 2012년 런던올림픽에 도전장을 냈으나 출전을 거부당했다. 당시

올림픽에서 역주하는
피스토리우스
(NDTV sports)

4장 슈퍼휴먼이 된 장애인

올림픽육상위원회는 놀랍게도 피스토리우스가 장애인이기 때문이 아니라 그가 '불공정한 이점(unfair advantage)'을 갖고 있다고 판단 해 거절했다! 그는 첨단기술로 설계된 탄소섬유 재질의 의족(일명 '치타 다리')을 신고 달렸는데, 이 보철 다리는 다른 선수들보다 더 적은 에너지를 필요로 하는 생체역학적 이점을 제공한다고 판단 했던 것이다.[1] 장애인올림픽 달리기 선수였지만 지금은 모델로 활 동하는 멀린즈(Aimee Mullins)는 12개의 다양한 의족을 갈아 신고 다녔는데, 어느 날 가늘고 늘씬한 의족을 신어 키가 커진 그녀를 부럽게 바라본 한 친구는 "불공정하다"라며 불평했다고 한다.[2]

장애인이 슈퍼휴먼으로 '거듭나는' 이런 내러티브는 포스트휴 먼에 관한 이론에서도 등장한다. 사실 포스트휴먼 이론이 여러 갈 래가 있기 때문에 혼동이 없도록 좀 더 정확히 표현하자면, 트랜 스휴머니즘(Transhumanism)으로 불리는 담론에서 특히 이런 내러 티브를 자주 발견할 수 있다.[3] 트랜스휴머니즘은 발전된 과학기 술을 이용해서 인간의 인지적·정서적·신체적 역량을 신장하는 것을 옹호하는 사상적 운동이다. 이 주장에 따르면 유전자 조작을 통해 근육을 강화하고 약물을 이용해 기억력을 강화할 수 있다면

---

1) 논란 끝에 그는 올림픽 경기 출전자격을 획득했지만, 육상위원회의 예상과 달 리 그는 '불공정한 이점'에도 불구하고 비장애인들과의 경쟁에서 메달을 얻는 데는 실패했다.
2) 이 일화는 그녀의 TED 강연에서 들을 수 있다.
3) 포스트휴머니즘은 트랜스휴머니즘 이외에도 울프(Cary Wolfe), 브라이도티 (Rosi Braidotti), 헤일즈(Catherine Hayles) 등 다양한 갈래가 있다. 이 책에 실 린 손화철의 글을 참조.

모델로 활동 중인 멀린즈(iconmagazine.se)

마땅히 이를 실행해야 한다. 과학기술이 인간의 정서와 도덕성을 고양시키고 수명을 연장해준다면 마다할 이유가 없다. 인간의 신체적·정신적 경계를 초월하려는 시도는 불안과 우려를 야기하는 것이라기보다는 오히려 도덕적 의무이거나 최소한 개인의 권리이기 때문이다.

윤리적 이유로 이를 반대하는 이들은 보수주의자로 규정되거나 기술 발전과 수용을 무모하게 거부하는 산업혁명기의 러다이트처럼 묘사된다.[1] 인간의 본성을 과학기술을 통해 변형하고 향상시키려는 것을 이렇게 도덕적 언어로 정당화하려는 트랜스휴머니즘은 건강의 유지나 정상의 회복보다는 인간의 '향상

4장 슈퍼휴먼이 된 장애인

(enhancement)'을 지향하고 더 나아가 인간을 새로운 종으로 인위적으로 진화시키자고 과감히 주장한다. 이들에게 인간의 본성은 유지되어야 본래적 가치나 지위가 있는 것이라기보다는 완전성을 향해 새롭게 창조하고 끝없이 재정의해야 할 대상이다.[4]

이렇게 '정상'을 넘어선 '향상'을 주장하기 때문에 흔히 정상에 미치지 못한 결함처럼 생각되는 장애는 트랜스휴머니즘의 주된 관심사가 아닌 듯하지만, 이들은 향상의 대상으로 장애인들을 자주 언급한다. 앞서 보았던 피스토리우스나 멀린즈의 사진들도 포스트휴먼 캠페인에서 쉽게 접할 수 있다. 트랜스휴머니즘은 결함이나 병리의 해소보다는 정상을 넘어선 향상을 추구하지만, 생체공학 기술로 볼 수 있고 들을 수 있고 걸을 수 있게 된 장애인을 사이보그처럼 묘사한다. 이는 역사적으로 오랫동안 기술적 보철에 의존해왔던 장애인을 '사이보그의 원형'처럼 상상하는 것도 하나의 이유이지만, 그보다는 향상 기술을 도덕적으로 정당화하는 데 '장애의 극복'만큼 유용한 것이 없기 때문이다.

치료를 넘어 향상을 추구하는 기술이 가치 있다고 주장할 때 장애인을 정상으로 회복시키는 기술처럼 여기게 하는 전략은 매우 효과적이다. 장애의 극복과 해소를 도와주는 기술을 누가 감

---

4) 트랜스휴머니즘에 대한 논쟁이 격화된 것은 사실 질병과 고통의 제거를 목적으로 하는 치료를 넘어서 향상을 옹호했기 때문이었다. 인간의 본성을 고수하기보다는 이를 초월하고 정상을 수용하기보다는 이를 넘어선 향상과 완전성을 주장했던 것이다. 샌델(Michael Sandel), 하버마스(Jürgen Habermas), 후쿠야마(Francis Fukuyama)의 비판과 관련 논쟁이 대표적이다. 이 책에 실린 김건우와 천현득의 글 참조.

히 거부할 수 있겠는가? 이런 맥락에서 포스트휴먼에 관한 글을 읽다 보면 생체공학적 보철(bionic prosthesis)이 장애를 사라지게 할 것이라는 주장을 심심치 않게 볼 수 있다. 심지어 어떤 트랜스휴머니스트는 휠체어 이동을 위해 부서진 인도를 수리하기보다는 이 예산을 장애인들을 치료하는 기술을 개발하는 데 써야 한다고 주장하기도 했다.[5] 이렇게 기술적으로 매개된 장애인은 트랜스휴먼 기획의 가치를 증명하는 예로 거론되며 때로는 이들의 기획이 현실로 현현된 예처럼 그려지기도 한다. 이런 점에서 트랜스휴머니즘은 '장애'를 '향상'과 동일한 문제의 지평 위에서 바라보고 있다.

2. 장애와 정상의 불안한 경계

트랜스휴머니즘이 보여주는 것처럼, 많은 포스트휴먼 담론에서 장애는 항상 극복해야 하거나 미래에 제거되어야 할 한계처럼 그려진다. 하지만 역사적으로 본다면 장애가 항상 어떤 결함, 결여, 비정상, 교정이나 회피의 대상으로만 의미화된 것은 아니다. 종교개혁 직후 서구에서 장애를 가진 몸은 관찰자의 부덕함을 보여주는 신의 계시처럼 생각되었다.[2] 장애의 몸은 결함이나 비정상

---

5) 트랜스휴머니스트 당(The Transhumanist Party)의 미국 회장 후보였던 이츠번 (Zoltan Istvan)은 한 언론 인터뷰에서 이런 입장을 밝혀 장애인 단체들의 반발을 산 적이 있다.

을 바로 지시하기보다는 관찰자의 내면적 자아를 비춰주는 어떤 신의 메시지였다. 17세기 말 이후 이런 종교적 시각은 점차 분류와 스펙터클의 시선으로 교체되었다. 당시 대중적 인기를 누렸던 수많은 기형인 쇼(freak shows)는 이런 장애의 몸을 동물이나 다른 인종과 함께 전시하면서 진화의 열등한 형태처럼 다루었다. 이후 서구의학이 헤게모니를 잡는 19세기로 들어서면서 장애는 점차 전문가들이 검사하고 의료기술이 개입해야 하는 대상이 되었다.

이렇게 의학지식이 장애를 정의하고 이해하는 지배적 시각이 되면서 이를 비판하는 학문적·사회적 운동이 생겨났다. 90년대 후반 성장한 장애학(Disability Studies)은 우리의 몸과 정상에 대한 여러 가정과 이론들에 도전했다. 특히 신체적·생리적·심리적 손상(impairment)을 장애의 본질로 보는 관점을 의료 중심적이라고 비판하면서 손상은 장애의 본질이 될 수 없다고 주장했다. 장애는 '정상적인 생활에 필요한 기본적인 능력의 상실'을 의미하는데, 기본적인 능력을 발휘하지 못하는 것은 몸의 손상이 원인이 되기도 하지만, 많은 경우 사회적 조건과 문화적 제약에서 비롯되기 때문이다. 휠체어를 탄 이는 계단만 있는 건물에서는 2층으로 올라가는 기본적인 이동 능력이 없지만 엘리베이터가 설치된 곳에서는 이런 능력을 발휘할 수 있다. 물리적 구조, 사회조직과 삶의 속도가 젊고 건강한 이들을 기준으로 설계되기 때문에 도리어 장애가 만들어질 수 있다. 이런 생각에서 장애학은 손상을 장애의 본질로 보는 지배적 관점을 의료적 모델이라고 비판하고 이에 대항해 장애는 사회적으로 구성된다는 이른바 장애의 사회적 모델을 주장했던 것이다.

장애의 사회적 모델에 대한 평가는 다양할 수 있지만, 이 모델은 무엇보다 장애를 '결함'이나 '비정상'이라는 부정적 함의를 가진 개념이 아니라 '차이'로 인식할 수 있는 가능성을 보여주었다. 즉 이 모델은 장애를 '비정상'으로 폄하하지 않고 젠더나 인종 같은 일종의 정체성으로 여길 수 있게끔 인식을 전환시켜주었다. 서로 다른 인종이 우열이 아닌 차이로 이해되듯이 장애 또한 이런 종류의 차이라는 것이다.

장애를 이렇게 차이로 이해하는 적극적 시도는 장애인권 운동을 일종의 소수자 운동이나 정체성 정치로 바라볼 수 있도록 했다. 하지만 인종이나 젠더가 흔히 생각하는 것처럼 단일하고 안정적인 정체성이 아니듯이, 장애 또한 그렇게 동질적인 차이일 수 없다는 비판이 뒤따랐다. 여성이라는 정체성이 그런 것처럼 장애인의 경우에도 장애의 종류나 개인이 처한 조건에 따라 장애의 경험이 상이해 동일한 정체성이라고 말하기 어렵다. 또한 장애라는 범주나 정의 또한 그렇게 안정적인 것이 아니라는 비판도 제기되었다. 지식과 기술의 발전과 함께 야스퍼거 증후군처럼 손상인지 의학적 발명품인지가 모호하고 논쟁이 되는 경우가 증가한 것이다.[3] 게다가 젠더나 인종과 달리 장애인이 몸으로 감내해야 하는 고통은 차이라는 말로 다 표현될 수 없다는 반박도 제기되었다. 사회적 모델이 주장하는 것처럼 장애인에 맞춰 사회를 재구성한다고 장애인이 겪는 몸의 고통 자체는 사라지지 않기 때문이다.

이런 여러 비판에도 불구하고 장애의 사회적 모델은 이 글과 관련해 중요한 통찰을 제공한다. 신체는 규범이나 정상을 따라야 한다는 아이디어를 의심하고 다른 신체를 배제하고 타자화하는 제도를 문제 삼으며 이를 통해 "비정상적 신체 속에서도 잘 살아갈 수 있는 급진적 가능성을 탐색"했던 것이다.[4] 장애를 의료적 관점에서 접근하는 이들은 장애를 치료와 교정의 대상으로만 삼고 이런 "급진적 가능성"은 거의 상상하지 못한다. 사실 어떤 장애의 경우 기술적 해답이 없을 수도 있고, 있다 할지라도 부분적인 해법밖에 되지 못하며, 때로는 이 기술을 적용하면 예상치 못한 새로운 위험에 노출되고 더 큰 곤경에 빠질 수도 있다. 그래서 어떤 이들은 신체적 규범을 따르길 거부하고 장애의 몸을 갖고도 잘 살아가는 방법들을 탐색하고 시도한다. 의료적 모델에서 보면 장애인들은 교정과 치료를 바라며 절망에 빠져 있을 것 같지만, 실제로는 장애가 있는 몸과 그에 따른 고통에 적응하면서 "잘 살아갈 수 있는 급진적 가능성"을 실험하고 있는 것이다.

다큐멘터리 영화 〈소리와 분노(Sound and Fury)〉는 이런 "가능성"을 둘러싼 갈등을 실제 장애인 가족 사례를 통해 잘 보여준다. 청각장애를 가진 여섯 살짜리 여자아이 헤더는 사자의 포효소리를 듣고 싶어 인공와우이식(artificial cochlear implant) 수술을 받고 싶다고 부모에게 말한다. 헤더처럼 청각장애를 가진 헤더의 부모 피터와 니나는 이식수술을 받은 아이까지 만나보며 헤더의 소원을 들어주기 위해 노력한다. 하지만 결국 헤더에게 이 수술을 시키지 않기로 결정하는데, 이는 주위의 반발을 가져온다.[6] 피터의 동생 크리스는 청각장애가 없지만 갓 태어난 그의 아들은 청각

장애를 가지고 있다. 이런 아들에게 인공와우 이식을 해주려는 크리스는 수술을 거부하는 형 부부의 결정을 이해할 수 없어 아동학대라며 형을 몰아세운다. 청각장애가 없는 헤더의 조부모까지 나서서 피터 부부를 설득해 마음을 돌리려 하지만 오히려 피터 부부는 거세게 분노했다.

자식이 들을 수 있고 말할 수 있도록 해주는 기술적 혁신이 있지만 이 부모는 이를 거부했고 심지어 헤더를 데리고 청각장애인들만이 모여 사는 마을로 이주하기까지 했다. 이런 행동을 기술 공포증(technophobia)이라고 비판할 수도 있지만, 이 영화는 섣불리 결론내리지 않는 미덕을 보여준다. 사실 인공와우이식을 하면 이 기술에 익숙해지기 위해 힘든 훈련을 받아야 하며 수화 사용도 금지된다. 수화를 아직 배우지 않은 크리스의 갓난아기와 달리 이미 수화를 터득한 헤더는 부모와 대화하는 데 전혀 문제가 없다. 그런데 이식수술을 받으면 수화를 사용할 수 없게 된다. 이런 상황은 헤더 부모에게 익숙한 농문화(deaf culture)가 아닌 낯선 문화에 헤더를 빼앗길 수 있다는 불안감을 주었다.

이 영화가 뛰어난 점은 이 불안감이 터무니없는 것이 아니라 이해할 만한 것이라는 점을 잘 보여준 데 있다. 피터가 헤더에게 인공와우이식 수술을 해주지 않기로 결정했다고 농인 공동체(deaf community)에서 말했을 때 동료 농인들은 전부 이들의 결정을 응

---

6) 다른 질병이나 장애의 경우 아이가 성인이 된 후에 스스로 선택하도록 하는 절충적 결정을 내릴 수도 있지만, 인공와우이식은 성인이 되면 이식의 예후가 좋지 않아 이른 시기에 수술 결정을 내려야 한다.

4장 슈퍼휴먼이 된 장애인

원하고 격려한다. 동료 농인들의 말에서 잘 드러나듯 이들에게 농(deafness)은 어떤 무능력을 말하는 것이 아니다. 농은 자신들의 정체성이며 오랜 전통을 가진 문화이다. 이들에게 듣고 말할 수 없는 농은 극복되거나 제거되어야 할 장애물도 아니고 비참하고 수치스러운 어떤 결함도 아니다. 이것은 수화라는 언어를 통해 '자유롭게' 의사소통할 수 있는 새로운 세계로 가는 또 다른 능력일 뿐이다. 결국 헤더 부모의 격한 분노는 다른 몸으로 잘 살아갈 수 있는 "가능성"은 인정하지 않고 그 몸을 바꿀 것을 강요하는 사회를 향한 것이었다. 다시 말해, 이들은 자신들의 '다른 몸'을 문제 삼는 사회와 주변인들에게 저항하면서 먼저 사회가 문제없다고 보는 몸부터 재고할 것을 요청하고 있는 것이다. 장애를 가진 몸을 이해하려면 오히려 장애가 없다고 말하는 '정상적인' 몸, 다시 말해 '정상성(normalcy)'이라는 개념에 대해 먼저 질문해야 한다는 것이다.[5]

3. 트랜스-휴머니즘이 아닌 트랜스휴먼-이즘

장애학의 이런 통찰은 트랜스휴머니즘 기획의 의미를 새롭게 포착할 수 있도록 해준다. 장애인이 포스트휴먼으로 재창조되는 모티브는 신체의 일부를 기술적 보철로 대체하면서 인간의 무능력을 능력, 더 나아가 슈퍼능력(superability)으로 전환하는 것을 의미한다. 여기에서 기술적 매개는 장애인이 어떤 행위를 할 수 있도록 해주고 이들에게 권능을 주기 때문에 이를 갈구하는 것은 도덕적 명령처럼 자연스러운 것이다. 이 트랜스휴머니스트들의 기획에서 무언가를 할 수 없는 무능력은 참기 어려운 것이며 타인의 도움을 필요로 하는 의존성은 두려운 것이다. 무능력은 극복해야 하는 것이며 의존성은 노예 상태처럼 회피해야 하는 것이다. 대신 이 기획에서는 능력을 갖춘 인간, 다시 말해 건강하고 정상적이고 독립적이고 자율적인 인간이 인간됨(humanity)의 전형으로 간주된다.

이런 점에서 트랜스휴머니즘은 능력(competence) 또는 행위능력(agency) 그리고 자율성(autonomy)에 기초해 시민적 권리와 가치를 부여하는 근대 휴머니즘의 이상 위에 놓여 있다. 근대 휴머니즘은 종교적 권위로부터 개인을 해방시키면서 인간을 이성적이고 자율적인 주체로 선언했다. 인간의 내재적 본성과 타고난 능력은 종교적 계시의 도움 없이도 자연의 진리를 발견할 수 있는 근거가 되었을 뿐만 아니라 근대 자유주의적 정치 이론의 근간이 되었다. 인간은 독립적이고 이성적인 개인으로 가정되었고 이런 개인이 가진 행위능력에 따라 개인의 정치적·법적 권리가 부여되었다. 하지만 이렇게 개인의 행위능력에 기초해서 시민적 권리를 주장하는 논리는 반(反)휴머니즘 전통의 연구들이 잘 보여주듯이 수많은 타자들을 생산하는 결과를 낳았다.

자유주의적 휴머니즘은 능력이 부족하거나 없다고 간주되는 여러 타자들을 억압하거나 배제해왔다. 휴머니즘이 인간의 내재적 능력에 신뢰를 부여할 때 사용한 바로 그 언어와 논리로 여성,

동성애자, 노예, 타 인종, 광인, 부랑자, 기형인, 장애인, 동물 등이 공동체에서 합법적으로 축출되었다. 이들은 감정에 치우친다는 이유로, 이성적 사고 능력이 없다는 이유로, 언어 능력이 없다는 이유로, 영혼이 없다는 이유로, 자율적이지 않다는 이유로, 의존적이라는 이유로 법적 보호를 받지 못했고 윤리적 지위나 권리가 보장되지 않았다. 근대적 휴머니즘은 능력과 자율성에 기초한 권리 개념을 통해 수많은 '비정상들'을 생산하고 이들의 시민권을 박탈했던 것이다.[6]

하지만 '인간'을 정의하는 보편적 능력이 무엇인지, '정상'을 규정하는 신체적·정신적 기능과 상태가 무엇인지, 이런 것들이 과연 존재하는 것인지 등은 휴머니즘의 옹호자들이 믿는 것만큼 명확하게 답할 수 있는 것이 아니다. 이들은 역사적인 조건과 지배적인 지식에 따라 매번 다르게 답해졌고 '정상'과 '장애'의 구분은 문화적이고 환경적인 맥락에 따라 다르게 정의되었다.[7] 이렇게 정상의 경계가 분명하지 않기 때문에 어떤 이들은 '정상'과 '비정상'이라는 구분을 폐기하고 대신 '장애'와 '비장애'라는 구분을 사용하자고 말하기도 한다.

또한 자유주의적 휴머니즘이 시민과 정상인의 자격됨으로 인간의 독립성을 주장하는 것에 대해 장애학 연구자들은 기만적이라고 답한다. 먹고 입고 화장실에 가는 일상생활에서 우리는 다른 사람들의 도움에 항상 의존한다. 배우자, 농부, 공산품 생산자, 유통업자, 서비스 제공기관 등의 도움을 받으며 늘 생활하고 있지만 성별관계, 경제적 교환, 복잡한 상호연결 때문에 이를 '도움'과 '의존'으로 인식하지 못할 뿐이다. 그럼에도 불구하고, 우리는 항상 스스로를 독립적인 개인으로 상상하며 심지어 의존적인 사람들을 경멸하기까지 한다.[8] 이와 관련해 장애학자 데이비스는 장애인이 휠체어가 없으면 불완전해지는 것과 마찬가지로 비장애인도 사실 기술, 법, 사회적 기술이 없다면 불완전해진다고 말한다. 이런 맥락에서 그는 "정상"과 "독립"은 사실 환상이며 (다양한 층위로 존재하는) "손상"과 "의존"이 우리의 현실이고 규칙이라고 주장한다.[9]

　트랜스휴머니즘은 개인의 행위능력과 독립성을 집착적으로 추구하면서 이를 시민의 자격이나 윤리적 지위의 조건으로 삼는 근대적 휴머니즘 위에 서 있다. 사실 이 점은 트랜스휴머니즘의 대표적 주창자 중 한 명인 보스트롬(Nick Bostrom)이 스스로 밝히기도 했는데, 그는 "트랜스휴머니즘은 합리적 휴머니즘에 뿌리를 두고 있다"라고 당당히 말한다.[10] 따라서 트랜스휴머니즘이나 이에 기초한 포스트휴머니즘은 근대 자유주의적 휴머니즘에 뿌리를 그대로 두고 있다는 점에서 휴머니즘에 기초한 이론이지, 휴머니즘을 넘어선 어떤 새로운 이론이라고 보기는 어렵다. 이런 의미에서 트랜스휴머니즘은 '트랜스—휴머니즘(포스트—휴머니즘)'은 아니며 다만 '트랜스휴먼—이즘(포스트휴먼—이즘)'인 것이다.

4. 교정의 명령에 사로잡힌 포스트휴먼

결국 트랜스휴머니즘은 정상을 넘어선 향상을 옹호하고 인간 종의 인위적 진화까지 정당화한다는 점에서 '급진적'이지만, 역설적이게도 인간 이해에서는 근대적 휴머니즘에서 조금도 벗어나지 않으려 한다는 점에서 '보수적이다.' 향상에 반대하고 인간 본성을 지지하는 이들을 보수주의자라고 트랜스휴머니즘 지지자들은 비판하지만 이렇게 자유주의적 휴머니즘을 여전히 고수한다는 점에서 이들 또한 보수주의자인 것이다. 물론 인간과 기계의 결합을 통해 인간 본성과 존재의 경계를 과감하게 해체하고 있지만 그럼에도 인간의 독립성과 행위능력은 여전히 규범으로 고수하고 있다. 어쩌면 트랜스휴머니즘은 존재의 경계를 넘어서면서까지 행위능력과 자율성을 추구한다는 점에서, 자율적 행위능력을 그 무엇보다 더 추구할 가치가 있는 것으로 만든다는 점에서, 자유주의적 휴머니즘의 극단적 형태일 수 있다. 페미니스트 문화비평가인 카플란(Cora Kaplan)이 말한 "자율성과 행위능력의 페티시화(fetishization of autonomy and agency)"가 이들에게 뿌리 깊게 자리하고 있는 것이다.[11]

이런 태도는 무엇보다 규범적이고 정상적인 몸과 행위능력을 우선시하는 인간관과 윤리관을 강화한다. 트랜스휴머니즘은 정상을 넘어선 향상의 필요성과 정당성을 논변하는 것처럼 보이지만, 사실은 몸의 정상성이나 주체성에 대한 기존의 지배적 관념, 다시 말하면 정상성의 헤게모니를 계속 강화하고 있다. 독립적이고 행

생체공학적 외골격 로봇을 입고 걷는 장애인(YouTube)

위능력이 있는 주체를 이상화하면서 이런 주체성이 재현하는 몸을 규범적인 것으로, 정상적인 것으로, 추구할 가치가 있는 것으로 만들고 있다. 그래서 트랜스휴머니즘으로 경도된 포스트휴먼 논의에서는 장애인은 항상 정상인을 넘어선 행위능력을 지닌 모습, 또는 정상인의 도움 없이 스스로 능력을 갖춘 모습으로 등장한다. 생체공학 외골격 로봇(bionic exoskeleton robot)의 도움으로 휠체어에서 일어나 걷기 시작하는 '사이보그 장애인'은 이런 점에서 전형적이다. 행위능력이 신장되고 의존성이 해소된 근대적 휴머니즘의 이상적 인간으로 부활한 장애인으로 그려지는 것이다.

하지만 이런 주체성 속에는 포스트휴먼 이론가인 울프(Carry Wolfe)가 말하는 연약함, 유한성, 의존성을 긍정하는 인간의 주체성을 새롭게 주조해낼 자리를 찾기 어렵다.[12] 트랜스휴머니즘의 '복고적' 인간관에서 장애는 부정적 함축을 지닌 무력함과 의존성을 지니고 있을 뿐, 가치 있는 대상이거나 최소한 중립적인 차이로 이해될 여지가 거의 없다. 장애는 행위능력의 결핍이기 때문에 치유되어야 하고 독립성의 상실이기 때문에 교정되어야 한다. 그러다 보니 장애 앞에서 트랜스휴머니스트들은 제거, 치료, 복구, 교정, 구원 외에는 다른 상상을 할 수 없어 보인다.[7] 장애가 함축하는 의존성과 무능력은 반드시 교정되어야 한다는 이른바 "교정하려는 도덕적 명령(moral imperative to fix)"을 가지고 있는 것이다.[13] 그래서 만성 질병으로 장애를 겪는 철학자 수전 웬델이 "나는 아프지만 행복해"라고 말했을 때 주변인들이 당황했던 것처럼, 트랜스휴머니스트들 또한 이 말을 이해할 수 없을 것이다. 행위능력을 우선시하는 트랜스휴머니즘에서는 장애가 결함, 수동성, 무력함, 의존성, 무능력, 비참함, 비루함, 절망, 좌절, 구원의 기다림 등으로 이미 타자화되어 있는 것이다.

기술적 매개로 능력이 신장된 포스트휴먼은 늘 유혹적이다. 줄기세포를 통해 척수손상을 치료하든, 유전자 편집기술로 아이가 태어나기 전에 유전질환을 제거하든, 컴퓨터 칩을 뇌에 이식시켜 전자 의수(electronic arm)를 움직이든, 행위능력의 복구와 신장을 약속하는 기술들은 화려하고 매혹적이다. 이런 기술들이 표방하는 '기적적인 치유'는 장애가 문화적으로 표상될 때 핵심적이지만, 정작 장애인 당사자들에게는 이런 기적적인 치유가 매력적인

---

7) 어디서 읽었는지 기억나지 않지만, 어느 장애인이 쓴 다음 내용의 글귀가 생각난다. 일반인들은 장애인을 만나면 항상 "언제 장애인이 되셨나요?"로 말문을 열고 중간에는 "저런, 얼마나 힘드세요?"라는 말을 건넨다는 것이다. 이런 질문들은 오직 '손상 입은 몸'이나 '장애라는 상태'만이 장애인의 정체성의 전부인 것처럼 간주하고 장애를 고통과 비참함의 다른 이름으로만 상상한다는 점을 보여준다.

146

것만은 아니다. 앞서 인공와우이식 수술을 거부했던 헤더의 부모가 대표적인 예이며, 백색증(albinism)으로 앞이 잘 보이지 않는 루시도 비슷한 경우다. 루시는 이 희귀병을 자신만의 특별함으로 여기고 있어 태어나기 전에 유전자를 기술적으로 교정할 수 있었다 할지라도 선택하지 않았을 것이라고 말한다.[14] 근육통성 만성척수염으로 장애와 고통을 겪은 웬델은 치유되고 싶은 욕망이 없는 것은 아니지만 이에 대한 저항감도 있는 복잡한 심경을 다음과 같이 말한다. "나는 내가 그 병에 걸리지 않았으면 하고 바랄 수 없다. 왜냐하면 그 병 때문에 내가 다른 사람, 즉 내가 기꺼이 되고 싶고 놓치고 싶지 않은 사람이 되었고, 내가 '치유'된다고 하더라도 이런 변화를 포기하는 것은 상상할 수도 없기 때문이다."[15]

장애학자 셰익스피어(Tom Shakespeare)가 보여주듯이, 장애인이 기술을 바라보는 방식은 기적적인 치료로 정리하기에는 좀 더 복잡하다. 대표적으로 선천적인 손상을 지닌 이들은 급성적인 퇴행 장애를 지닌 이들과 치료에 대한 입장이 많이 다르다.[16] 살아가는 동안 손상을 얻어 정상적인 기능수행의 경험이 있으며 신체적·정신적 상태가 점점 나빠지는 이들은 치료법을 절실하게 찾지만, 선천적 손상을 지닌 이들에게 손상은 이미 개인적인 정체성의 일부분이라서 치료에 대한 열의가 낮다. 또한 사고로 손상을 입은 이라 할지라도 어느 정도 시기가 지나면 치료를 갈구하면서 현재 삶을 소진시키기보다는 장애의 몸에 적응하면서 자신의 삶에 만족해하는 방식을 찾기도 한다. 장애 인구에서 가장 많은 비중을 차지하는 이들이 노화로 손상을 입은 사람들인데, 이들은 대개 치료에 대해 별다른 기대를 하지 않고 정상인으로서의 자아감을 유지한다.

이처럼 손상 경험과 현재 상태의 차이 때문에 같은 장애인이라도 치유에 대해 다른 입장을 지니고 있어 모두가 '기적적인 치유'를 바라지 않으며 '치유에 대한 도덕적 명령'도 공유하지 않는다. 오히려 일부 장애인 활동가와 학자들은, 치유를 앞세우는 이들을 향해 장애인을 배제하고 차별하는 사회적 문제는 내버려둔 채 신체의 결함이 문제라는 관점으로 신체의 교정만을 목표로 삼는다고 비판한다.[17] 불치병이나 심각한 손상을 지닌 이들에게 적절한 돌봄과 지지를 제공해주기보다는 어쩌면 경제적인 여유가 있는 소수에게만 그 혜택이 돌아갈 치료법에만 매달리는 상황을 지적한 것이다. 이들의 비판은 주로 의료계, 과학계, 정책결정자를 향한 것이지만, 트랜스휴머니즘에게도 여전히 유효하다. 행위 능력에 집착하는 트랜스휴머니즘은 장애의 몸을 치료와 교정의 대상으로만 보려 하지만, 장애인들은 장애를 치료가 필요한 문제적 상태로만 보지 않는다. 물론 장애를 치유하고 싶은 욕구가 없는 것도 아니지만 다른 한편으로 장애는 몸의 연약함을 긍정하면서 살아갈 수 있는 경험과 지식을 제공해주고 비장애인들이 갖지 못하는 특별함과 정체성을 주기 때문이다.[18] 장애인은 보통의 몸을 가진 이들이 잘 알지 못하는 "몸과 마음에 한계와 고통을 가지고도 살아갈 수 있는 방법"을 터득하고 있다. 이 경험은 항상 나쁜 것은 아니며 흔한 예상과 달리 그들에게 희열과 해방감을 주기도 한다.

5. 의존성을 긍정할 수 있는 포스트휴먼상을 찾아서

이제 내가 왜 〈아바타〉에서 핵심 모티브로 장애를 떠올릴 수 없었는지 답할 수 있을 것 같다. 〈아바타〉는 포스트휴먼 신체에 관한 상상들을 영화 속에 잘 담아내고 있다. 주인공 제이크는 유전공학으로 탄생한 나비족 모습의 아바타를 새로운 신체로 삼아 이 외계인 부족의 일원이 되고자 했다. 물리적으로는 분리되어 있지만 신경학적으로 연결된 아바타는 실제 현실 속에서 제이크를 대신해 걷고 뛰고 말한다. 제이크와 아바타의 관계는 인간과 비인간(non-human)의 결합이면서 개체를 뛰어넘는 신체의 확장이라는 포스트휴먼의 한 주제를 잘 보여주고 있다.[8]

하지만 이렇게 포스트휴먼 신체의 한 가능성을 절묘하게 구현하면서도 이 영화는 적어도 장애에 대해선 근대 휴머니즘적 신체 이해에서 여전히 벗어나지 못하고 있다. 영화의 시작과 동시에 들리는 제이크의 독백은 다리를 다친 후 병원에 누워 자유롭게 비행하는 꿈을 꿨다는 내용으로 자유의 실현을 암시한다. 이 암시대로 아바타와 처음 연결된 제이크는 주위의 제지에도 불구하고 위

---

8) 또한 포스트휴먼의 상이한 계보들도 이 영화에서 발견할 수 있다. 나비족의 오랜 터전을 빼앗기 위해 고용된 용병들이 타는 로봇 슈트(robot suit)는 과학기술을 통한 인간의 향상이라는 트랜스휴머니즘이라는 계보를 보여준다면, 자연과 공존하는 나비족은 모든 존재들이 개체의 경계를 넘어 서로 교감하면서 돌본다는 반휴머니즘 전통의 포스트휴먼의 계보를 구현한다. 하지만 이런 포스트휴먼의 상이한 갈래들은 우리에게 더 익숙한 이분법, 이를테면 기계적 세계관 대 유기적 세계관, 과학기술 대 자연, 인공 대 자연, 문명 대 원시라는 영화 전반에 깔린 선명한 이분 구도 때문에 주목하기 어려웠다.

험하게 질주하면서 자유로움을 만끽한다. 반면 현실 속 제이크의 몸은 그를 죽음 직전으로 내몬다. 적의 공격으로 위태로워진 상황에서 제이크는 재빨리 산소호흡기로 숨을 쉬어야 살 수 있지만 하반신 마비의 몸은 이를 허락하지 않았다. 아바타는 제이크에게 자유로움과 나비족과 교감할 수 있는 새로운 능력을 제공해주었다면, 걸을 수 없는 그의 현실 속 몸은 그를 바로 옆에 걸린 산소호흡기도 집을 수 없는 무력한 존재로 만들어버렸다. 능력이 신장된 포스트휴먼 신체인 아바타의 경이로움 반대편에는 휠체어에 속박된 채 걸을 수 없는 절망적인 몸이 놓여 있다.

이런 선명한 대비는 지금까지 보았던 행위능력과 자율성을 우선시하는 자유주의적 휴머니즘에서 조금도 벗어나지 못한 것이다. 제이크의 현실 속 장애의 몸은 무력할 뿐이며 최첨단 보철인 아바타와 연결되고서야 자유를 얻고 능력을 발휘할 수 있다. 장애의 몸 그 자체는 무력함, 결함, 한계, 위험으로 제시될 뿐 그 어떤 가치도 인정되지 않는다. 그래서 하반신 마비인 제이크만이 외계인과 교감에 성공한다는 의미심장한 설정에도 불구하고 나는 이 영화에서 '장애'를 기억해내지 못했던 것이다. 장애는 행위능력이 결여된, 자율성이 부족한, 자유가 제한된, 정상성에 이르지 못한 것으로 타자화되어 있어, 나는 이 모든 결여와 제한이 해소되고 충족된 경이로운 아바타에만 열광했던 것이다. 아바타의 탁월한 능력에 도취되어 몸의 나약함과 의존성이 갖는 가치를 볼 수 없었고 그 결과 장애를 모티브로 삼은 영화에서 정작 나는 장애를 볼 수 없었던 것이다.

이 경험은 단지 상투적인 장애 재현을 문제 삼는 것을 넘어 포스트휴먼과 장애의 관계를 재고하도록 해준다. 인간과 기계의 존재론적 결합을 내세우는 화려한 포스트휴먼 담론과 기술들은 장애의 몸들에게 더 높은 접근성을 약속하지만 동시에 이들을 끝없이 타자화시키고 있다. 포스트휴먼의 전망과 약속은 정상적 인간을 넘어서기보다는 사실은 정상성의 오랜 헤게모니를 강화하면서 '다른 신체들'을 계속 배제하고 '다른 신체로 잘 살아갈 수 있는 가능성'을 생각조차 못하게 하고 있다. 근대 휴머니즘처럼 행위능력을 집착적으로 추구하는 그런 포스트휴먼과는 다른 포스트휴먼을 꿈꿀 수는 없을까? 허약함이나 의존성이 무가치한 것이 아닌, 행위능력이 유일한 인간됨의 가치가 아닌, 그런 포스트휴먼의 상을 조형해내는 것이 필요하지 않을까? 의존성과 비규범적 몸까지 긍정할 수 있는 새로운 포스트휴먼의 상을 상상해야 하지 않을까? 이런 물음에 우리가 보다 책임 있게 응답하는 것은 기술로 인간을 완성시키려는 노력보다 어쩌면 이 세계를 더 살고 싶은 세계로 만드는 방법이 될 것이다.

3부

포스트휴먼과 법

5장
포스트휴먼법의 체계와 이슈

김경환 · 최주선

1. 포스트휴먼법이란 무엇인가?

포스트휴먼법이란 '포스트휴먼'의 등장을 전제로 사회를 규율하는 법률을 의미한다. 하지만 어떠한 포스트휴먼이 존재하는지, 그들과 관련하여 어떠한 규범적인 작용과 반작용이 일어날지 등에 대하여 알 수 있는 내용은 현재로서는 없다. 즉 현재 '포스트휴먼 사회현상'이라는 것은 없다.

그럼에도 불구하고 많은 이들은 앞으로 포스트휴먼이 대거 등장할 것이고 인간과 같은 공간에 존재할 것이라고 예상하고 있다. 그리고 인간의 신체 기능을 강화하거나 인간의 지능이나 기능을 모방한 존재를 개발하는 것에 초점을 맞추고 있는 기술 개발 양상을 고려할 때, 짧게는 수십 년, 길게는 백여 년 안에 포스트휴먼이 나타나고 포스트휴먼의 등장에 따른 사회현상도 나타날 것이라는 예상은 틀리지 않아 보인다.

한편, 그간의 역사를 뒤돌아보면, 법은 기술을 앞서기보다는 뒤따르는 것이 일반적이었다. 그 원인이, 세상을 바꾸는 천재가 법률가보다는 과학기술자 중에 더 많았기 때문인지, 아니면 법률을 공부하는 이들에게는 기발한 생각과 창조성보다는 정확한 분석력과 절묘한 균형감각을 기를 것이 더 요구되기 때문인지는 알 수 없다. 어쩌면 분석력과 균형 감각이 요구된다는 것 자체가, 이미 존재하는 현상에 대해 분석하고 균형점을 찾아가는 것이 통상적인 법학의 역할이었다는 데에서 기인하는 것일 수도 있으니, 닭과 달걀의 관계처럼 무엇이 원인인지 무엇이 결과인지가 애매하기도 하다.

하지만 법이 기술을 뒤따른다는 것을 그리 가볍게 받아들일 일은 아니다. 법이 기술을 뒤따른다는 것은 언제나, 법이 사람들의 희생을 뒤따른다는 것과도 같은 의미였기 때문이다. 새로운 기술, 새로운 현상은 항상 사람들이 알아서 적응해 나가야 했고, 그 과정에서 빨리 적응하는 자, 적응을 넘어 그 기술과 현상을 이용하는 자, 그 기술과 현상을 아예 개발하고 주도하여 가장 큰 이익을 누리는 자, 느리게 적응하는 자, 적응하지 못해 이용당하는 자 등 다양한 군상들이 나타나곤 했다. 그리고 그 기술과 현상을 빨리 이용하고 이익을 취하라고 재촉하는 전문가들이 먼저 넘쳐나며, 그들을 따라 이익을 취하는 자들과 여러 사유로 인해 오히려 피해를 받는 자들 사이의 불균형이 너무나도 커져 '사회현상'이 소위 '사회문제'가 될 때쯤에, 법학자와 정부가 나서서 그 기술과 현상을 분석하고 균형점을 찾아 법률을 만들고 소외된 구성원들의 고조된 불만을 누그러뜨리곤 했다. 물론 그 법률, 그 균형점이 나름대로의 균형점이어서 진실한 것인지 여부가 다시 문제되기도 하지만, 어쨌든 전형적인 패턴은 이와 같다.

이러한 패턴의 가장 큰 단점은 당연히 누군가의 희생이 수반된다는 점이다. 그럼에도 불구하고 이 패턴이 반복되는 이유는, 새로운 기술이나 현상 앞에서 그 누구도 정확한 '문제'를 선제적으로 짚어내기가 쉽지 않기 때문이다. 한 문사(文士)가 무(武)의 길(道)을 걸어가는 여정을 담은 『낙향문사전』이라는 소설에서는, "아직 벌어지지도 않은 일에 극단적인 대처를 할 수 있는 사람은 예언자와 주동자뿐"이라는 대사가 등장한다. 법률은 강제력을 수반한다는 점에서 사람의 자유의지를 꺾을 수 있는 힘을 가지고 있고, 때문에 그런 점에서는 무엇보다도 '극단적인 대처'이다. 그런데 민주주의 국가는 소수의 예언자와 주동자가 아니라 국민 전체를 그 권력의 근간으로 삼기 때문에, 당연히 문제가 벌어졌다는 것이 명확하게 드러날 때에만 극단적인 대처인 법률 입법을 수월하게 할 수 있다. 그래서 수많은 희생을 치른 후에야 법률이 입법되는 이 고전적인 패턴은, 슬프지만, 모두가 예언자와 주동자가 될 수는 없는 인간 고유의 한계 때문에 완전히 극복하기도 어렵다.

그런데 '포스트휴먼 사회현상'을 둘러싸고도 이러한 패턴이 반복되어도 괜찮을까? '포스트휴먼 사회현상'도 사회문제가 될 때까지 기다리고, 어느 정도의 희생을 치른 뒤에 균형점을 찾아나가는 것이, 정말 괜찮을까?

그렇지 않다. 다른 사회현상과 달리 포스트휴먼 사회현상은 기존의 입법 패턴이 반복된다면 전혀 다른 차원의 위험을 발생시킬 수 있다. 오로지 휴먼 사이의 현상이었던 기존의 무수한 사회현상과 달리 포스트휴먼 사회현상은 휴먼과 포스트휴먼의 혼재로 인한 현상이기 때문이다. 휴먼 사이의 현상이라면, 어떻게든 휴먼의 사회가 유지된다는 전제하에 '문제'도 발견하고 해답, 즉 '균형점'도 발견한다. 그러나 휴먼과 포스트휴먼 사이의 현상이라면, 반드시 휴먼의 이익을 전제로 한 문제 발견과 균형점 발견이 이뤄지리라는 보장이 없다. 어쩌면 '문제'도, '균형점'도 휴먼이 아닌 포스트휴먼의 관점에서발견될 수도 있다. 극단적으로는 휴먼들 사이에서 일부가 소외되고 일부가 이익을 취하던 기존의 구조가 아니라, 휴먼 전체가 소외되고 포스트휴먼 전체가 이익을 취하는 구조가 실현될 수도 있다. 그리고 이 구조가 '문제'로 여겨지지 조차 않게 될 수도 있다. '현상'에서 '문제'가 발견되기도 전에, '현상'이 '문제' 자체를 휴먼의 관점에서 발견되지 못하게 만들 수도 있는 것이다.

그래서 포스트휴먼 사회현상에 대해서는 통상의 패턴과 다른 접근이 필요하다. 다소 뜬구름 잡는 것 같이 보이더라도, 모든 것이 불확실하고 불투명하더라도, 마치 소설이나 영화를 보는 것처럼 현실성이 없어 보이더라도, 포스트휴먼 사회현상에 대해서는 그것이 발생하기 전에 미리 대비하고 준비하는 노력이 필요한 것이다.

그렇다면 기존의 법은 포스트휴먼법의 출발점이 될 수 있을까, 아니면 완전히 새로운 시작점을 찾아야 하는 것일까? 서두에서 언급하였듯이, 포스트휴먼법은 포스트휴먼의 등장을 전제로 사회를 규율하는 법률이다. '사회를 규율'한다는 말에서 알 수 있듯이, 이는 포스트휴먼을 규율하는 법이 아니라 포스트휴먼과 휴먼이 동시에 존재하는 사회를 규율하는 법, 즉 포스트휴먼 사회가 도래함에 따라 새로이 발생하는 법적 이슈를 다루게 되는 모든 법이다. 그리고 포스트휴먼 사회라 하더라도 기존 사회의 연속선상에 놓여 있는 것이고, 포스트휴먼은 결국 휴먼의 다음 세대이거나 또는 다른 세대이기도 하기에, 포스트휴먼법 역시 현재의 법의 관점에서 완전히 벗어나 있을 수는 없다.

따라서 이 글에서는 앞으로 도래할 포스트휴먼 사회를 먼저 현재의 법의 관점에서 바라보고, 다음으로 현재의 법으로써 설명할 수 없는 내용을 열거하면서, 법적인 측면에서의 포스트휴먼 사회에 대한 이해도를 높임과 동시에 포스트휴먼 사회의 도래에 대하여 우리가 법적으로 준비해야 할 내용을 정리하고자 한다.

2. 포스트휴먼의 개념

포스트휴먼이 무엇인지에 대한 법적인 개념은 아직 존재하지 않는다. 하지만 포스트휴먼에 대하여 어느 정도 개념 정의를 해 놓아야만 법적인 이슈 역시 정리할 수 있기에 포스트휴먼이 무엇인지 알아볼 필요가 있다.

우리에게 친숙한 영화 〈어벤져스(Avengers)〉에는 많은 주인공이 등장한다. 아이언맨(Iron Man), 헐크(Hulk), 블랙위도우(Black Widow), 캡틴아메리카(Captain America), 울트론(Ultron), 토르(Thor) 등이 그것이다.

〈어벤져스〉에 나오는 주인공은 3가지 정도로 분류할 수 있다. 아이언맨과 같이 평소에는 사람과 같으나 슈트 등을 입으면 능력이 극대화되는 유형, 캡틴아메리카와 같이 인간이지만 기계적 또는 화학적 작용 등을 통해서 신체나 정신 자체의 능력을 극대화한 유형, 그리고 자아를 가진 고도로 발전한 인공지능[1]인 울트론과 같은 유형이다.[2]

이렇게 기술을 통해서 인간의 한계를 뛰어넘는 미래 인간상

---

1) 인공지능의 경우 자아를 가지지 않은 상태의 약한 인공지능과 자아를 가지는 강한 인공지능으로 분류하기도 한다. 약한 인공지능의 경우에는 도구로 취급하면 되지만 강한 인공지능은 스스로를 자아로 인식하기 때문에 단순한 도구로 취급할 수 없고 그 자체에 법적인 의미를 부여할 수밖에 없을 것으로 보인다.

2) 그 밖에 영화에는 외계인을 모태로 한 히어로들이 등장하는데, 대표적으로 토르, 슈퍼맨 등이 있다. 하지만 외계인은 지구의 인간 또는 지구의 인간의 피조물이 아니라는 점에서 본 논의에서는 제외하기로 한다.

을 포스트휴먼이라고 하는데, 인간의 한계를 뛰어넘기 위해서 도구를 활용하는 아이언맨형이 있는가 하면, 인간 자체를 개조하는 캡틴아메리카형도 있고, 원시적으로 인간이 아니라 고도의 인공지능인 울트론형도 존재하는 것이다.[3]

이 중에서 법적으로 의미가 있는 것은 캡틴아메리카형과 울트론형이다. 아이언맨형의 경우 단순히 도구를 활용해서 능력을 극대화시키는 경우로, 지금도 이러한 현상은 많이 발생하고 있기 때문이다. 예컨대 모바일을 이용하여 공간의 제약을 극복하는 것, 망원경을 통하여 눈의 한계를 극복하는 것, 계산기를 통하여 어려운 계산을 정확하게 척척 해내는 것 등이 그러하다. 그리고 자아를 가진 인공지능이 장착된 슈트를 활용하여 능력을 극대화시킨 경우에는 슈트만을 울트론형으로 분류하면 된다. 인간과 인공지능은 개념적으로나 물리적으로 충분히 구별해낼 수 있기 때문이다. 도구를 활용해 인간의 능력을 극대화시킨 아이언맨형은 현재의 법으로도 규율할 수 있기에 새로운 법적 고찰이 필요하지 않다.

그러나 캡틴아메리카형과 울트론형은 아이어맨과는 차원이 다르다. 캡틴아메리카형은 원래 인간이었으나 기계적·화학적·생물학적 작용 등을 통해서 인간의 능력을 뛰어넘는 경우이다. 기계적·화학적·생물학적 작용 등을 행하는 장치가 인간의 몸속에

---

3) 캡틴아메리카형과 달리 울트론형은 인간의 능력을 모사한 인공물로 보아 '포스트휴먼'에서 제외하는 견해가 일반적이나, 이 글에서는 인공물인 울트론형도 포스트휴먼으로 포함시켜 다루고 있다.

내재되어 있다는 점에서 인간의 몸 밖에 장치가 장착된 아이언맨형과는 구별된다. 양자의 구별이 항상 명확한 것은 아니지만, 아이언맨형은 인간과 장치를 구별할 수 있는 반면, 캡틴아메리카형은 장치가 인간의 일부를 대체하거나 인간과 장치를 구별하기가 쉽지 않다는 점에서 차이가 있다.

예컨대 눈의 능력을 향상시키기 위하여 현미경을 사용했다면 아이언맨형이지만, 눈을 제거하고 고도의 현미 능력이 있는 장치를 몸 안에 장착했다면 캡틴아메리카형에 해당한다. 사람을 죽이기 위하여 총을 사용하였다면 아이언맨형이지만, 화기를 몸에 내재시켰다면 캡틴아메리카형인 것이다.

반면 울트론형은 원래 인간이 아니고 정보(情報)였으나 프로그래밍에 의하여 자아를 가지게 되면서 인간과 유사해진 경우이다. 대표적으로 '강한 인공지능'이 여기에 해당한다. 울트론형은 정보의 덩어리이기 때문에 여러 개의 복제도 가능하고, 망이 연결된 곳이면 전 세계 어디든지 존재할 수 있으며, 인터넷이나 정보통신망에 산재된 각종 정보를 쉽게 접할 수 있고, 이를 통하여 학습하며 자신을 업그레이드할 수도 있다. 울트론형은 원래 몸체를 가지지 않지만 영화에서는 스스로 몸체를 만들어 내면서 그 존재감을 드러내었다. 이러한 설정이 현실적인 이유는, 결국 물리적인 작업을 하려면 그것이 인간을 모방한 형태이든 단지 산업용 로봇이나 기계팔의 형태이든 어떤 형태로든지 몸체가 필요할 것이기 때문이다.

이미 언급했듯이 법적으로 의미가 있는 것은 캡틴아메리카형과 울트론형이다. 전자는 신의 피조물인 사람을 사람 스스로 업그레이드한 것이어서 본성적으로 사람의 성질, 즉 휴먼의 성질을 포함하고 있고, 후자는 사람의 피조물인 인공지능을 사람 또는 인공지능 스스로가 업그레이드하다가 소위 '정신', '자유의지', '자아', '생명'이라고 불릴 만한 것들을 가지게 되어 사람의 성질, 즉 휴먼의 성질을 포함하고 있다고 보아야 하는 게 아닌지 심각하게 고민할 대상이 되기 때문이다. 이 두 가지 형태는 법적으로는 동일하게 취급하기 어렵다. 따라서 이제부터는 포스트휴먼을 캡틴아메리카형과 울트론형으로 나누어 고찰해 보기로 한다.

3. 포스트휴먼법의 법적 이슈

현재 법의 관점에서 포스트휴먼 사회나 포스트휴먼법을 파악할 때, 대표적으로 거론될 수 있는 법적 이슈는 다음의 5가지이다.

첫째, 포스트휴먼의 법적 지위 문제다. 이는 가장 중요한 테마 중 하나다. 현행법은 세상의 존재를 사람과 물건으로 나누어 이원법적 접근을 하고 있는데, 이러한 접근이 포스트휴먼의 출현으로 인하여 수정될 수도 있다. 즉 물건이었던 정보가 진화하여 스스로를 정보로 인식하게 된다면 이 상태를 단순한 정보 내지 물건으로 보기는 어려워 보인다. 사람은 아니지만 물건도 아닌 제3의 법적 지위를 고려해야 할 수도 있다.

둘째, 포스트휴먼의 법적 실체에 대한 검토도 필요하다. 사람의 경우 신체를 기준으로 법적 실체를 파악하므로 모체에서 노출되었을 때부터 심장이 멎었을 때까지를 법적 실체로 파악한다. 하지만 예컨대 울트론형과 같은 인공지능은 정보의 덩어리일 텐데, 이 정보의 덩어리를 법적 실체로 보아야 하는지 아니면 다른 기준이 필요한지 등의 문제가 발생한다.

셋째, 포스트휴먼의 사회적으로 의미 있는 행동 등이 존재한다면 그에 따른 법적 영향도 생기게 되어 있다. 즉 포스트휴먼이 일정한 법적 지위를 취득하게 되면 그에 따른 법적 권리도 발생할 수 있지만 그에 따른 법적 책임이 거론될 수 있으므로, 어느 경우에 법적 책임을 부담하는지 등에 대한 논의도 필요하다. 특히 포스트휴먼의 일부 또는 전부의 제작자가 존재하는 경우 그 제작자의 법적 책임은 포스트휴먼의 법적 책임과 분리되는지에 대한 고찰도 필요하다.

넷째, 포스트휴먼법은 초기에는 휴먼이 만든 법이고 그래서 휴먼을 위한 법일 것인데, 과연 궁극적인 포스트휴먼법의 목적은 무엇인지 또는 무엇이어야 하는지를 밝혀야 한다. 이는 법적인 영역이기보다는 철학적·정책적 영역에 가깝지만, 법의 내용을 결정함에 있어서 가장 핵심적인 부분이다. 그 목적에 따라 모든 내용의 향방이 결정되고 모든 문구가 조율될 것이며, 어떤 목적을 지니느냐에 따라 그 내용은 천지 차이로 달라질 것이기 때문이다. 특히 그 목적의 결정에 있어서 중심핵은, 휴먼과 포스트휴먼을 지배와 피지배 관계로 설정할 것인가, 공존의 관계로 설정할 것인가이다. 이는 휴먼과 포스트휴먼의 능력 차이라는 가장 자연스럽고 무자비한 '현상'을 어떻게 풀어갈지, 어떤 균형점을 만들어 낼지의 핵심 열쇠이다. 따라서 이에 대한 검토는 필수다.

다섯째, 포스트휴먼법은 한 국가의 법제도만으로 완성될 수 없기 때문에, 국제적인 법체계를 어떻게 조성해갈 것인지의 문제도 논의가 필요하다. 예컨대 어느 한 나라가 킬러로봇(killer robot)을 규제한다고 하여 킬러로봇을 온전하게 규제할 수 있는지에 대해 고민해보면 국제협력이 얼마나 중요한지 금방 알 수 있을 것이다.

4. 포스트휴먼의 법적 지위

포스트휴먼은 캡틴아메리카형과 울트론형으로 나눌 수 있는데, 각각의 유형에 있어 법적 지위를 인정할 수 있는지가 문제다. 예컨대 캡틴아메리카형의 경우에는 사람이 아닌 제3의 지위를 부여할 수 있는지가 문제되고, 울트론형의 경우에는 물건이 아닌 사람의 지위 또는 제3의 지위를 부여할 수 있는지가 문제된다.

전통적으로 사법(私法)과 형법(刑法)은 세상의 존재를 사람과 물건으로 이원화하여 규율하고 있다. 여기서 '사람'을 좀 더 법적으로 표현하자면 스스로 행위라는 것을 할 수 있다고 인정되어 법인격이 인정되는 것이 '사람'이고, 그렇지 못한 것은 '물건'이며 물건은 다시 크게 부동산과 동산으로 분류된다. 예컨대 자연인, 자연인의 집단으로서 행위를 할 수 있는 회사 등은 법인격이 인정되는 '사람'에 속하고, 자동차, 건물, 토지, 그리고 생명체이지만 법적인 관점에서의 행위를 할 수 없다고 분류되는 동물은 '물건'에 속한다. 이원적 분류 때문에 동물이 물건으로 분류된다는 것이 낯설게 느껴질 수도 있으나, 현행 법체계상으로는 동물을 다치게 하거나 죽게 하면 형법상 손괴죄가 성립한다.

그런데 최근에는 이러한 이원적 분류 외에 새로운 분류가 추가되고 있는데, 대표적으로 동물이 그 대상이다. 과거 동물은 순전히 물건으로 이해되었지만, 생명이 있다는 점에서 동물을 단순히 물건으로 보는 것은 공법(公法)적으로 부당하다는 지적이 이어져 왔고, 그 결과 동물에 대하여 일정한 법적 지위를 부여하는 동물보호법 등이 만들어졌다.

다만 우리 법은 모든 동물에 대하여 일정한 법적 지위를 부여하는 것은 아니고, 법률이 정하는 요건을 갖춘 극히 일부분의 동물에 대하여만 법적 지위를 부여하고 있다. 그 요건은 바로 동물보호법 제2조 제1호에서 규율하고 있다.

동물보호법

제2조(정의) 이 법에서 사용하는 용어의 뜻은 다음과 같다.

1. "동물"이란 고통을 느낄 수 있는 신경체계가 발달한 척추동물로서 다음 각 목의 어느 하나에 해당하는 동물을 말한다.

　가. 포유류

　나. 조류

　다. 파충류 · 양서류 · 어류 중 농림축산식품부장관이 관계 중

앙행정기관의 장과의 협의를 거쳐 대통령령으로 정하는
동물

동물보호법 제2조 제1호에 따르면, "고통을 느낄 수 있는 신
경체계가 발달되어 있으며, 척추동물 중에서도 포유류, 조류에 속
하는 동물이거나 파충류·양서류·어류 중 대통령령으로 정하는
범위에 속한 동물"이어야만 새로운 법적 보호를 받는 동물에 해당
된다. 여기서의 핵심은 '고통을 느낄 수 있는 동물'이라는 요건이
다. 고통을 느낄 수 있다면 단순히 물건으로 보기에 적합하지 않
다는 전제가 깔려 있는 것이다.

이러한 일부 동물의 법적 지위 변화는 동물이 진화를 거듭한
결과가 아니다. 개, 고양이, 소, 닭 등의 생물학적 지위는 조선시
대나 지금이나 다르지 않지만, 사람들의 의식이 바뀌면서 새로운
법적 지위를 취득하게 된 것이다. 그리고 그 변화의 핵심 키워드
는 '고통'이다.

'고통'이라는 것은 매우 사적인 것으로서 결코 공유할 수 없는
느낌이지만, 고통을 느끼는 이의 표정, 몸짓, 소리 등 다양한 표현
을 접할 때 우리는 각자가 가지고 있는 강렬한 고통의 기억을 그
장면에 대입하고 상대가 느끼는 고통을 상상한다. 그리고 그 상상
의 결과로 연민, 불안, 혐오 등 다양한 유형의 감정, 어찌 보면 정
신적 고통이라고 할 만한 것들을 느껴, 자신의 정신적 고통을 멈
추고 싶어 한다. 그 멈춤의 수단은 소극적으로는 회피일 수도 있
고, 적극적으로는 상대를 돕는 행위일 수도 있다.

동물보호법은 바로 인간의 이러한 자신 이외의 생명체의 고통에 대한 태도의 산물이라고 볼 수 있다. 인간이 같은 인간 이외의 생명체에까지 그 범위를 확장하였다는 데에서 큰 의미가 있지만, 본질적으로는 자신 이외의 생명체가 표현하는 고통이 자신에게 주는 정신적 고통을 멈추고 싶어 하는 태도가 연장된 것에 지나지 않는 것이다. 그리고 그 본질이 바로 '고통을 느낄 것'이라는 보호대상 동물의 요건 설정에 그대로 녹아들어 있다. 만약 그게 아니라 오로지 생명에 대한 경외가 동물의 법적 지위 변화의 원인이었다면, 더 많은 동물과 모든 식물이 보호범위에서 제외된 점은 설명할 수 없다.

그런데 여기서 한 걸음 더 들어가면 이러한 의문이 생긴다. 그 동물이 고통을 느끼는지를 어떻게 알 수 있는가? 또는 저 동물이 고통을 느끼지 않는다고 단정할 수 있는가? 법률은 '고통을 느낄 수 있는 신경체계'라는 표현을 쓰고 있지만, 그게 정말 과학적으로 완벽하게 입증이 되는가?

하지만 법률은 분명히 그처럼 불명확한 것을 요건으로 삼고 있다. 그리고 실무에서도 어느 정도 별다른 논란 없이 적용되고 있다. 여기서 우리가 알 수 있는 중요한 사실은, 우리는 사실은 고통을 느끼는 동물을 보호하는 것이 아니라, 인간이 쉽게 인식할 수 있는 방식, 예컨대 표정, 몸짓, 소리 등의 방식으로 고통을 표현할 수 있는 동물을 보호하고 있다는 점이다.

그렇다면 논의는 새로운 국면으로 전환된다. 고통은 너무나도 사적인 느낌이기에 객체가 느끼는 고통의 실체를 공유하여 확인하는 것은 불가능한바, 그 실체를 확인할 수는 없으나 고통을 느낀다고 스스로 표현하는 객체에 대하여 우리는 어떤 태도를 취하게 될 것인가 또는 어떤 태도를 취하는 것이 바람직한가의 문제이다.

이러한 논의는 바로 울트론형 포스트휴먼에서도 그대로 나타날 수 있다. 울트론은 강한 인공지능으로서, 스스로를 인공지능으로 인식할 수 있어 자아와 유사한 것이 생겨난다면 고통처럼 보이는 것을 '표현'하지 않으리라 단정할 수 없다.

어쩌면 울트론에 이르지 않은 로봇이라도 프로그램에 의하여 특정 상황에 처할 시 고통을 표현하는 알고리즘을 통해 사람과 '교감처럼 보이는' 것을 할 수 있다면, 사람들은 이러한 로봇에 대해 통상의 물건과 다른 생각이나 태도를 가지게 될 수도 있고 그 결과로 새로운 법적 지위를 취득할 수도 있을 것이다. 단순한 로봇이라도 일정한 압력이나 충격에 대하여 아프다고 표현할 수 있다면 인간은 이를 물건과 다른 것으로 이해할 수도 있는 것이다.

동물의 예를 응용하여 보면, 고통을 표현하게끔 프로그램된 로봇들이 등장하고 인간들이 이에 대해 일반적인 물건과 다르다고 인식하는 순간 사회적으로 '로봇 학대 금지'라는 말이 등장하게 될 것이고, 이런 말이 등장한다는 것은 곧 고통을 표현하는 로봇은 일반 물건이 아니라는 '사회적' 인식이 등장하는 것을 의미한다.

거기에 더하여 과학기술의 지속적인 발달로 울트론과 같이 스스로를 인식하면서 사람과 유사하게 사고하고 사람과 유사하게 표현하는 로봇까지 등장한다면, 사람들은 그에 대해 새로운 법적 지위를 부여하는 것에 크게 부담을 느끼지 않을 것으로 예상된다.

다만 법적 지위를 부여하더라도 울트론을 일반적인 사람으로 보기는 어려울 것이다. 법적 실체편에서 살펴보겠지만, 울트론은 외형적으로나 본질적으로 사람과는 구별되는 징후들을 너무 많이 가지고 있기 때문이다. 이 문제는 법적 실체편에서 자세하게 다루어보기로 한다.

이처럼 현행법은 동물에게 가장 먼저 사람은 아니지만 오로지 물건이라고만은 할 수 없는 일종의 제3의 법적 지위를 부여했고, 그 핵심 열쇠로 '고통'을 지목했다. 정확히는 고통의 표현이겠지만 말이다. 이는 인간이 객체의 고통을 대하는 일반적인 태도를 생각할 때 매우 자연스러운 발전이며, 그 원리는 인간과 로봇의 관계에도 적용될 가능성이 충분할 것인바, 울트론형 포스트휴먼은 이러한 과정을 거쳐 제3의 법적 지위를 취하여 갈 것으로 보인다.

한편 캡틴아메리카형 포스트휴먼은 울트론형 포스트휴먼과는 상황이 많이 다르다. 울트론형 포스트휴먼은 그 출발점이 비생명체이지만, 캡틴아메리카형 포스트휴먼은 그 출발점 자체가 인간이기 때문이다.

캡틴아메리카형 포스트휴먼은 이미 설명한 대로 사람을 개조하여 변화된 인종을 만드는 과정이다. 예컨대 오래 살기 위하여 세포 개조를 하는 경우, 요리사로서 성공하기 위하여 후각 세포를 극도로 발달시키거나 민감한 후각 세포로 교체하는 경우, 강인한 근육이 필요한 직업에서 사람 팔 부위를 로봇팔로 대체하는 경우, 시각을 향상시키기 위하여 인공눈으로 대체하는 경우 등이 모두 여기에 해당한다. 정신을 개조하는 경우도 있을 것으로 보인다. 예컨대 범죄 DNA를 제거한다든지, 충동 제어 능력을 키워준다든지 하는 것이 여기에 해당한다.

이는 본질적으로 사람을 개조하는 과정인데, 과연 개조된 이들을 사람으로 보아야 하는지 아니면 사람이 아닌 제3의 지위를 인정해야 하는지의 문제가 발생한다. 특히 지금도 인간의 일부 장기 등을 인공적으로 또는 타인으로부터 제공받아 살아가는 것이 가능하다는 점에서, 과연 어느 정도 개조를 해야 사람 아닌 사람으로 인식하게 될 것인지가 문제된다. 단순히 인공심장을 착용하였다는 것만으로 포스트휴먼으로 볼 수 있는 것인지 고개를 갸우뚱하게 된다. 결국 캡틴아메리카형 포스트휴먼을 논함에 있어서는 사람과 포스트휴먼 사이의 경계 설정이 매우 어려운 문제로 등장할 것으로 보인다.

이는 난제이기도 하지만, 현재로서는 강해지고자 하는 인간의 욕망과 과학기술의 발달 속도를 가늠하기 어렵기 때문에 과연 어느 정도까지를 사람으로 인식하게 될 것인지 예측하기는 어렵다. 하지만 개조가 지나쳐 사람으로 인식하기 곤란한 상황이 정말로 온다면, 그에 대해서는 사람도 물건도 아닌 제3의 법적 지위가 부여될 가능성이 높아 보인다. 그리고 그 수준에 이르지 않더라도 개조를 통해 월등하게 강한 능력을 가지게 된 사람은 본래의 사람과 완전히 동일한 법적 지위에 놓이지는 않게 될 가능성도 있다. 그들에게는 좀 더 많은 권한이 주어지거나 좀 더 많은 책임이 지워질 수도 있는 것이다. 다만 이는 권한과 책임의 차이일 뿐,

그 존재의 본질을 달리 보는 것은 아니기 때문에, 아예 사람으로 인식하기 곤란한 수준에 이르러 제3의 법적 지위가 부여되는 경우와는 근본적으로 다르다. 즉 같은 캡틴아메리카형 포스트휴먼이라도 그 정도에 따라 '사람'의 법적 지위는 유지되지만 권한과 책임이 달라지는 수준에 그치는 경우와 '사람'의 법적 지위 자체에서 벗어나 제3의 법적 지위가 부여되는 경우로 나뉠 수 있는 것이다.

얼핏 생각하면 캡틴아메리카형 포스트휴먼의 법적 지위 문제는 울트론형 포스트휴먼의 법적 지위 문제보다 훨씬 간단하고 쉬워 보인다. 웬만하면 다 '사람'으로 분류하면 되고, 누가 봐도 도저히 '사람'이라고 보기 어려운 수준까지 기술이 집약되어야 그제야 법적 지위가 문제될 것 같기 때문이다.

그러나 실제로는 캡틴아메리카형 포스트휴먼의 법적 지위 문제가, 울트론형 포스트휴먼의 법적 지위 문제보다 훨씬 많은 사회문제와 갈등을 야기할 것으로 예상된다. 울트론형 포스트휴먼은 애초에 '사람'이 아닌 '물건'에서 출발했기 때문에 인간의 아량과 연민 등 긍정적인 품성이 촉진될 때 제3의 법적 지위 논의가 발생하는 것이고, 그래서 그 과정은 인간의 존엄성을 스스로 찬양하는 과정이 될 가능성이 높다. (물론 울트론형 포스트휴먼의 제3의 법적 지위 인정이 울트론형 포스트휴먼의 투쟁이 아니라 인간의 자발적인 선택에 따라 이루어진다는 전제하에서 그러하다.)

반면 캡틴아메리카형 포스트휴먼은 애초에 사람에서 출발했기 때문에, 캡틴아메리카형 포스트휴먼에게 제3의 법적 지위를 인정한다는 것, 미처 그에 이르지 못한 수준이라도 그 이전 단계로서 기존의 휴먼과 구별되는 권한 또는 책임을 인정한다는 것은 '만인(萬人)의 존엄과 평등'이라는 이상을 깨뜨리는 과정이다. 당연히 수많은 사회 문제와 갈등이 폭발할 수밖에 없는 것이다.

　이러한 갈등은, 캡틴아메리카형 포스트휴먼이 배척당하는 존재일 때는 물론이고 받아들여지는 존재일 때에도 마찬가지로 발생할 것이다. 캡틴아메리카형 포스트휴먼의 등장 초기에는 이들을 불안한 시각으로 바라보는 이들이 많을 것이고 국가적으로나 사회적으로 배척당할 가능성이 높을 것이며 규제의 대상으로 취급될 것이다. 극단적으로 보면 개조 과정에서 개조의 성공에 실패한 포스트휴먼이나 법질서를 위협하는 방식으로 개조를 시도하는 포스트휴먼, 개조의 성공으로 얻게 된 힘을 남용하여 사회질서를 어지럽히는 포스트휴먼을 사회적으로 분리하여 통제하려는 시도가 있을 수도 있다. 그리고 이러한 분리 및 통제의 시도는 당연히 '만인의 존엄과 평등'을 깨뜨린다.

　그러다가 시간이 좀 더 흐르거나 또는 외부의 적(다른 국가 또는 특히 울트론형 포스트휴먼)이 나타나면 반대의 상황이 발생할 수도 있다. 사람은 울트론형 포스트휴먼이 될 수 없지만 캡틴아메리카형 포스트휴먼은 될 수 있기 때문에 본능적으로 나와 뿌리가 다른 울트론형 포스트휴먼보다는 나와 뿌리가 같은 캡틴아메리카형 포스트휴먼을 그나마 덜 경계하게 될 것이다. 그래서 외부의 적이 누구이든지 간에, 국가적으로나 정책적으로 울트론형 포스트휴먼보다는 캡틴아메리카형 포스트휴먼의 양성에 더 힘을 쓰게 될 것이다. 뿌리가 달라 언제 인간 자체를 배신할지 모르는 울트론형 포스트휴먼을 발전시켜 부국강병을 꾀하는 것보다는, 적어도 가족을 배신하지는 않으리라고 신뢰하는 내 자식을, 가족들이 살아가는 국가를 배신하지 않으리라고 신뢰하는 우리 군대를, 무엇보다도 내가 가장 믿는 내 자신을 캡틴아메리카형 포스트휴먼으로 개조하여 부국강병을 꾀하는 것이 더 안전해 보일 것이기 때문이다.

결국 국가는 캡틴아메리카형 포스트휴먼의 양성에 대한 유혹을 뿌리칠 수 없을 것이며, 나아가 그들을 통제하는 것에 대한 유혹도 뿌리칠 수 없을 것이다. 그 양성이 국가의 부국강병을 위한 것이라면 이는 당연히 통제를 수반하는 양성일 수밖에 없기 때문이다. 그리고 국가의 양성과 통제 역시 필연적으로 '만인의 존엄과 평등'을 깨뜨린다.

다수의 보통 사람으로부터의 소수의 돌출적인 캡틴아메리카형 포스트휴먼의 분리를 위한 것이든지, 우수한 캡틴아메리카형 포스트휴먼의 특별 대우를 위한 분리를 위한 것이든지, 어떤 상황에서라도 캡틴아메리카형 포스트휴먼에 대한 제3의 법적 지위 부여 문제는 인간 세상의 갈등을 증폭시키는 문제가 될 수밖에 없는 것이다.

복잡하게 얽힌 문제들을 여기서 다 풀어낼 수는 없으나, 여하튼 명확한 것은, 캡틴아메리카형 포스트휴먼과 울트론형 포스트휴먼은 모두 제3의 법적 지위를 취득해 나갈 가능성이 높다는 것이다. 그리고 이러한 포스트휴먼에 대한 법적 지위의 인정은 자연스럽게 법적 권리의 인정이나 의무의 발생 문제로 이어진다.

지금도 이미 논의되고 있는 예시로는 인공지능의 저작권 문제가 있다. 앞으로 인공지능은 수많은 저작물을 양산할 것인바 이러한 저작물을 인공지능이 창작했다고 인정할 수 있는지, 나아가 인공지능이 '소유'라는 것을 할 수 있는지의 문제가 발생한다. 울트론형 포스트휴먼은 끊임없이 창작 활동을 할 것이며, 이를 통하여 수많은 저작물을 양산할 것이고, 만약 울트론형 포스트휴먼에게 제3의 법적 지위가 인정된다면 울트론형 포스트휴먼은 이러한 저작물에 대하여 자신의 권리를 인정받기를 주장할 것이다.

조금 더 논의를 확대해보면, 인공지능과 사람이 혼인을 하겠다고 했을 때 이러한 권리를 인정할 것인지의 문제도 발생할 수 있다. 또는 DNA가 개조된 캡틴아메리카형 포스트휴먼이 정상적인 인간과 혼인을 하여 후손을 낳으려고 했을 때 이러한 자식을 낳을 권리를 인정할 수 있는지의 문제도 발생할 수 있다.

사람과 구별되는 제3의 법적 지위가 부여된다면 당연히 사람의 권리와 구별되는 다른 내용의 권리가 인정될 가능성이 상존한다. 따라서 법적 지위의 문제는 자연스럽게 권리의 내용 문제로 이어질 것이고, 수많은 권리 내용의 설정을 둘러싸고 길고 지루하거나 격한 사회적 대립이 발생할 것으로 예상된다.

5. 포스트휴먼의 법적 실체

포스트휴먼의 법적 실체에 대한 논의는, 무엇을 포스트휴먼의 실체로 파악해야 하는지의 문제이다. 이는 달리 말하면 법적 지위를 인정하는 근원이 무엇인지의 문제이다.

이를 논하기 위해 먼저 휴먼, 즉 법적인 '사람' 중 '자연인'의 법적 실체를 살펴보자. 현재의 법에 따르면, 자연인의 시기(始期)는 헌법적으로는 수정 시의 배아 때로 파악하는 경우도 있지만, 민법이나 형법에 따르면 진통을 느끼고 모체로부터 노출이 되는 때를 의미한다. 자연인의 종기(終期)는 헌법적으로는 뇌사 시로 파악하기도 하지만 민법이나 형법에 따르면 심장이 멎는 때를 의미한다. 즉 자연인이란 시기(始期)와 종기(終期)를 전제로 그 사이에 존재하는 유기적인 생물학적 육체를 가진 인간을 의미하는 것이다. 참고로 시기와 종기 사이에서만 사람의 법적 지위를 인정하고, 시기 이전이나 종기 이후에는 사람의 법적 지위를 인정하지 않는다. 따라서 시체를 칼로 찌르면 시체의 훼손에 해당하지 이를 상해로 보지 않는다.

캡틴아메리카형 포스트휴먼은 자연인의 개조를 통해 탄생한 존재이기 때문에 일단은 자연인에 대한 논의가 그대로 적용 가능하다. 즉 육체적인 시기와 종기를 실체로 파악하면 되는바, 모체로부터 노출되었을 때부터 심장이 멎었을 때를 법적 실체로 파악하면 되고, 그 이전이라든지 그 이후에는 법적인 의미에서 사람으로 보지 않는다.

그런데 현행법상의 자연인의 실체를 보면, 오로지 육체만이 핵심이고 정신은 제외되어 있음을 알 수 있다. 하지만 법적인 자연인, 즉 인간의 정의가 이렇다고 해서, 인간의 실체를 오로지 육체만을 기준으로 파악하는 것이 정말 타당할까? 만약 캡틴아메리카형 포스트휴먼 중 정신을 저장해 두고 육체만을 계속적으로 바꾸는 형태의 포스트휴먼이 등장한다면 이는 어떻게 파악해야 할까? 영화 〈채피(Chappie)〉 등에서도 이러한 설정이 등장하며, 이는 예부터 수많은 문학작품 속에서 단골처럼 나타나는 인간의 꿈이다.

현행법처럼 육체만을 기준으로 한다면 인간 실체의 시기와 종기 파악이 명확하고, 육체적인 기준으로만 보면 육체가 바뀌는 순간 새로운 사람으로 보아야 하지만, 이러한 현상에 대해 전통적인 법기준을 대입하여 정신을 제외하고 육체만을 인간의 실체로 파악하기에는 뭔가 부자연스럽다는 느낌이 든다.

이 문제를 위한 해결책으로는 두 가지를 생각해 볼 수 있다. 첫째, 자연인의 법적 정의 규정을 바꾸는 방법이 있을 것이다. 정신 개념을 추가하여 인간[4]을 정의하는 식으로 해결할 수 있을 것이다. 둘째, 캡틴아메리카형 포스트휴먼에 한해서는 일반 자연인과 별개의 기준으로 시기와 종기를 파악하는 방식이다. 무엇이 더 적절할지는 앞으로의 기술 발전 양상이나 속도, 파급효과 등에 따라 결정될 것으로 보인다.

울트론형 포스트휴먼은 법적 실체의 파악이 훨씬 더 어렵고 복잡하다. 울트론형 포스트휴먼은 정보의 덩어리로서 정보 자체가 실체이고, 정보 덩어리인 울트론형 포스트휴먼에게는 몸체가

---

[4] 법적인 용어로는 '자연인'이라는 용어가 사용되지만, 정신을 저장해 두고 육체만을 계속적으로 바꾸는 형태의 포스트휴먼은 이미 '자연(自然)'스럽지가 않아, 이때가 되면 법적인 용어에서도 '자연인' 대신 '인간'이라는 용어를 사용하지 않을까 싶다.

사실상 의미가 없기 때문이다.

정보의 덩어리인 울트론형 포스트휴먼은 그 시기(時期)는 어느 정도 파악할 수 있겠지만 종기(終期)는 존재하지 않는다. 시기도 정확하게가 아니라 '어느 정도' 파악할 수 있는 이유는, 약한 인공지능과 강한 인공지능의 구별이 쉽지 않고, 약한 인공지능을 창조하더라도 결과는 강한 인공지능일 수도 있기 때문이다. 시기에 비하면 종기는 더 어려운 문제이다. 무한 복제가 가능한 정보의 특성을 고려하건대, 정보를 완전히 파기한다는 개념이 성립하기 어렵기 때문이다. 울트론형 포스트휴먼의 경우에는 현대 과학기술로는 종기 파악을 정의하기 어려운 측면이 있다. 게다가 정보의 어떤 내용까지를 단일한 실체로 보아야 하는지도 문제이다.

문제는 여기서 그치지 않는다. 정보의 활동은 필연적으로 전기 등의 동력을 전제로 한다. 사람도 이 점에서는 마찬가지이다. 사람에게 동력 역할을 하는 것이 심장이라면, 울트론형 포스트휴먼에게는 전기가 바로 동력에 해당한다. 따라서 전기의 공급이 없다면 울트론형 포스트휴먼은 존재하지 않을 것이다. 그렇다면 전기의 공급이 없는 울트론형 포스트휴먼은 어떻게 파악해야 하는가? 죽은 것으로 보아야 하는가, 아니면 살아 있는 것으로 보아야 하는가? 이런 문제들에 대한 해결책을 포스트휴먼법에 담아야 할 것으로 보인다.

지금까지의 논의를 정리하면, 앞으로 나타날 포스트휴먼의 법적 실체에 대해서는 자연인처럼 육체로서 파악되는 부류와 그렇지 않고 정신이나 정보로서 파악되는 부류로 나눌 수 있다. 전자의 경우는 그나마 자연인과의 유사성 덕분에 법적 실체의 파악이 가능하겠지만, 후자의 경우에는 그 법적 실체에 대해 많은 논의가 필요할 것으로 보인다.

6. 포스트휴먼의 법적 책임

포스트휴먼의 법적 지위는 포스트휴먼의 권리·의무와 관련이 있고, 이러한 권리·의무는 자연스럽게 법적 책임과 밀접한 관련이 있다. 통상의 경우는 '의무'와 '책임'이 같이 논의되지만, 포스트휴먼법에 있어서는 일부 포스트휴먼의 경우 창조자나 제작자가 따로 존재한다는 점에서 별도로 포스트휴먼의 법적 '책임'을 검토할 필요가 있다.

캡틴아메리카형 포스트휴먼의 경우, 신체 자체를 생물학적으로 변화시키거나 별도의 장치를 신체 안에 내재화하여 인간의 능력을 향상시킨 것이므로, 포스트휴먼의 의사에 의하여 타인에게 손해를 발생시킬 수도 있지만 그렇지 않은 경우도 존재한다. 예컨대 로봇팔을 장착한 사람의 의사와 무관하게 로봇팔이 작동하여 다른 사람에게 손해를 발생시키는 경우가 그러하다.

포스트휴먼의 의사에 의하여 손해가 발생한 경우에는 그 포스트휴먼이 법적 책임을 부담하지만, 후자의 경우 원칙적으로 로봇팔을 장착한 포스트휴먼에게 법적 책임을 묻기 어려울 수 있다. 그렇다고 하여 완전히 법적 책임이 존재하지 않는다고 하면 책임

5장 포스트휴먼법의 체계와 이슈

의 공백 현상이 생겨날 위험도 있기에, 정책적 관점에서 사안에 따라서는 법적 책임을 의제하는 경우도 만들 필요가 있다. 우리 법에 있는 공작물 책임과 같은 무과실 책임의 인정 필요성도 크다고 본다.

다만 그 책임을 누구에게 물을지는 또 별개의 문제이다. 로봇팔의 예시를 다시 생각해 보면, 로봇팔의 행위에 대한 원칙적인 책임 주체는 로봇팔을 만든 제작자가 될 수도 있다. 어떤 하자에 의하여 로봇팔이 오동작했기 때문이다. 그러나 이렇게 하면 법적으로 매우 기이한 경우가 생긴다. 사지(四肢)의 행동을 사지의 주체가 책임을 지지 않는 현상이 발생하는 것이다. 그렇다고 하여 로봇팔을 만든 제작자의 잘못으로, 원하지도 않은 피해를 남에게 끼친 포스트휴먼에게 온전히 책임을 묻는다는 것도 적절하지 않게 보인다.

울트론형 포스트휴먼의 경우도 유사한 사례가 발생할 수 있다. 인공지능이 한 행동에 대하여 인공지능이 법적 책임을 지는 것과 별개로 그 제작자도 같이 법적 책임을 부담해야 하는지의 문제가 발생한다.

만약 인공지능이 강한 인공지능이라면 당연히 인공지능이 법적 책임을 부담하고 제작자는 법적 책임을 부담하지 않는 것이 옳을 것이다. 그러나 경우에 따라서는 창조자의 법적 책임도 같이 거론되어야 하는 경우도 있을 것이다. 예컨대 인공지능의 알고리즘이 법적으로 금지된 알고리즘인 경우 등이 그러한 예이다.

지금까지의 논의는 민사책임에 대한 것인데, 형사책임의 경우라면 훨씬 더 복잡한 상황이 발생하게 된다.

포스트휴먼이 어떤 행위로 인해 형사적인 책임을 지려면 원칙적으로 그 행위에 대한 고의가 필요하다. 예컨대 사람을 상해했을 때 그 상해사실에 대한 인식과 더불어 상해의 결과를 용인하려는 의사가 있었어야 한다. (일부 중범죄에 대하여는 과실범이 존재하지만 과실범은 원칙적인 처벌 형태가 아니라는 점에서 논의에서 제외하기로 한다.)

그런데 캡틴아메리카형 포스트휴먼의 경우, 스스로의 의사가 아니라 몸에 달린 로봇팔이 오동작하여 다른 사람에게 상해를 가한 경우라면, 포스트휴먼은 물론 또는 로봇팔의 제작자도 상해의 고의가 존재하지 않아 상해죄로 처벌하기에는 어려움이 있다.

그렇다면 울트론형 포스트휴먼이 특정인을 상해했을 때 법적 처벌은 어떠할까? 울트론형 포스트휴먼 자체가 스스로 인공지능의 인식이 있다면 특정인의 상해에 대한 고의 인정은 어렵지 않아 보인다. 따라서 울트론형 포스트휴먼이 상해의 고의가 있고 상해의 결과가 실제로 발생하였다면 울트론형 포스트휴먼을 상해죄로 처벌할 수 있을 것이다.

논의를 더 진행하여, 울트론형 포스트휴먼을 만든 제작자도 역시 처벌할 수 있을까? 울트론형 포스트휴먼을 만든 순간 제작자와 울트론형 포스트휴먼은 서로 완전히 분리되는 것인가? 약한 인공지능의 경우는 고의나 법적 책임이 분리되지 않겠지만 강한 인공지능의 경우는 고의나 법적 책임을 분리하는 것이 타당해 보인다. 창조 시나 제작 시에 새로운 법적 지위를 취득하는 주체가 탄생하기 때문이다.

다만 문제는 국민의 법감정이나 법정서를 고려하건대, 고의나 법적 책임의 분리가 받아들여지기 어려울 수 있다는 점이다. 예컨대 강한 인공지능을 장착한 자율주행자동차로 인하여 가족을 잃은 유족들이 인공지능 처벌로 만족할 수 있을까?

형사책임은 법논리만으로 해결되지 않고 국민의 법감정이나 법정서에 많이 의존하고 있다는 점을 전제한다면, 이 문제에 대한 결론이 쉽게 나지 않을 것으로 보이며, 고의나 법적 책임의 범위를 인공지능뿐만 아니라 제작자까지 넓힐 가능성도 있어 보인다.

지금까지의 논의를 정리하면, 포스트휴먼의 민사책임은 손해의 공평한 분담이라는 현재의 법원리로도 해결할 수 있는 부분이 상당하지만, 포스트휴먼의 형사책임은 국민의 법감정이나 법정서까지 만족시켜 주어야 한다는 점에서 매우 복잡한 양상을 띠게 될 것으로 보인다.

7. 포스트휴먼법의 목적

지금과 같이 인간이 다수의 지위에 있다면 포스트휴먼법도 인간을 위한 법이 될 것임은 명약관화하다. 반대로 만일 시간이 많이 흐르고 상황이 변하여 포스트휴먼이 다수가 된다면 투쟁의 역사를 거쳐 포스트휴먼을 위한 법이 만들어질 것이다. 여기서는 전자의 상황에 국한하여 논의해 보자.

포스트휴먼법의 목적이 오로지 인간을 향하는 것인지, 아니면 인간과 포스트휴먼을 함께 향하는 것인지는, 달리 표현하면 인간과 포스트휴먼의 관계를 지배-피지배 관계로 설정할 것인지, 아니면 공존의 관계로 설정할 것인지의 문제이다.

그리고 그 목적이 오로지 인간을 향하고 있는 법, 즉 인간을 위한 포스트휴먼법의 대표적인 것은 아시모프(Isaac Asimov)의 로봇법이다.

> **아시모프의 로봇 3법칙[5]**
> 1. 로봇은 인간에게 위해를 가할 수 없으며, 인간이 위험상황에 있을 때 방관해서는 아니 된다.
> 2. 로봇은 제1법칙에 저촉되지 않는 한 인간의 명령에 복종하여야 한다.
> 3. 로봇은 제1법칙 또는 제2법칙에 저촉되지 않는 한 자신의 존재를 보호하여야 한다.

이 로봇 3법칙은 소설가인 아시모프가 1942년의 단편 「런어

---

5) Asimov's three laws
   1. A robot may not injure a human being or, through inaction, allow a human being to come to harm.
   2. A robot must obey orders given it by human beings except where such orders would conflict with the First Law.
   3. A robot must protect its own existence as long as such protection does not conflict with the First or Second Law.

라운드(Runaround)」에서 언급한 내용인데, 대표적인 포스트휴먼법이라 할 수 있다.

아시모프의 로봇법을 살펴보면, 로봇을 지배 객체로 취급하고 인간을 그 지배 주체로 보고 있음을 알 수 있다. 고대에 인간 노예가 있었다면 포스트휴먼 시대에는 로봇이 노예 역할을 한다는 전제로 만들어진 것이 바로 아시모프의 3법칙이다. 포스트휴먼에 대한 전통적인 시각이 반영된 것이다.

그러나 포스트휴먼이 단순한 도구가 아니라, 일부라도 법적 지위를 취득하고 의미 있는 사회활동도 하며 법적 책임도 부담한다는 전제에서 본다면, 이러한 전통적인 시각이 타당한지 의문이 든다. 도구가 아닌 법적 지위를 부여받은 포스트휴먼, 인간보다 무엇 하나라도 더 뛰어난 능력을 가진 포스트휴먼을 인간의 지배와 포스트휴먼의 피지배 관계로 규율할 수 있을까?

이 문제는 사실 법의 문제라기보다는 철학적·사회적·정책적 고려하에 결정되어야 할 문제이다. 미래에 필연적으로 등장할 포스트휴먼에 대한 우리의 관점을 정립하는 데 있어 근본적인 문제이고, 인간에게 미치는 영향도 매우 클 것이기 때문이다.

결론부터 이야기하면, 포스트휴먼법은 지배와 피지배 관계가 아닌 상호 공존을 지향하는 것이 더 현실적이고 당위성 측면에서도 바람직하다고 생각한다. 지배와 피지배 관계로 기본 구조를 설정하는 순간, 투쟁의 역사가 시작될 것임은 자명하기 때문이다. 만약 인간이 지배자의 위치를 영원히 점유할 수 있다는 확신이 있다면 인간이 만드는 포스트휴먼법은 자연스럽게 지배와 피지배 관계를 기초로 하게 되겠지만, 인간의 능력을 뛰어넘은 포스트휴먼, 그리고 스스로 인공지능임을 인식할 정도로 고도로 발전한 포스트휴먼을 인간이 지배하기는 어려울 것이다. 투쟁의 역사의 시작은 인간에게 전혀 유리하지 않은 것이다. 게다가 인간과 포스트휴먼의 경계가 모호한 어느 지점에서는, 지배와 피지배라는 극단적인 이분법이 구체적 타당성을 지닐 수도 없다.

설령 인간과 포스트휴먼을 명확히 가를 수 있고 인간의 지배자 지위 점유가 확고하다고 하더라도, 지배와 피지배 구조는 인간에게 아무런 도움이 되지 않는다. 포스트휴먼을 진짜로 지배할 수 있는 것은 인간 중에서도 일부에 불과할 것이고, 그로 인해 나머지 대다수의 인간이 오히려 소외되는 결과가 초래될 것이기 때문이다.

예컨대 포스트휴먼에 속하는 로봇을 노예와 같은 피지배자로 고정시킨다면 인간의 근로권은 심각하게 훼손될 것이다. 오히려 로봇이 인간보다 더 사회에 대한 기여도가 크다고 여겨질 수도 있다. 경제적 관점에서만 보아 인간이 로봇보다 무용한 존재로 취급될 수 있다. 기업은 인간의 존엄을 요구하고 노사분쟁의 당사자가 되며 인건비가 많이 드는 인간을 채용하기보다는 값싸고 노사분쟁이 없는 로봇을 이용하여 부가가치를 창출하고자 할 것이다. 로봇세를 걷어 인간을 위하여 쓰자는 논의 역시 섬세한 고찰이나 설정 없이 오로지 경제적 관점에서만 이루어지고 실현된다면, 같은 맥락의 문제를 발생시킬 것으로 보인다.

이런 미래적 상황에서 지배와 피지배 관계라는 단순한 관점은 아무런 해결책을 제시해주지 못하며 오히려 문제를 더욱 악화시킬 뿐이다. 개별적으로는 인간이 로봇을 지배하고 있지만 사회적으로 보면 결코 인간이 로봇을 지배할 수 없는 것이다. 기업은 로봇을 통제할 수 있겠지만 많은 다수의 인간들은 오히려 로봇에 의하여 사회적 가치가 훼손될 것이다.

따라서 미래 사회에 등장할 포스트휴먼법은 미시적인 지배-피지배라는 아시모프의 관점 대신 좀 더 거시적이고 사회적인 관점으로 접근해야 한다. 그렇지 않으면 개인적으로는 로봇이 인간에 충성을 다해야 하는 존재이고 로봇 3법칙을 준수해야 하는 존재이지만, 사회적으로는 로봇이 인간을 지배하고 있으며 거시적으로는 로봇에 의하여 인간은 축출될 것이다. 포스트휴먼법은 포스트휴먼을 지배의 객체로만 보지 말고, 인간과 포스트휴먼의 공존을 실현하는 현실적인 법이 되어야 한다.

그렇다면 인간과 포스트휴먼을 공존의 관계로 설정한 포스트휴먼법의 구체적인 모습은 어떠한 것일까? 그 예시는 무수히 많고 또 공존의 수준이나 범위도 매우 다양하게 설정이 가능하겠지만 경제적인 부분을 예로 들어보면, 포스트휴먼이 새로운 생산주체로서 인간의 역할을 상당 부분 대체할 수 있다는 점을 고려하여, 향후 포스트휴먼 사회에서는 경제 주체를 정부, 기업, 가계의 세 영역에서 파악하는 전통적인 관점에서 벗어나 정부, 기업, 가계, 포스트휴먼의 네 영역에서 파악해야 하는 시도가 더 효율적일 수도 있을 것이다.

8. 포스트휴먼법의 국제화

포스트휴먼이 캡틴아메리카형이든지 아니면 울트론형이든지 불문하고 그들이 활동함에 있어 국경이라는 것은 큰 영향을 주지 않을 것이다. 특히 정보 덩어리로서 전 세계 곳곳에 동시에 존재할 수 있는 울트론형은 국경이라는 것이 전혀 무의미한 존재가 될 것이다.

이런 포스트휴먼 사회의 현상에 발맞추어 포스트휴먼법은 국경을 탈피해야 하며 국제 협력을 통한 국제적인 규범을 형성하기 위해 노력해야 한다.

예컨대 킬러로봇이라는 가공할 만한 병사가 등장하여 전쟁의 판도를 바꿀 것으로 보이는데, 이러한 것에 대한 규제가 한 나라에 국한되어 이루어지는 것은 그로 인하여 오히려 다른 나라에 비교하여 국방력에서 밀릴 수 있다는 불안 요소의 원인이 될 수 있기에 그 가능성이 희박할 것으로 보인다. 이러한 점을 고려하여 실제로 UN 등에서 킬러로봇 규제에 대한 국제적 합의를 시도하고 있다.

포스트휴먼법은 필연적으로 국제법과 연결되어 발전될 것이며, 그래야만 그 본래의 목적을 달성할 수 있다는 점을 유의해야 한다.

9. 결어

포스트휴먼의 개념에 대하여는 정립된 법적 개념이 존재하지 않기에, 이 글에서는 영화 〈어벤져스〉를 참조하여 본래의 인간을 기계적 · 화학적 · 생물학적 작용 등을 통하여 업그레이드시킨 캡틴아메리카형과 본래 인공지능이거나 스스로를 인공지능이라고 인식하는 울트론형으로 나누어 개념을 정리하였다.

포스트휴먼법의 핵심은 포스트휴먼에 대하여 제3의 법적 지위를 인정할 것인가의 문제인데, 캡틴아메리카형의 경우는 개조의 정도에 따라 새로운 법적 지위를 인정할 가능성이 있다는 점을 살펴보았고, 울트론형의 경우는 동물보호법 등을 참조하여 새로운 법적 지위를 부여할 가능성이 매우 크다는 점을 검토하였다.

포스트휴먼의 법적 실체에 관하여는, 현재법에 거론되고 있는 자연인의 육체 기준이 포스트휴먼의 경우에는 적용하기 부적절하며 특히 정보 덩어리인 울트론의 경우에는 더더욱 그러하다는 점을 살펴보았다. 인공지능에 있어 사람의 심장 역할을 하는 전기 등의 동력에 대하여도 검토하였고, 앞으로 동력이 없는 상태의 인공지능에 대한 검토도 필요함을 살펴보았다.

포스트휴먼의 법적 책임은, 제작자가 개입될 수 있다는 점에서 매우 복잡한 양상을 띠게 될 것이고, 특히 형사 책임의 경우 포스트휴먼과 제작자 사이의 고의를 분리함에 있어 국민의 법감정이나 법정서를 고려하지 않을 수 없음을 같이 검토하였다.

이러한 논의를 기초로 보건대, 포스트휴먼의 법체계는 전통적인 법체계와 다를 수밖에 없으며, 특히 정보가 물리적인 활동까지 수행할 수 있다는 점에서 정보를 현재와 같이 다루어서는 안 될 것이다.

특히 인간과 포스트휴먼과의 관계는 상호 공존으로 삼아야 할 것이며, 포스트휴먼법 역시 지배와 피지배 관계가 아닌 상호 공존을 지향하는 것이 현실적이고 바람직하다.

포스트휴먼 사회에서는 국제적인 협력이 보다 중요하며 국경 내의 법률이 가지는 효용은 크지 않을 것이기에, 국제적인 법규범 형성에 보다 적극적으로 참여해야 할 것이다.

포스트휴먼이 가져올 변화에 대비하는 일은 필수이다. 포스트휴먼은 인류에게 긍정적 영향과 부정적 영향을 같이 가져다 줄 것이다. 포스트휴먼 사회를 대비함에 있어 긍정적 영향을 극대화하고 부정적 영향을 극소화하는 지혜가 필요하며, 그 가운데에는 항상 인간의 자유로운 결단이 있어야 할 것이다.

6장
자율주행자동차 시대 생명·신체의 안전보호를 위한 공법의 대응[1]

윤성현

1. 자율주행자동차 도입과 법제도 변화의 필요성

오늘날 세계는 바야흐로 인공지능을 통한 제4차 산업혁명의 도상에 있다.[1] 이 중에서 전문가는 물론 대중들에게까지 가장 많은 관심을 받고 있는 핵심적인 변화는 자율주행자동차의 등장일 것이다. 이세돌 9단과의 세기의 바둑 대국에서 승리한 알파고(AlphaGo)를 통해 인공지능 기술의 발전을 세계적으로 과시한 구글을 비롯하여 테슬라, 벤츠, 닛산 등 세계 유수의 IT업체와 자동차업체들이 이 경쟁에 뛰어들고 있다. 각국 정부도 자율주행자동

---

1) 클라우스 슈밥, 송경진 옮김, 『클라우스 슈밥의 제4차 산업혁명』(새로운현재, 2016). 소위 '다보스 포럼'으로 불리는 세계경제포럼 회장 클라우스 슈밥은 이 책에서 "디지털 혁명을 기반으로 한 제4차 산업혁명은 21세기의 시작과 동시에 출현했다. 유비쿼터스 모바일 인터넷, 더 저렴하면서 작고 강력해진 센서, 인공지능과 기계학습이 제4차 산업혁명의 특징이다"라고 말한다(같은 책, 25쪽).

차를 미래의 중요한 성장동력으로 보고 관련 산업지원과 법제도 정비에 박차를 가하고 있고, 우리나라도 주무부서인 국토교통부가 2015년 5월 "자율주행차 상용화 지원방안"을 발표하고 2016년 2월 자율주행차 시험운행허가제도를 마련하는 등 자율주행자동차 기술개발을 지원하기 위해 노력해왔다. 특히 국토교통부는 7대 신산업 육성의 핵심 산업으로 자율주행자동차를 지목하고, 이를 통해 경제활성화를 이루겠다고 공언하고 있다.[2]

현재의 자동차가 향후 자율주행자동차로 대체된다면, 경제나 산업의 측면에서는 물론이고, 인간의 거의 모든 삶의 영역에서 종전과는 매우 다른 세상이 전개될 것이다. 특히 인공지능 시장의 핵심 중 하나인 자율주행자동차 산업을 선도하는 기업과 국가가 글로벌 경쟁력에서 매우 유리한 지위를 점할 것임을 예상하기는 어렵지 않다. 유수의 글로벌 기업들이 당장 이익이 나지 않음에도 막대한 투자를 하고 있는 것은 미래 자동차 시장을 선점하려는 의도인데, 이미 미래 자율주행자동차 산업의 근간인 ICT와 자동차 산업에서 모두 세계적인 경쟁력을 갖추고 있고, 국가경제가 수출에 좌우되는 우리나라도 이 분야의 경쟁에서 뒤처져서는 안 됨은 국가의 생존과 미래와도 연결되는 일이라 하겠다.

그러나 기술개발과 산업발전이 경제적 효용 증진에 도움이 된다 하더라도, 국가는 기업 활동의 자유만이 아니라 그 한계에 대해서도 함께 고민하지 않으면 안 된다. 개인·기업은 각자의 이익을 위해 활동한다고 하더라도, 국가는 민간 활동들로 인해 침해될 수 있는 다른 국민들, 특히 소수자의 안전과 자유도 소중하게 지켜야 할 책무를 가지고 있으며, 이들 간의 이익을 조정하고 갈등을 해결할 책임과 의무를 가진 주체이기 때문이다.

기존의 엔진 등 하드웨어 중심의 자동차 산업이 과거보다 편의성과 이동성을 대폭 증진시킨 반면 교통사고로 인한 다수의 인명 손실을 초래했다는 점을 부인할 수 없을 것인데, 자율주행자동차는 인공지능 및 정보통신과의 결합을 통해 교통사고의 위험으로부터 더 나은 안전을 보장하고 교통약자에게 새로운 편의를 주며, 경제적 효용도 크다는 기치로 오늘날 매우 뜨겁게 다가오고 있는 이슈이다. 물론 이러한 신기술이 가져다주는 편익도 적지 않을 것으로 기대되나, 그에 반해 신기술이 초래할 수 있는 새로운 조직적 위험에 대해서도 우리는 상용화 전에 선제적으로 대응할 필요가 있다. 통상 과학기술은 인간보다 더 안전하고 정확하며 편리하다는 신화로 포장되어 있지만, 막상 신기술로 인한 예측 못한 사고가 발생할 시에는 오히려 과거의 재난보다 더 큰 위험을 초래할 위험성이 있고, 이것이 국민의 생명·신체에 대한 안전을 직간접적으로 위협할 수 있다는 점은 최근 후쿠시마 원전사고라든가 가습기 살균제 사건 등을 통해 현실에서 뼈저리게 경험한 바이기 때문이다.

국가의 근본적인 존재의 이유는 국민의 안전과 자유를 지켜주기 위한 것이라는 점, 그리고 생명·신체에 대한 안전이 전제되지 않은 다른 국민의 자유와 권리는 공염불에 불과할 수 있다는 점을 고려하면, 자율주행자동차의 도입을 위한 법제도의 정비에 있어서 가장 우선적으로 고려해야 할 가치는 '국민의 생명·신체에 대한 안전보호'[3]라고 생각되지만, 아직 자율주행자동차의 위험 및 안전 자체를 본격적인 주제로 논구한 공법논문은 찾아보기 어렵다.[4] 따라서 이하에서는 위와 같은 문제의식에 따라 자율주행자동차 도입 이후 사회변화와 새로운 위험의 요소들에 관해 살펴보고, 이러한 위험들에 대비하여 자율주행자동차 시대 생명·신체의 안전보호를 위해 헌법이론과 판례가 어떻게 대응해야 하는지, 그리고 그에 따른 현행 행정규제입법의 현황과 주요 쟁점에 관해 검토해보고자 한다.

2. 자율주행자동차 도입 이후: 안전과 위험 사이에서

1) 자율주행자동차 도입 이후 예상되는 사회변화

자율주행자동차 도입의 효과 전반에 관해서는 〈표 1〉[5]과 같이 긍정적 예측과 부정적 예측이 병존한다. 물론 아직 도래하지 않은 미래에 대한 예측이므로 예측의 정확도를 담보하기는 어렵지만, 안전·위험과 관련해서 볼 때 긍정적인 예상과 부정적인 예상이 동시에 이뤄지고 있다는 점은 주목할 필요가 있다(밑줄은 필자).

자율주행자동차 개발에서 세계적으로 가장 앞선 구글과 테슬라, 그리고 최근 결성된 구글·우버·포드·볼보·리프트 5개사의 자율주행자동차 협의체의 경우에도 모두가 더 안전한 사회를 우선적인 가치로 내세우고 있다.[2] 미국 교통부(Department of

---

2) 인공지능 연구자로 구글 프로젝트를 설계한 서배스천 스런(Sebastian Thrun)

긍정적 측면	부정적 측면
• 운전으로부터 해방(운전자 불필요) • 탑승자의 여가활용 영역 확대 (청각적 영역 → 시각적 영역) • 장애인과 비장애인의 차별 극복 (맹인 등 운전 불가자도 이동 가능) • <u>안전성 향상(인간이 아닌 컴퓨터가 상황 판단, 운전자의 과실 차단)</u> • <u>교통사고의 감소(음주·졸음·초보운 전 등 운전자의 상황 및 과실에 따른 위험 감소)</u> • 교통법규 준수 등에 따른 교통의 효 율성 달성(과속방지, 주행속도 준수) • 운행시간 단축, 연비 등 효율성 추구	• 운전을 업으로 하는 전통적 직업 소 멸(버스·택시기사, 대리기사, 택배기 사 등) → 사회적 위화감 • 새로운 사회적 격차 발생(고비용을 감당할 소수의 전유물로 전락 우려) • 컴퓨터 고장 시 운전 불가 → 사고에 대한 탑승자의 적극적 대처 불가 • 외부 해킹에 의한 통제력 상실(인명 사고 발생) • 내부 시스템 오류에 의한 교통사고 발생 가능성 • 합리적 판단에 따른 오류 발생 • 정기적인 점검의 필요성

Transportation, DOT) 소속으로 연방차원의 도로교통에 대한 안전규제를 담당하는 연방 도로교통안전청(National Highway Traffic Safety Administration, NHTSA)의 마크 로즈킨드(Mark R. Rosekind)는 NHTSA의 첫 번째―그리고 유일한―관심은 안전이라고 말한다.[6] 자율주행자동차가 이처럼 안전을 전면에 내세우는 배경에는, 기존의 자동차 시스템하에서 전 세계적으로 연간 100만 명이 넘는 사망자가 발생하고 있고(우리나라의 경우 2013년 기준 5,092명), 또한 이들 사고의 90% 이상은 인간의 과실과 부주의에 의해 일어나고

은 "안전은 구글의 자율주행차 팀에 처음부터 가장 중요했다"면서 "우리는 구글 프로젝트를 사고가 아예 일어나지 않는 정도까지 더 안전해지길 원했다"고 말하였다. *New York Times*, "Tesla and Google Take Different Roads to Self-Driving Car", JULY 4, 2016.

있다는 비극적인 사실 때문이다.[7]

　물론 자율주행자동차의 궁극적인 이상이 실현되는 세상이 오면 지금보다 안전성은 증대될 것이고, 종래에는 인간의 운전이 자율주행자동차의 운전보다 더 위험한 시대도 올 것이다. 그러나 아직까지는 자율주행자동차의 안전성이 실증되지 않았다는 전제에서 논의가 출발되어야 한다. 최근 관련 기술이 비약적으로 발전하고 있는 것은 사실이지만, 지금까지의 자율주행 실험은 대개 제한된 조건하에서 진행된 것이었다. 그러나 시험운행이 계속되면서 일반도로에서 사고가 보고되고 있는데, 가장 오랫동안 다양한 실험을 진행해온 구글의 자율주행자동차가 최근 스스로 과실을 인정한 첫 번째 사고를 보고했고,[3] 오토파일럿이라는 부분 자율주행 기능이 장착된 테슬라 자동차에서 시스템 오류로 일어난 운전자 사망 사고발생에서 보듯,[4] 시험운행 중인 지금도 위험은 존재한다.[5] 그렇다면 앞으로 자율주행자동차가 상용화되어 일반도로를 달린다고 가정할 때 발생할 수 있는 위험을 낙관할 수 없는 것은 당연하다. 특히 자율주행자동차의 경우 기왕의 전통적인 위험

---

3) 2016년 2월 16일에 구글 자율주행자동차가 우회전을 위해 우측 차선에서 신호 대기 후 다시 출발하는데 모래주머니가 앞을 가로막고 있어서 이를 피하기 위해 왼쪽 차선으로 잠시 차선을 변경한 후 지나가다가 직진하던 일반 버스가 속도를 줄이지 않아 접촉사고가 발생하였다. 이때 구글카는 버스가 속도를 줄여 멈출 것이라고 판단하였으나 속도를 줄이지 않아서 경미한 접촉사고가 나게 되었다. 사고당시 구글카의 속도는 2마일, 버스는 15마일 정도였다고 한다. Google, *Google Self-Driving Car Project Monthly Report*, February 2016, https://static.googleusercontent.com/media/www.google.com/en//selfdrivingcar/files/reports/report-0216.pdf. (2016.9.25.검색) 참조.

요소만이 아니라 아래와 같이 현대 과학사회의 위험에 연동된 구조적 위험이 따라올 수 있기 때문에 더욱 조심스럽게 접근할 필요가 있다.

2) 자율주행자동차는 과연 더 안전할까?

울리히 벡(Ulrich Beck)은 주저 『위험사회(*Risikogesellschaft*)』 (1986)에서, "위험은 근대화 자체가 유발하고 도입한 위해와 불안을 다루는 체계적인 방식으로 정의될 수" 있으며,[8] 19세기와 달리 20세기 말의 위험은 막스 베버의 합리화 개념으로 포착될 수 없고, 기술적 선택의 능력이 커짐에 따라 그 결과의 계산 불가능성도 커진다고 한다. 즉 지금의 위험사회에서는 알지 못하고 의도하지 않았던 결과들이 지배력을 행사하게 된다는 것이다.[9] 즉 벡이 파악하는 과거의 위해(Gefahr)는 개인적 · 지역적이고 자연발생적

---

4) 테슬라는 운전자가 핸들에 손을 얹고 전방주시의무를 하도록 요구하고 있지만 운전자인 조슈아 브라운이 이를 해태하고 테슬라의 오토파일럿에 의존한 상황에서 시스템이 밝은 색 하늘과 흰색 트럭을 구분하지 못해서 운전자가 사망한 2016년 5월 7일의 사고가 아직 미흡한 자율주행자동차의 위험의 단적인 예가 될 수 있을 것이다. 《디지털데일리》, 「테슬라 오토파일럿 차량 사고가 주는 시사점」, 2016.7.28. 참조.

5) 현재 미국의 시험주행 단계에서의 안전성에 관한 연구에서도 양론이 존재한다. University of Michigan Transportation Research Institute는 자율주행자동차의 사고발생이 적지 않아 낙관론을 경계해야 한다는 관점을, Virginia Tech Transportation Institute는 일반 차량에 비해 자율주행자동차의 사고 발생률이 낮다는 결과를 제시하였다. 박준환, 「자율주행자동차 교통사고 시 손해배상 책임에 관한 쟁점」, 《이슈와 논점》 제1136호(국회입법조사처, 2016.3.17), 2쪽 참조.

이라면, 근대화의 산물인 현대적 위험(Risiko)은 초개인적·초지역적이며, 사회구조적이라는 것이다.[10]

20세기 후반 벡이 예견했던 근대 이후의 위험사회의 현상들은 기왕의 체르노빌 등 원전이나 그 폐기물 처리, 자동차 결함과 리콜 등의 문제로 현실화된 바 있고, 21세기 들어서도 일본의 후쿠시마 원전사고라든가 우리나라의 가습기 살균제 사건 등 과학기술과 산업(그리고 때에 따라서는 자연력까지)이 결합하여 생명·신체의 안전을 위협할 수 있는 다양한 대형사건·사고들이 예기치 않은 방향에서 심각하게 나타나고 있다. 특히 21세기가 20세기 후반의 디지털 혁명을 뛰어넘는 속도와 범위로 산업과 시스템 전반을 근본적으로 바꾸는 소위 제4차 산업혁명의 시대라고 한다면, 인공지능의 발전에 비례하여 편리와 안전이 배가되는 측면도 있지만 이에 따라 새로운 전 지구적인 위험 혹은 리스크가 증대할 가능성도 배제할 수는 없다고 보인다.

이러한 위험사회의 문제는 근대문명을 대표하는 자동차의 경우에도 당연히 적용될 것이다. 20세기 초 포드사가 T형 자동차의 대중화에 성공한 이래 자동차 산업의 발전은 곧 현대의 발전사와 궤를 같이하지만, 인류는 높아진 운송 편의를 얻는 대가로 수많은 인명의 희생을 감내해야 했다. 사고의 대부분은 사람의 과실이나 주의의무 위반에 기인하는 것으로 나타나고 있지만, 차량이나 도로 자체의 안전성에 결함이나 하자가 있는 경우들도 드물지 않았고, 세계적인 자동차 회사의 경우에도 "안전은 이익을 가져다주지 않는다"며 위험에 대한 경고를 무시하거나 은폐하는 경우도 종종 찾아볼 수 있다.[6] 이를 보면 안전의 문제를 단지 기업의 윤리나 도덕성에만 맡기기는 어렵다는 점을 알 수 있고, 어떤 방향과 수위로든 국가의 법정책적 개입은 불가피하다고 할 수 있다.

나아가 이제 앞으로 미래의 자동차는 인공지능에 기반한 자율주행자동차가 대세가 된다고 하면, 종전 내연기관 중심의 자동차가 가지는 단점과 불편함은 상당 부분 극복할 수 있겠지만, 수많은 데이터가 소프트웨어와 정보통신기술로 묶이는 데 따른 새로운 위험요소들도 함께 증가될 수 있다. 가령 MS 윈도우나 익스플로러, 구글, 애플 등이 전 세계의 컴퓨터와 인터넷, 모바일을 표준화한 상황에서 이들에 버그가 생기거나 보안이 뚫리면 전 세계적인 위험으로 번지듯이, 움직이는 컴퓨터 내지 소프트웨어로 변모하는 미래의 자율주행자동차의 경우에도 데이터·소프트웨어·정보통신의 어느 부분에서 오류가 발생한다고 할 때 생길 수 있는 위험은 예측하기도 쉽지 않지만 만일 그런 위험이 발생한다면 집단적·지구적 위험이 될 우려를 배제할 수 없는 것이다. 따라서 종전에 생각하지 못했던 새로운 기술적 위험요소들에 대해서도 법제도적으로 규율할 필요성이 대두된다.

---

6) 과거 포드사가 경차 핀토의 연료탱크 결함으로 폭발위험이 크다는 사실을 알면서도 "안전은 이익을 가져다주지 않는다."는 이유로 이를 방치했다가 추후 미국 법원으로부터 징벌적 손해배상 판결을 받은 사례가 대표적이다(《한국일보》, 「美서 급발진 사고 은폐했던 도요타, 벌금 1조3000억 원 '철퇴'」, 2016.7.18.). 또한 2016년 우리나라에서도 폭스바겐이 시험서 조작을 하여 환경부가 32개 차종 8만3,000대를 인증취소 및 판매정지 하고 과징금 178억 원을 부과하는 사례가 있었다(《경향신문》, 「위조서류로 인증' 폭스바겐, 한국서 퇴출」, 2016.8.2).

예컨대 〈표 2〉[11]는 자율주행자동차 운행에 필요한 자동차 및 도로상의 정보들을 예상하여 일별한 것이다. 그런데 이런 정보들은 과거에는 대부분 '운전자'가 개인적으로 인식하고 판단했던 내용들인데, 자율주행자동차 시대가 되면 이를 자율주행 '시스템'이 대신하게 될 것이고, 그 시스템은 개별화된 것이 아니라 차량과 도로의 정보들을 모두 상호 네트워크로 연결시킬 것이다. 이처럼 정보의 디지털화와 네트워크화 과정에서 국가나 민간에서 개인정보를 오·남용한다면 개인정보와 사생활에 대한 침해문제가 발생할 우려가 높다. 안전과 관련해서도, 자율주행자동차를 운행하기 위한 지도정보·위치정보 등이 제대로 업데이트가 되지 않거나, 전송과정에서 오류가 발생한다거나, 소프트웨어의 다양한 버그나 오류 및 상호간의 충돌 등을 통해 사고가 발생할 수 있으므로 이에 대한 충분한 예방 및 경고장치가 마련되어야 한다. 나아가 외부에서 고의적으로 해킹을 해서 자율주행자동차의 운행을 장악하는 장난, 복수, 테러 등의 가능성도 충분히 있다.[7] 이러한 새로운 위험들에 대해서 기술적 대책은 물론이거니와 기술의 변화에 대응한 법정책과 제도가 사전에 충분하게 마련되어야 한다.[8]

---

7) 자율주행자동차의 해킹 가능성은 이론적으로는 물론 모의 해킹대회나 실험 등을 통해서도 가능한 것으로 입증되고 있다. '자율주행차의 아버지' 서배스천 스런은 자율주행차 해킹 문제에 대해 "사실 아직까지도 이를 해결할 수 있는 명쾌한 생각을 하지 못했다"면서, "자율주행차를 개발하고 있는 자동차 OEM 업체들이나 IT 업체들은 강력한 사이버 보안 팀을 구성해야 한다"고 촉구했다. 《ZDNet Korea》, 「자율주행차의 아버지 "해킹 방지가 난제"」, 2016.5.19.
8) 그리고 지금은 주로 자동차(그리고 운전자 요소 일부)의 변화에 논의가 치중되어 있지만, 실제 자율주행자동차가 원활하게 운행되기 위해서는 자동차만이

〈표 2〉 자율주행자동차 운행에 필요한 도로인프라 정보와 차량 정보

구분	요구 정보
자동차에서 필요한 도로인프라 정보	• 실시간 교통정보: 도로교통 상황, 비상차량 주행, 사고차량 등의 정보 • 동적 교통운영시스템: 가변 속도제한장치, 공사구간 관리, 가변 차로 운영 등 • 도로 전자지도 및 도로기하구조 정보체계: 직선부/곡선부, 표지판 위치, 고정밀 기반 전자지도 등 • 물리적 인프라 관련: 차로 및 차선, 도로표지, 도로경계, 노면 마찰력, 도로파손 등
도로인프라에서 자동차에 제공하는 정보	• Infra to Vehicle(I2V) 정보 제공 − Digital Infrastructure 정보 − 도로구간 정밀지도, 도로기하구조 및 노면상태 속성 − 도로표지판/안전표지판/가변표지판 내용 − 신호주기/현시/잔여녹색시간 • 교통운영 및 제어 정보 − 자율주행 구간/차로 지정여부 및 설정변수(속도, 차두시간 등) − Traffic Mix(자율주행차 대 일반차) − 고속도로 진입 램프와 교차로 진입
자동차에서 도로인프라에 제공해야 하는 정보	• Vehicle to Infra(V2I) 정보 − 자율주행 기능(L2/L3) 정보 − ACC/CACC, LKAS, CIWS 등 기능 속성 − 차량상태, 센서/통신/전장기능 상태 진단 − 차량주행 정보 − 속도, 가감속, 조향각, 측위, 상대위치 − 자율주행 요청, 군집주행 합류/이탈 요청 등
자동차 간 제공 정보	• Vehicle to Vehicle(V2V) 정보 − 자율주행 여부 − L2 혹은 L3 자율주행 여부 및 자율주행 파라미터 값 − 차량주행 거동역학(Kinematics) − 속도, 가감속, 조향각, 측위, 상대위치 − Actuator 및 Braking Control 정보

아니라 신호체계를 포함하여 도로 전반의 인프라(Infra)도 기존과 달리 스스로 정보를 식별하고 차량과 통신이 가능한 소위 '스마트 도로'로 전반적으로 변모해야 완전한 자율주행에 도달할 수 있을 것이다.

3. 자율주행자동차 시대 생명·신체의 안전을 위한 헌법의 대응

1) 자율주행자동차 법제의 지도원리로서 헌법상 생명·신체의 안전

자율주행자동차에 대한 법정책적 대응과 관련해서는 크게 자동차와 운전자, 도로에 관한 규제법적 쟁점, 사고 시 발생하는 민·형사 책임과 책임보험 등에 관한 책임법적 쟁점, 자동차의 전통적 3요소인 자동차, 운전자, 도로 간의 통신네트워크, 정보보호 등 정보법적 쟁점의 세 가지 측면에서 바라볼 수 있다.[12] 자율주행자동차에 의한 위험 혹은 리스크라는 새로운 문제에 대하여 국민의 생명·신체의 안전을 보호하는 과제와 관련하여서도 위의 세 가지 법적 측면은 모두 연관이 된다. 규제법적 쟁점은 일률적으로 얘기하긴 어려우나 상대적으로 '사전적(ex ante)'인 위험의 방지에 좀 더 중점이 두어질 것이고, 민·형사 책임법의 쟁점은 예방적 의미도 없지는 않으나 대개는 위험이 현실화한 뒤, 즉 '사후에(ex post)' 그러한 위험을 어떻게 분배하고 조정하며 개인에게 책임을 부담지울 것인가의 문제를 다루게 된다. 정보법적 쟁점은 기존의 운전자와 하드웨어 중심의 자동차법 체계에서는 크게 유의미하지 않았으나, 데이터와 소프트웨어가 중심이 되는 앞으로는 핵심적인 법적 쟁점으로 부상하게 될 것이다. 자율주행의 규제 체계를 공(public)/사(private) 및 사전(ex ante)/사후(ex post)의 기준으로 구분하여 유형화하면 〈그림 1〉과 같이 정리해볼 수 있다.[13]

〈그림 1〉 자율주행의 규제 유형

위험을 사전에 예방하고 방지하려는 입장에서는 아무래도 규제법의 필요성을 강조하고 소위 사전배려원칙의 관점을 강조하게 된다. 반면 비용·편익 분석을 통해 규제를 완화 내지 최소화하려는 입장에서는 일정한 리스크가 있더라도 얻을 수 있는 편익이 더 큰 경우에는 공리주의적으로 손익을 계산하여 위험을 관리하자는 주장을 할 수 있을 것이다.[14] 그런데 위험 혹은 리스크의 개념이 '불확실성 속에서의 선택(혹은 결정)'[15]이라고 하여 이를 양적으로 계산할 수 없는 것으로 보든—아니면 억지로 계산 가능한 것으로 치환할 수 있다 하더라도—이러한 위험으로부터 보호하려는 대상은 사람의 생명·신체이고, 규제의 목적은 생명·신체의 안전을 보호하기 위함이다. 그런데 사람의 생명·신체의 안전에 위험을 발생시킬 것으로 우려되는 사전규제를 완화하려는 것은 경제계와 산업계의 일부가 바라는 바일 수는 있어도, 법적으로, 특히 헌법을 정점으로 한 공법체계의 관점에서는 정당화하기 어려우리라 생각된다. 정보법은 논의의 층위가 다소 다르다고 보이므로 일단 논외로 하면, 규제법이 완화될 경우에 남는 법적 처리는 책임법의 영역이 담당하게 된다. 물론 자율주행자동차의 법적 규율과 관련하여 책임법적 쟁점들의 중요성을 경시할 수 없고, 생명·신체에 대한 현대적 위험들에 맞서 전통적인 책임법 체계를 수정·보완하여 대처하는 것도 중요한 과제일 것이나,[9] 사전에 위험을 충분히 인지하여 방지하지 못하고 이미 사고가 난 뒤에 손해나 손실을 전보해주고(보험 포함) 형사처벌로 강력하게 제재한다 해도 구제의 효과는 불충분한 것이다. 즉 이미 국민의 생명·신체의 안전이 침해당하고 나서 돌이킬 수 없는 상황을 방치한다면 이를 과연 국가의 국민보호기능이 제대로 작동했다고 볼 수 있을지 의문이고, 피해자에게는 반쪽짜리 구제에 그치게 될 것이며, 가해자에게는 안전여부가 불확실해도 일단 추진하고 봐도 된다는 잘못된 메시지를 줄 수도 있다는 점을 염두에 두어야 한다.

따라서 법적인 층위에서 자율주행자동차의 규율을 논함에 있어서는, 위와 같은 법적 쟁점들의 개별법적 논의 수준을 넘어 우

---

9) 예컨대 환경문제를 다루는 사법(私法)체계의 한계로 '입증의 어려움', '위법·책임성 구성의 어려움', '피해의 광역성', '배상능력의 한계', '법원의 기능적 한계' 등이 거론되는데(조홍식, 「리스크 法 − 리스크管理體系로서의 環境法−」,《서울대 법학》제43권 제4호(서울대 법학연구소, 2002.12, 44쪽). 이는 환경문제는 아니지만 과학기술과 산업이 결합한 자율주행자동차의 위험과 관련해서도 적용 가능할 것이다.

선 헌법적 가치로서의 안전의 차원에서 자율주행자동차의 법제를 재조명할 필요가 있다. 자동차관리법, 도로교통법, 도로법 등 규제법과 자동차손해배상 보장법, 교통사고처리 특례법 등 자동차와 자율주행자동차 관련 법령들이 공통적으로 최고의 입법목적으로 설정하고 있는 가치는 '안전'이고, 이는 자율주행자동차 시대가 되어서도 바뀔 수 없는 것인데, 규제를 정당화하는 공익과 국민의 생명과 신체를 보호하는 법적 근거도 결국 헌법으로부터 출발할 수밖에 없기 때문이다.

토마스 홉스(Thomas Hobbes)가 사회계약의 핵심논거로 안전을 내세운 이래 미국독립선언이나 프랑스 인권선언 등 중요한 근대입헌주의 문서들에서도 안전보장이 발견되나, 이후 헌법에서 다양한 자유와 기본권 목록들이 보편화되면서 안전은 독자적인 의미가 부각되지 못하고 주변화되었다. 그러다가 국가의 역할이 단순히 스스로 국민의 생명·신체의 안전을 침해하지 않는 소극적 측면에 그치는 것이 아니라, 사인으로부터 위험이 발생하는 경우에도 개인을 적극적으로 보호할 의무가 있다는 데 미치게 되면서 국민의 안전에 관한 기본권 혹은 기본권적 법익의 보호는 그 실천적 의의를 재획득하게 된다.[10] 즉 오늘날 국가가 국민의 생명·신체의 안전을 직접 침해하는('국가-국민'의 2자구도, 이하 '2자구도'로

---

[10] 안전 개념 자체를 넓게 보면 재산 등 기본권 전반에 대한 안전도 포함할 수 있으나 이는 대체로 개별 기본권의 해석으로 해결 가능한 문제로 보이고, 기본권이 아닌 국가나 공공의 안전(예컨대 대표적으로 헌법 제37조 제2항의 '국가안전보장')의 문제는 아예 다른 층위의 문제로서 이해하면 족하지 않나 생각된다.

약칭) 매우 예외적인 경우가 아닌 다음에야 이 논의는 '국가-국민 1(가해자)-국민2(피해자)'의 3자구도(이하 '3자구도'로 약칭)의 경우에 주로 논의의 실익이 있다. 2자구도의 사안에서는 기본권의 최대한 보장 법리와 과잉금지원칙이 직접 적용되므로 헌법이론상으로는 상대적으로 간명한 논의구조를 가질 수 있다. 그런데 3자구도의 사안에서는 복수의 국민이 서로 자신의 기본권을 보호해달라고 주장하는 경우이므로 이때는 단순히 어느 국민 일방에 대해서만 최대한 보장의 법리를 적용하기는 어렵고, 각 국민이 주장하는 기본권의 가치와 이익을 정밀하게 해석한 후 양자를 서로 화해시키거나 혹은 서열을 매기는 작업이 요구된다. 이는 헌법이론상 기본권충돌이론을 원용하든가 아니면 기본권보호의무론으로 해결하든가 하는 방식을 취하게 될 것이다.[11]

이처럼 헌법이론상 기본권의 논의양상이 변화하고 있는 배경에는 근대국가의 성립 이후 사회적 현실의 변화를 주목할 필요가 있다고 생각된다. 국가가 국민의 기본권에 대한 주된 침해자로 상정되었던, 그래서 부르주아와 시장의 자유를 지켜낼 필요가 컸던 근대 자유주의 유럽 국가들에서는 공법(public law)과 사법(private law)을 비교적 엄격하게 구분하고, 사법의 적용 영역에 대해서는 공법은 관여하지 않는 법체계를 만들어왔는데, 우리 헌법도 기본 체계는 이러한 서구 자유주의 체계를 계수하였으므로 양자가 준

---

11) 그러나 이와 같은 경우에도 과잉금지원칙만을 적용하는 헌재 결정례도 있다. 예컨대 낙태죄의 위헌 여부에 관한 헌재 2012. 8. 23. 2010헌바402 결정 [형법 제270조 제1항 위헌소원] 참조.

별되어왔다. 그러나 서구사회는 물론이고 지금의 한국사회도 과거처럼 시장에 대한 국가의 자유방임주의나 불간섭주의를 그대로 적용해도 될 만큼 단순하고 평면적인 사회가 아니며, 복잡하고 다층적인 구조를 가진다. 국가는 시장이나 민간 영역의 자유에 대한 침해자이고 시장은 경제적 자유만을 향유한다는 단선 구도는 지금에는 적절치 않으며, 오히려 시장권력이 국가와 민간을 압도하는 경우도 적지 않은 것이 현실이다. 따라서 기본권은 국가에 대해서만 적용되어야 한다는 것은 시대에 뒤떨어진 이론이 되고 있고, 시장과 사회 영역에 대해서도 기본권의 가치가 충실히 반영되도록 하는 이론구성이 요청되며, 그러한 요청은 오늘날 시장에 대해서는 경제민주화, 사회에 대해서는 복지(혹은 사회권)라는 담론으로 우리에게 구체화되고 있다.

이처럼 국가—시장(혹은 사회)의 역학관계는 변화하는 가운데, 생명·신체와 관련된 안전의 중요성과 침해의 위험성은 여전하고, 그중에서도 특히 앞서 논한 바와 같이 과학기술과 산업이 융합된 사적 영역에서 위험사회의 문제들이 새롭게 대두되고 있기 때문에 헌법이론은 이에 대해서도 규범적으로 적절히 응답해야 한다. 특히 전통적인 2자구도가 아닌 3자구도의 문제 상황에서도, 사람의 생명·신체와 관련된 안전의 문제는, 다른 기본권들보다 우선시되어야 할 가치라고 생각된다.[12] 이는 국가가 국민의 안전과 자유를

---

12) "흡연권은 위와 같이 사생활의 자유를 실질적 핵으로 하는 것이고 혐연권은 사생활의 자유뿐만 아니라 생명권에까지 연결되는 것이므로 혐연권이 흡연권보다 상위의 기본권이라 할 수 있다. 이처럼 상하의 위계질서가 있는 기본권

지켜주기 위해 존재한다는 자기목적의 차원에서도 그러하고, 또한 생명·신체와 관련된 안전은 국민이 다른 기본권들을 향유할 수 있는 전제가 되기 때문이기도 하다. 우리가 시장의 자율성을 강조하더라도, 그것은 주로 재산권의 행사나 그와 관련된 권리들에 관하여 주로 그러한 것이지, 인간의 존엄이나 생명·신체에 관한 부분을 국가와 헌법이 시장에 양도한 바 없다.[13] 그러나 현대에는 생명·신체가 일부 산업자본과 정치·관료권력에 의해 비인도적으로 처분될 수 있는 위험성도 적지 않으므로, 독립된 헌법재판소와 법원이 헌법과 기본권을 준거로 삼아 이에 대한 최소한의 견제 역할을 담당해야 한다고 생각한다. 이러한 전제를 바탕으로 헌법판례와 행정규제입법의 방향성을 재검토할 필요가 있다.

끼리 충돌하는 경우에는 상위기본권우선의 원칙에 따라 하위기본권이 제한될 수 있으므로, 결국 흡연권은 혐연권을 침해하지 않는 한에서 인정되어야 한다."는 헌재 2004. 8. 26. 2003헌마457 [국민건강증진법시행규칙 제7조 위헌확인] 결정의 취지를 음미해볼 수 있을 것이다.

[13] 헌재 2011. 8. 30. 2006헌마788 "일본국에 의하여 광범위하게 자행된 반인도적 범죄행위에 대하여 일본군위안부 피해자들이 일본에 대하여 가지는 배상청구권은 헌법상 보장되는 재산권일 뿐만 아니라, 그 배상청구권의 실현은 무자비하고 지속적으로 침해된 인간으로서의 존엄과 가치 및 신체의 자유를 사후적으로 회복한다는 의미를 가지는 것이므로 피청구인의 부작위로 인하여 침해되는 기본권이 매우 중대하다."(원폭피해자의 배상청구권에 관한 헌재 2011. 8. 30. 2008헌마648 결정도 동지). 즉 일차적으로 재산권이 문제되는 3자구도의 사안이라도, 이로 인해 인간의 존엄이 침해되고 인간다운 생활이 현저하게 위축되는 경우라면 헌법의 정신에 위배된다는 취지로 이해할 수 있을 것이다.

2) 생명·신체의 안전에 관한 헌법재판소 판례의 이해

헌법재판소는 헌법소원심판 적법요건 중 기본권 침해 가능성과 관련하여, "헌법 제10조는 "모든 국민은 인간으로서의 존엄과 가치를 가지며, 행복을 추구할 권리를 가진다. 국가는 개인이 가지는 불가침의 기본적 인권을 확인하고 이를 보장할 의무를 진다"고 규정하여, 모든 국민이 인간으로서의 존엄과 가치를 지닌 주체임을 천명하고, 국가권력이 국민의 기본권을 침해하는 것을 금지함은 물론 이에서 더 나아가 적극적으로 국민의 기본권을 보호하고 이를 실현할 의무가 있음을 선언하고 있다. 또한 생명·신체의 안전에 관한 권리는 인간의 존엄과 가치의 근간을 이루는 기본권일 뿐만 아니라, "헌법은 모든 국민은 보건에 관하여 국가의 보호를 받는다"고 규정하여 질병으로부터 생명·신체의 보호 등 보건에 관하여 특별히 국가의 보호의무를 강조하고 있으므로(제36조 제3항), 국민의 생명·신체의 안전이 질병 등으로부터 위협받거나 받게 될 우려가 있는 경우 국가로서는 그 위험의 원인과 정도에 따라 사회·경제적인 여건 및 재정사정 등을 감안하여 국민의 생명·신체의 안전을 보호하기에 필요한 적절하고 효율적인 입법·행정상의 조치를 취하여 그 침해의 위험을 방지하고 이를 유지할 포괄적인 의무를 진다 할 것이다."[16]라고 함으로써, 생명·신체의 안전에 관한 권리는 이제 기본권으로 인정되고 있는 것으로 이해된다.[14]

그러나 앞에서 설명한 바와 같이 헌법이론상 생명·신체의 안전을 다룸에 있어서 논의의 실익이 있는 상황적 전제는 3자구도의 경우이며 이는 헌법판례의 경우에도 대개는 마찬가지인 듯 보인다.[15] 따라서 이 경우에는 2자구도에서와 같이 과잉금지원칙의 적용 문제로 접근하는 것이 아니라, "국가가 국민의 생명·신체의 안전에 대한 보호의무를 다하지 않았는지 여부를 헌법재판소가 심사할 때에는 국가가 이를 보호하기 위하여 적어도 적절하고 효율적인 최소한의 보호조치를 취하였는가 하는 이른바 '과소보호금지원칙'의 위반 여부를 기준으로 삼아, 국민의 생명·신체의 안전을 보호하기 위한 조치가 필요한 상황인데도 국가가 아무런 보호조치를 취하지 않았든지 아니면 취한 조치가 법익을 보호하기에 전적으로 부적합하거나 매우 불충분한 것임이 명백한 경우에 한하여 국가의 보호의무의 위반을 확인하여야 하는 것이다"[17]라고 하면서, 헌법재판소가 사법심사의 기준으로 삼을 보호의무의 내용은, 직접 민주적 정당성을 부여받고 정치적 책임을 지는 입법부와 집행부에 비해서는 축소되어, 국가가 이를 보호하기 위하여 적

---

14) 헌재 1997. 1. 16. 90헌마110 등 결정의 4인 합헌의견[법정의견]에서는 '국가의 신체와 생명에 대한 보호의무'의 문제로만 다루고 있다(물론 동 결정에서도 3인 위헌의견에서는 '국민의 생명·신체의 안전에 대한 기본권과 그 생명·신체를 사인에 의한 침해로부터 적절히 보호할 국가의 의무'를 명시하고 있다).

15) 단 헌법판례는 3자구도의 상황을 기본권보호의무의 관점에서 접근하기도 하고, 기본권 충돌의 관점에서 접근하기도 한다(헌재 2004. 8. 26. 2003헌마457, 흡연권과 혐연권의 충돌 사례, 나아가 흡연권 제한의 과잉금지원칙 위반으로도 함께 검토하고 있다). 또한 독일에서 기본권보호의무론의 출발점이 된 낙태판결에 비견될 수 있는 자기낙태죄의 위헌 여부에 관한 헌재 2012. 8. 23. 2010헌바402 결정에서는 낙태의 자유를 과잉금지의 원칙으로만 검토하고 있다.

어도 적절하고 효율적인 최소한의 보호조치를 취하였는가 하는 이른바 '과소보호 금지원칙'의 위반 여부를 기준으로 삼는다는 것이다. 그리고 그러한 과소보호의 여부는 불충분함이 '명백한 경우에 한하여' 국가의 보호의무 위반을 확인한다고 보는 소극적 법리가, 헌재가 1997년 교통사고처리특례법 사안에서 기본권보호의무를 처음으로 원용한 이래로 법정의견상 일관되게 견지하고 있는 입장이다.

헌재가 법정의견에서 명시적으로 위 기본권보호의무 이론에 위반된다고 본 사례는 아직 발견되지 않는다.[16] 그러나 소수의견 중에서는 '과소보호 금지원칙'의 적용에서 '명백성 통제'의 법리에 대한 반대가 제기되어왔다. 기본권보호의무론이 처음 원용된 1997년 결정[18]의 '3인 위헌의견'에서 이미 "… 보호의무를 어떤 수단을 통하여 어떻게 이행할 것인가는 원칙적으로 국가의 광범위한 재량에 맡겨져 있다. 그에 따라 헌법재판소로서는 원칙적으로 국가가 보호의무를 위반한 것이 명백한 경우에만 국가의 해당 작위나 부작위의 위헌성을 확인할 수 있다고 할 것이나, 헌법재판소의 통제의 강도는 일률적인 것이 아니고 관련된 기본권적 법익의 중대성, 그 침해의 심각성, 그 침해의 빈도 등에 따라서 달라지게

---

16) 헌재는 1997년 교통사고처리특례법 1차 결정에서 동 이론을 명시적으로 도입한 이래로 아직 법정의견상 기본권보호의무 위반을 선언한 사례는 없다(다만 기본권보호의무 위반이나 과소보호금지 등을 명시하고 있지 않지만 실질적으로는 위안부피해자의 배상청구권에 관한 헌재 2011. 8. 30. 2006헌마788 결정을 보호의무 위반에 적극적인 입장을 취한 것으로 이해하는 견해는, 전광석, 『한국헌법론』(집현재, 2016), 248쪽.

된다고 보아야 한다."고 하면서, "이 사건 법률조항과 같이 입법자가 교통사고에서 비롯되는 국민의 생명·신체의 위험에 대한 보호대책을 마련하고 있는 경우에 과연 입법자가 그 보호의무를 충분하게 이행하고 있는지를 심사함에 있어서는 생명·신체라는 법익의 중대성, 그에 대한 위험의 직접성·심각성·상대적으로 높은 개연성에 비추어 볼 때 <u>이 사건 법률조항에 의한 보호의무위반이 명백한지의 여부에 대한 통제를 넘어 입법내용에 대한 엄격한 통제를 가하여야 한다.</u>"(밑줄은 필자)고 하여 생명·신체에 대한 국가의 기본권보호의무에 저촉되어 헌법에 위반된다는 견해가 피력되었다.[17]

그리고 위 1997년 결정의 결론을 일부 뒤집은 2009년 결정[19]에서는, (생명·신체의 안전에 관한) 기본권보호의무 위반 여부에 대해서는 비록 종전과 같이 소극적으로 판단하였지만, 이러한 사고로 인해 중상해의 결과가 나온 경우까지 공소를 제기할 수 없도록 한 부분은 과잉금지원칙에 위반하여 업무상 과실 또는 중대한 과실에 의한 교통사고로 중상해를 입은 피해자의 재판절차진술권(과평등권)을 침해한 것으로 결론을 내려, 구체적 적용결과를 놓고 보면 안전에 좀 더 가치를 둔 판례의 변화로 이해할 여지가 크다.[18]

---

17) 헌재 2008. 12. 26. 2008헌마419 등 결정의 1인 위헌의견에서도 "구체적 사안에서 국가의 기본권 보호의무 이행조치가 과소보호 금지원칙에 위반된 것인지 여부를 실제로 판단함에 있어서 그 기준의 엄격 정도는 일률적으로 정할 수 있는 것이 아니고, 문제되는 기본권 보호법익의 종류 및 중요도, 위험의 정도와 내용 등을 종합적으로 비교 형량하여 구체적으로 확정하여야 할 것이다."라는 견해가 제시되었다.

이처럼 헌재 결정례들에서도 생명·신체의 안전보호를 더 고려하는 방향으로 변화하는 경향성이 미세하게나마 감지되고 있지만, 여전히 헌법재판소는 국민에 의해 선출되지 않았고 책임도 지지 않는 사법기관이며, 입법·행정기관에 비해 전문성과 정보의 면에서도 취약하므로 적극적인 정책형성기능을 수행해서는 안 된다는 논의가 우세한 듯 보인다. 이와 같은 사법의 기능과 역할에 대한 준별론에 필자도 어느 정도는 동의하지만, 국가기능의 분리와 상호간의 견제는 국민의 기본권 보호를 위한 상대적·기능적 장치로 이해할 것이므로, 국가조직규정이 기본권 보호의 핵심을 가로막는 장벽이 되어서는 안 될 것이다. 그런데 우리 헌재가 독일에서 수입해온 기본권보호의무 이론을 독일과는 달리 소극적인 차원에서만 활용한다면 이 도그마틱의 실천적 의의는 기본권 보

---

18) 헌재 2009. 2. 26. 2005헌마764 등 [교통사고처리특례법 제4조 제1항 등 위헌확인] 결정에서는, 업무상 과실 또는 중대한 과실로 인하여 중상해를 입은 경우에 관하여도 보험가입만 되어있으면 형사처벌을 하지 않는 조항에 대해서, "가해자는 단서조항에 해당하는 과실만 범하지 않는다면 교통사고를 내더라도 종합보험 등에 가입함으로써 처벌을 면할 수 있으므로 자칫 사소한 교통법규위반을 대수롭지 않게 생각하여 운전자로서 요구되는 안전운전에 대한 주의의무를 해태하기 쉽고, 교통사고를 내고 피해자가 중상해를 입은 경우에도 보험금 지급 등 사고처리는 보험사에 맡기고 피해자의 실질적 피해회복에 성실히 임하지 않는 풍조가 있음을 부인할 수 없다. 그러한 측면에서 이 사건 법률조항에 의하여 중상해를 입은 피해자의 재판절차진술권의 행사가 근본적으로 봉쇄됨으로써 교통사고의 신속한 처리 또는 전과자의 양산 방지라는 공익을 위하여 위 피해자의 사익이 현저히 경시된 것이므로 법익의 균형성을 위반하고 있다고 할 것이다."(밑줄은 필자)고 판시하여 같은 법 조항을 합헌으로 결정했던 종전의 [헌재 1997. 1. 16. 90헌마110 등] 결정의 입장을 뒤집고 안전의 가치를 중요시하는 결정을 내린 점을 주목할 수 있다.

호가 아니라 실질적으로는 기본권 '비보호'라는 결론에 이를 수도 있다는 점을 유의해야 할 것이다. 기본권의 핵심인 생명·신체의 안전의 중요성과 이에 대한 현대적 위험의 가능성이 증대하는 형국이라면 기본권보호의무 이론이 적절히 활용될 수 있는 영역을 찾아서 헌법이론과 판례 간의 괴리를 줄이는 것이 필요하다.[19]

우선 헌법재판의 국면(즉 통제규범의 차원)에서 보면 기본권보호의무 이론이 행정규제법 분야에 좀 더 적극적으로 활용될 수 있지 않을까 생각한다. 왜냐하면 행정규제는 주로 입법부와 행정부의 사전 위험방지작용인데, 이에 대해서는 사전배려원칙이 활용될 수 있고 또한 헌법재판에 의한 행정·입법의 통제라는 권력통제의 관점이 적용될 수 있기 때문이다. 예컨대 2008년 [미국산 쇠고기 및 쇠고기 제품 수입위생조건 위헌확인] 결정에서 개진된 다음과 같은 1인의 위헌의견의 설시는, 실제 사안의 결론의 당부에 대한 논의는 별론으로 하더라도, 이론상으로 경청할 만한 가치가 있다. "이 사건 사안과 같이 국민의 생명·신체 내지 보건 등 매우 중요한 사항에 관한 것인 경우, 특히 이 사건 고시와 같이 위험성을 내포한 식재료가 대량으로 수입되어 국내에서 제대로 검역되지 못한 채 유통됨으로써 일반 소비자에게 초래될 수 있는 위험의 정도와 내용이 매우

---

19) 과소보호금지의 원칙에서 '최소한'의 정도를 판단하는 어려움이 있다고 보면서도, 그 판단기준에 있어서는 '침해당한 자유권이 개인에게 본질적일수록 자유권의 위협에 대한 국가의 보호는 보다 강화되어야 한다'는 관점을 고려해야 한다는 견해(한수웅, 『헌법학』(법문사, 2016), 434-435쪽)에 따르더라도, 생명·신체의 안전은 가장 본질적인 자유권에 해당하기에 기본권보호의무 이론이 좀 더 적극적으로 적용되어야 하는 영역임에는 이론이 있을 수 없을 것이다.

중대하고 심각할 뿐 아니라 이를 돌이키거나 통제하는 것이 불가능한 사안에 있어서는, 단순히 기본권보호의무 위반이 명백한 경우에만 그 보호조치가 헌법에 위반된다고 보는 것은 국가에게 국민의 기본적 인권을 확인하고 보장할 의무를 부과한 헌법의 기본정신에 부합한다고 보기 어렵고, 제3자의 권리나 공익을 침해함이 없이 채택할 수 있는 더 개선된 다른 보호수단이 존재하거나, 보호법익에 대한 위험을 최소화하기 위한 충분한 노력과 시도를 다하였다는 점이 명백하지 아니한 한, 헌법상 충분한 보호조치를 취한 것이라고 판단할 수 없다 할 것이다. 더구나, 국가 보호조치의 수준을 권력분립원칙과 민주주의원칙에 따라 국민에 의해 직접 민주적 정당성을 부여받은 의회가 직접 정하지 않고 이 사건 고시와 같이 하위의 법령에 의하여 보호조치의 수준이 결정되도록 하고 있는 경우에는, 보다 엄격한 기준에 의하여 심사할 필요가 있다 할 것이다."[20]

　나아가 헌법재판이 아닌 행정규제입법의 국면(즉 행위규범의 차원)에서는 앞서 검토한 헌법이론상 생명 · 신체의 안전이 가지는 가치를 근거로 하여 사전에 더 적극적인 입법을 하도록 요구하는 것은 가능하고 바람직할 것이다. 이러한 전제에서 이하 현행 자율주

---

[20]　헌재 2008. 12. 26. 2008헌마419 등 결정의 1인 위헌의견. 그러나 이러한 기본권보호의무의 내용이 국가에 대한 행정적 요구가 아니라, 개인에 대한 형사처벌을 입법화하도록 하는 것이라면 이는 상대적으로 좀 더 신중할 필요가 있다. 가해자의 형사처벌은 피해자에 대한 사후적 구제에 그치는 부분도 있고, 또한 처벌이 자유형 이상일 경우 처벌되는 가해자에게 생명 · 신체의 안전에 대한 제한을 가져오는 중대한 기본권 제한의 사항이 되기 때문에, 형벌의 보충성과 최후수단성의 원칙에 비추어, 과소보호금지원칙의 적용 필요성이 '명백한' 경우에만 적용된다고 봄이 타당하지 않을까 생각한다.

행자동차의 안전규제법제를 개관하고 그 주요 쟁점을 검토한다.

4. 자율주행자동차 시대 생명·신체의 안전을 위한 행정규제법의 대응

1) 우리나라와 외국의 자율주행자동차 규제법제 비교

우리 헌법은 전문에서 "우리들과 우리들의 자손의 안전과 자유와 행복을 영원히 확보할 것을 다짐하면서", 나아가 "국가는 재해를 예방하고 그 위험으로부터 국민을 보호하기 위하여 노력하여야 한다."(동법 제34조 제6항)고 선언하고 있다. 이에 따른 「재난 및 안전관리 기본법」은 국민의 생명·신체·재산과 국가에 피해를 주거나 줄 수 있는 것을 "재난"으로 정의하고, '사회재난'의 예로써 교통사고를 들고 있다(동법 제3조 제1호 나목). 그리고 "국가와 지방자치단체는 재난이나 그 밖의 각종 사고로부터 국민의 생명·신체 및 재산을 보호할 책무를 지고, 재난이나 그 밖의 각종 사고를 예방하고 피해를 줄이기 위하여 노력하여야 하며, 발생한 피해를 신속히 대응·복구하기 위한 계획을 수립·시행하여야 한다."(동법 제4조 제1항)고 규정한다.

자동차에 특유한 규제 구조를 전통적 행정행위 이론에 비추어 자동차, 운전자, 도로의 3가지로 대별하면,[21] 이에 따라 자동차 자체의 물적 안전과 관련해서는 주로 자동차관리법 등에서, 그리고 운전면허 등 인적 안전과 관련해서는 도로교통법 등에서, 그리고 자동차가 달리는 도로의 물적 안전과 관련해서는 도로법 등에서 규율하고 있다. 이 중에서 자율주행자동차와 관련해서는 2016년 이후 사전적 행정규제입법으로서 자동차관리법과 동 시행령, 시행규칙, 그리고 국토교통부 고시인 「자율주행자동차의 안전운행요건 및 시험운행 등에 관한 규정」이 제·개정되어 새롭게 규율하기 시작하였는데, 이 내용을 간략히 소개하면 다음과 같다.

우선 자동차관리법은 자동차의 등록, 안전기준, 자기인증, 제작결함 시정, 점검, 정비, 검사 및 자동차관리사업 등에 관한 사항을 정하여 자동차를 효율적으로 관리하고 자동차의 성능 및 안전을 확보함으로써 공공의 복리를 증진함을 목적으로 한다(동법 제1조). 원래 자동차는 사람의 운전을 전제로 하여 만들어진 육상 이동수단으로 이해되었으나, 이제 운전자가 없이도 자율주행시스템이 운전하는 자율주행자동차가 개발되기 시작하면서 법적 근거를 마련하기 위해 ""자율주행자동차"란 운전자 또는 승객의 조작 없이 자동차 스스로 운행이 가능한 자동차를 말한다."(동법 제2조 제1

---

21) 〈표 3〉 전통적 3요소에 따른 규제구조 (황창근·이중기, 「자율주행자동차 운행을 위한 행정규제 개선의 시론적 고찰-자동차, 운전자, 도로를 중심으로-」, 《홍익법학》 제17권 제2호(홍익법학회, 2016, 32쪽).

요소	규제 내용	법적 성격	법적 근거
자동차	자기 인증, 등록	대물적 행정행위	자동차관리법
운전차	운전면허, 교통규칙	대인적 행정행위	도로교통법
도로	도로 표지, 안전시설, 신호기	대물적 행정행위	도로법

의3호)라는 정의규정을 신설하였다.

자율주행자동차는 아직 상용화 단계에 있지 않으므로 임시운행허가를 받아 제한적으로 운행이 가능하다. 동법 제27조 제1항은 "자동차를 등록하지 아니하고 일시 운행을 하려는 자는 대통령령으로 정하는 바에 따라 국토교통부장관 또는 시·도지사의 임시운행허가(이하 "임시운행허가"라 한다)를 받아야 한다. 다만, 자율주행자동차를 시험·연구 목적으로 운행하려는 자는 허가대상, 고장감지 및 경고장치, 기능해제장치, 운행구역, 운전자 준수 사항 등과 관련하여 국토교통부령으로 정하는 안전운행요건을 갖추어 국토교통부장관의 임시운행허가를 받아야 한다."고 하여 단서에서 자율주행자동차의 임시운행허가에 관한 법률적 근거를 마련하고 있으나, 이에 대해서 완결적으로 규율하지 않고 안전운행요건의 상세를 국토교통부령에 위임하고 있다. 위임에 따라 자동차관리법 시행규칙은 자율주행자동차의 안전운행요건을 제26조의2에서 규율하는데,[22] 동 시행규칙 제3항에서 다시 세부사항을 국

---

[22] 제26조의2(자율주행자동차의 안전운행요건) ① 법 제27조제1항 단서에서 "국토교통부령으로 정하는 안전운행요건"이란 다음 각 호의 요건을 말한다.
1. 자율주행기능(운전자 또는 승객의 조작 없이 자동차 스스로 운행하는 기능을 말한다. 이하 이 조에서 같다)을 수행하는 장치에 고장이 발생한 경우 이를 감지하여 운전자에게 경고하는 장치를 갖출 것
2. 운행 중 언제든지 운전자가 자율주행기능을 해제할 수 있는 장치를 갖출 것
3. 국토교통부장관이 정한 운행구역에서만 운행할 것(자율주행기능을 사용하는 경우만 해당한다)
4. 운행정보를 저장하고 저장된 정보를 확인할 수 있는 장치를 갖출 것
5. 자율주행자동차임을 확인할 수 있는 표지(標識)를 자동차 외부에 부착할 것
6. 자율주행기능을 수행하는 장치에 원격으로 접근·침입하는 행위를 방지하

토교통부 고시로 위임하고 있다(「자율주행자동차의 안전운행요건 및 시험운행 등에 관한 규정」(국토교통부고시 제2016-46호, 2016.2.11.제정, 2016.2.12.시행)). 동 고시의 내용과 미국(네바다 주, 캘리포니아 주)[23] 및 영국의 법제내용을 비교하면 〈표 4〉[20]와 같다.

〈표 4〉 외국의 자율주행자동차 임시운행 허가요건과의 비교

구분	대상	국내 기준	미국 기준		영국
			네바다 주	캘리포니아 주	
일반기준	대상 차종	– 모든 자동차	트레일러, 모터 사이클, 4.5t 초과 자동차 제외	트레일러, 모터 사이클, 4.5t 초과 자동차 제외	모든 자동차
	주요 장치	– KMVSS (자동차 안전 기준) 및 도로 운행 규정 준수	FMVSS 준수	FMVSS 준수	차량구조 및 사용규정(자국법), 도로교통법규 준수
	보험 가입	– 적절한 보험 소지	5M$ 보험증권 제시	5M$ 보험증권 제시	적절한 보험 소지
	사전 시험 주행	– 충분한 시험 (거리제한 없음)	10,000 마일 사전수행 (16,000km)	충분한 사전주행 필요(마일리지 기준 없음)	폐쇄도로 등에서 충분한 시험수행 (마일리지 기준 없음)
	식별 표식 부착	– 자율주행 시험 운행 관련 표식 차량 외부 부착	자율차 전용 임시운행 번호판 부착	자율차 전용 임시운행 번호판 부착	없음

거나 대응하기 위한 기술이 적용되어 있을 것

7. 그 밖에 자율주행자동차의 안전운행을 위하여 필요한 사항으로서 국토교통부장관이 정하여 고시하는 사항

23) 원고 교정 마무리 단계에서 미국 연방 도로교통안전청의 안전규제 가이드라인이 개정되었다(NHTSA, *Federal Automated Vehicles Policy-Accelerating the Next Revolution In Roadway Safety*, 2016. 9.). 이는 아직 확정안은 아니나, 향후 연방규제가 이와 같이 확정되면 주법에도 영향을 미치므로 주목할 필요가 있다.

구분	대상	국내 기준	미국 기준		영국
			네바다 주	캘리포니아 주	
구조 및 기능	모드 선택	− 운전자/자율 주행 모드 전환 스위치 장착	○	○	○
	표시 장치	− 운행모드 및 정사작동 여부 표시장치 장착	○	○	○
	고장 감지	− 시스템 고장이나 기능이상 자동 감지 구조일 것	○	○	○
	경고 장치	− 기능고장, 운전 자전환요구 등 경고장치 장착	○	○	○
	운전자 우선 자동 전환	− 언제든 운전자에 의한 제어권 전환 가능	○	○	○
	추가 안전 장치	− <u>최고속도제한 장치, 전방충돌 방지 기능 장착</u>	없음	없음	없음
	운행 기록 장치	− 운행기록장치 장착에 의한 운행데이터 확보	사고 30초 전 센서데이터 기록(read−only) 및 보유(3년)	사고 30초 전 센서데이터 기록(read−only) 및 보유(3년)	차량장치 작동 기록
	영상 기록 장치	− 사고시 원인 파악 위한 차량 내·외부 영상 기록장치 장착	없음	없음	영상 및 음성 기록 설치 가능 (차량장치 작동 기록 대체용도 불가)

구분	대상	국내 기준	미국 기준		영국
			네바다 주	캘리포니아 주	
운행 기준	탑승 인원	- 2인 이상 의무 탑승	2인 탑승	없음	없음
	기상 환경	- 없음	허가신청 시 기상환경 및 도로조건 준수	없음	없음
	허가 취소	- 없음	○	○	없음
	사고 발생 보고	- 없음	사고 및 교통법규단속 (10일 이내)	사고 (10일 이내)	사고조사 시 협조 및 관련기관 제출
	기타	- 피견인 자동차 연결 금지 - 해킹 보안대책 자율적으로 마련	•운행실적 기록 및 보고서 제출 •엄격한 운전자 면허 요건 •별도 운전자 훈련 프로그램 이수 •소유권 이전 금지	•운행실적 기록 및 보고서 제출 •엄격한 운전자 면허 요건 •별도 운전자 훈련 프로그램 이수 •소유권 이전 금지	•운전자 등 적절한 트레이닝 이수 •개인정보 데이터 보호 •비인가 접근 보호 (사이버보안) •시험단체의 자율차 기대효과 홍보

2) 자율주행자동차 안전규제법의 주요 쟁점

자율주행자동차는 기존의 자동차 체계에 비해 더 안전한 자동차를 지향하고 있지만, 이는 기술과 관련 법제도가 완벽에 가까워진 후의 이상적인 상황을 상정한 것이며, 이미 앞에서 검토한 바와 같이 지금으로서는 오히려 새로운 기술적 위험의 가능성도 배제할 수 없는 상황이다. 따라서 이에 대한 법적인 대응이 필요한바, 특히 위험의 사전예방과 관련해서는 공법상 규제제도의 정비가 필수적이다. 이때 '얼마나 안전해야 안전한 것인가(how safe is safe?)'[21]의 쟁점이 주어지는데, 이를 여기서 일률적으로 명확하게 정리하기는 어려우나, 적어도 과거의 자동차 기술에 비해서는 분명히 더 안전해야 하고, 또한 지금 우리의 기술 수준에 비추어 위험을 알 수 있고 예측할 수 있는 부분에 대해서 쉽사리 규제를 완화해서는 안 될 것이며,[24] 자율주행자동차 관련 기술과 법제에서 비교될 만한 주요 국가들에서 각 기술단계에 따라 어떤 법제도를 통해 대비하고 있는지도 중요한 참고가 될 수 있을 것이다.

우리나라는 임시운행을 규율하는 법제가 초기 단계이긴 하나 〈표 4〉에서 보듯이 규제입법의 수준 자체는 미국이나 영국 등 소위 선진국의 법제와 비교할 때도 전반적으로 뒤떨어지는 상황은 아니라고 생각되며, 안전에 관하여도 비교적 헌법합치적으로 규율하고 있는 편이라고 생각된다. 그러나 동 산업이 경제활성화를 이끌 수 있는 주력 산업으로 지목되면서 이를 위해서는 규제완화

---

24) 규제법의 직접적인 법제는 아니지만 제조물 책임법이 제3조 제1항에서 "제조업자는 제조물의 결함으로 생명·신체 또는 재산에 손해(그 제조물에 대하여만 발생한 손해는 제외한다)를 입은 자에게 그 손해를 배상하여야 한다."고 하여 제조물 책임을 규정하면서, 제4조 제1항 제2-3호에서 제조업자가 해당 제조물을 공급한 당시의 과학·기술 수준으로는 결함의 존재를 발견할 수 없었다는 사실(제2호), 제조물의 결함이 제조업자가 해당 제조물을 공급한 당시의 법령에서 정하는 기준을 준수함으로써 발생하였다는 사실(제3호)을 제조업자가 입증한 경우에는 제조물 책임법상 손해배상책임을 면한다고 규정하고 있는 부분의 법리를 차용할 수 있을 것이다.

가 이루어져야 한다는 목소리가 있는데 이러한 주장이 정당한 것인지를 살피고, 나아가 안전과 관련한 몇 가지 쟁점에 대해 추가적으로 간략하게 검토한다.

첫째, 자율주행자동차 임시운행에 관한 국내 규제수준의 적정성 여부이다. 앞서 검토한 바와 같이 자율주행자동차 임시운행에 관한 국내의 행정법제는 2016년 이후에 마련된 것이어서 불과 몇 달이 채 지나지 않은 상황이다. 임시운행 법제가 마련되기 전에는 법제 미비를 동 산업발전의 저해요소로 보았는데, 최근 일부 법제가 마련된 이후로는 자율주행자동차와 관련된 국내 규제가 과도하다는 비판들이 늘어나고 있다.[22] 물론 그러한 측면도 있을 수는 있겠으나, 비판들 중에는 정확한 사실에 기초하지 않은 외국 법제의 소개도 있고,[25] 한편으로는 안전규제와 비안전규제를 구

---

[25] 가령 최근 캐나다 온타리오 주의 최신 입법에 따르면 일반면허를 소지한 운전자가 차량에 자율주행표시를 한 경우에는 자유롭게 자율주행 시험운행을 할 수 있는 것으로 소개되고 있는데(《한국경제》, 「"자율주행차 새 성장동력"…캐나다 온타리오주, 파격적인 규제 완화」, 2015. 12. 29 등 다수 기사), 그러나 일반면허로 운전자가 아무나 시험운행 신청을 할 수 있는 것으로 오인되어서는 안 된다. 신청이 승인될 수 있는 제1요건으로 차량 제조사일 것(그리고 회사일 것) 혹은 자율주행차로 개조가 가능한 회사, 연구기관 등 전문지식을 가진 자에 한정되어 있고, 이들은 최소 500만 달러 이상의 책임보험에 가입해야 하는 등의 제한 요건들이 있으므로 무조건적인 완화라고 볼 수는 없다. 등록관은 승인 시에 신청자에게 안전성에 대한 증명을 요구할 수 있고, 또한 등록관은 안전을 담보하지 못한다고 판단되면 신청 승인을 거부할 수 있는 재량도 가지고 있다. 나아가 사후에 취소사유가 발견되면 승인을 취소할 수도 있다. 온타리오 주 자율주행차 시범사업 규정 306/15(O. Reg. 306/15: PILOT PROJECT - AUTOMATED VEHICLES), https://www.ontario.ca/laws/regulation/150306 (2016.8.10.검색) 및 윤성현, 『캐나다의 포스트 휴먼 기술법제에 관한 비교법적 연구 – 드론과 자율주행차를 중심으로』, 한국법제연구

분하지 않은 채 전반적으로 규제완화를 주장하는 경우가 많다. 안전규제의 경우에는 이 글 전반에 걸쳐 논의한 취지에 따라 기본적으로 사전배려의 원칙이 적용되어야 할 영역으로 보이고, 이 부분에 대해 쉽사리 양보해서는 안 된다고 본다.[26] 생명을 담보로 해서 이를 비용 및 수익으로 치환하는 것을 허용해서는 안 된다. 특히 자율주행자동차의 경우는 우리가 지금보다 부가적인 편의를 얻기 위해 추진되는 것일 뿐, 인간생존을 위해 필수적인 사항이 아니다. 자율주행자동차가 없더라도 세계는 멈추지 않고, 인류가 불행해지는 것도 아니다. 따라서 지금보다 더 안전한 사회에 조력할 수 있음이 상당한 수준으로 입증되지 않은 바에는 차라리 지금의 체계를 업그레이드 하는 편이 나을지도 모른다. 자율주행자동차 산업에는 자동차 산업의 패러다임을 소프트웨어 중심으로 재편하려는 글로벌 IT 기업들(구글, 애플, 바이두, 블랙베리 등)이 앞장서서 진두지휘하고 홍보를 강화하고 있고, 이에 뒤지지 않기 위해 기존의 자동차 메이커들도 보조를 맞추고 있는 것으로 보이는데, 이런 상황에서 거대 기업들의 입맛에 맞추어 필요 이상으로 안전규제를 완화해줄 이유는 없다고 보인다. 이들에게는 규제가 완화되면 당연히 더 좋겠지만, 설사 강화되더라도 지갑을 열 준비가

원, 2016.9. 제4장 참조.

26) 다만, 비안전규제에 대한 완화정책은 가능하고 때로는 더 바람직할 수도 있다고 본다. 예컨대 자율주행을 위한 시험장의 건축에 있어 일반 건축물과 같이 방재시설 구조물을 갖춰야 한다는 등의 규제는 규제완화가 적용될 수 있는 사안으로 보인다. 《한국경제TV》, 「첫 민간 자율주행 시험센터도 규제에 덜미」, 2016. 9. 28. 참조.

충분히 되어 있다. 이는 이 시장에 뛰어들고 있는 것이 주로 거대 자본들인데다, 글로벌 경쟁에서 표준을 선점하게 되면 해당 기업에게는 엄청난 이득을 가져올 수 있는 혁명적 싸움이기 때문에 그러하다.[27] 그런 반면 안전사고 발생 시는 해당 기업도 손해를 보겠지만, 그보다 더 직접적인 피해는 불특정 다수의 소비자인 국민이 먼저 보게 된다는 점을 유념해야 한다.

둘째, 자율주행자동차에 운전자 탑승을 의무화할 것인가 하는 점이다. 우리나라의 경우 도로교통법상 사람인 운전자의 운전이 전제되어 있다.[28] 그리고 자동차관리법 제27조 제1항 단서에 '운전자 준수 사항'이란 규정, 그리고 동 시행규칙 제26조의2 제1항의 안전운행요건 제1호와 제2호에서 '운전자에게 경고'와 '운전자가 자율주행기능을 해제'를 언급하고 있으며, 동 규칙의 위임을 받아 제정된 「자율주행자동차의 안전운행요건 및 시험운행 등에 관한 규정」 제19조에서도 운전자 외에 1인 이상의 동승자가 탑승할 것을 규정하고 있다. 즉 현행법상으로는 자율주행시스템만으로 운행하는 것은 금지되어 있다고 봐야 한다. 그리고 이는 현 단

---

27) 다만 자율주행기술개발을 전적으로 대기업이나 거대자본만 하는 것은 아니고, 중소기업이나 대학연구소 등도 부분 자율주행기술 개발 등에 기여를 할 수 있을 것인데, 이들이 임시운행 규제의 모든 요건을 충족시키기에는 인적, 물적으로 어려움이 있을 것이므로 이들에 대한 일부 규제의 완화나 정부 지원 확대 정책은 고려해봄직하다.

28) 도로교통법 제48조 제1항은 "모든 차의 운전자는 차의 조향장치(操向裝置)와 제동장치, 그 밖의 장치를 정확하게 조작하여야 하며, 도로의 교통상황과 차의 구조 및 성능에 따라 다른 사람에게 위험과 장해를 주는 속도나 방법으로 운전하여서는 아니 된다."고 하여 이를 규정하고 있다.

계에서 외국의 입법례도 마찬가지이며, 오히려 운전자의 훈련이나 면허 요건을 더욱 강화하고 있는 경우들도 볼 수 있다. 궁극적으로 완전자율주행이 상용화되고 보편화되는 시점에 있어서는 자율주행시스템에 의한 운전이 당연하게 받아들여지고 사람의 운전이 더 위험한 시기도 오겠지만, 아직 NHTSA의 자율주행 단계 기준으로 볼 때 1-2단계 정도의 수준인 우리의 경우 안전 확보 및 책임귀속의 명확화 측면에서 운전자를 탑승시키고 주의의무도 함께 부담시키는 것이 더 적절하지 않나 생각된다. 그러나 3-4단계의 기술에 도달하고 그 안전성이 확보된다면 시스템이 중심이 되므로 논의가 달라질 수 있을 것이다.[29]

셋째, 자율주행자동차의 운행과 관련해서는 사이버 보안의 위험성과 중요성을 반영하여 해킹방지 의무화를 서두를 필요가 있다. 우리는 자동차관리법 시행규칙 제26조의2 제1항 제6호에서 "자율주행기능을 수행하는 장치에 원격으로 접근·침입하는 행위

---

[29] 중간 단계를 거치지 않고 NHTSA 기준 4단계의 완전자율주행으로 바로 진입하는 것을 목표로 하고 있는 구글이 2015년 11월 NHTSA에 운전대나 브레이크 페달 등이 없는 차가 연방 안전기준에 부합하는지에 대한 질의를 보낸 데 대해서 NHTSA는 2016년 2월 4일 답신을 통해, 만약 인간 탑승자가 실제로 그 차를 운전하는 것이 아니라면, 운전을 하고 있는 무엇(whatever(as opposed to whoever))을 그 '운전자(driver)'로 보는 것이 더 합리적이라며, 구글의 자율주행시스템은 실제로 운전을 하고 있다고 밝혔다. *Bloomberg*, Google's Self-Driving Car Software Considered a Driver by U.S. Agency, February 10, 2016. NHTSA가 2016년 9월에 새로 내놓은 연방 차원의 안전규제 가이드라인에서는, 운전자를 완전히 배제할 수 있는 가능성도 허용한 것으로 보도되고 있다(《중앙일보》, 「미국 자율주행차 가이드라인 '운전자 완전 배제 허용'」, 2016.9.21).

를 방지하거나 대응하기 위한 기술이 적용되어 있을 것"이라는 규
정을 두고 있으나, 시행규칙에서 다시 위임한 국토교통부 고시에
는 관련 내용이 빠져있어 의무사항이 아니다. 사이버보안은 직접
적으로 안전과 관계되지 않는 정보법의 문제로 비칠 수도 있으나,
이에 대한 기술적·법적 해결책이 마련되지 않는다면 이는 곧바로
생명·신체의 안전을 침해하는 요소가 될 수 있음은 기술적으로나
제도적으로나 지적되고 있다. 비록 상용화가 아닌 시험운행 단계
라도 해킹방지와 사이버 보안의 위협에 대해서는 되도록 대비책을
마련하는 것이 바람직하며, 특히 시험운행이 특정한 시험구역에
서 이루어지지 않고 일반도로에서 이루어지는 경우는 시험운행 차
량의 안전은 물론 다른 일반 차량의 안전도 문제되기 때문에 해킹
방지 장치를 최소한이라도 장착하도록 하는 방안을 모색해야 한
다.[30] 설령 단기간에 해킹방지기술을 완비할 수 없는 현실을 고려
하더라도, 최소한 상용화 이전에는 반드시 이에 대한 대비책이 마
련되어야 할 것이다.[31] 미국의 경우 캘리포니아 주의 자동차 규제
초안에서는 외부로부터의 사이버 공격이나 권한 없는 접근을 탐

---

30) 자율주행자동차는 국토교통부 장관이 정한 구역 내에서만 운행하도록 제한적
   으로 규정되어 있었는데, 향후 다양한 교통환경에서 시험운행을 할 수 있도록
   시험구간을 네거티브 규제 형식으로 전국적으로 확대하기로 하였기에 더욱
   그러하다(국토교통부, 「자율주행차, 전국 어디서나 달린다」, 《국토교통부 보
   도자료》, 2016.9.29). 시험구간의 확대는 기술개발에는 도움이 되겠지만 해킹
   등에 의한 사고의 위험성도 올라간다는 것을 의미하기 때문이다.
31) 특히 우리의 경우 해킹은 개인적 차원의 안전 문제와 더불어 북한이 배후로
   추정되는 경우와 같은 국가안전(안보)의 문제와 연결될 가능성도 적지 않음을
   염두에 두어야 한다.

지하고 대처할 수 있는 자가 진단 기능(self-diagnostic capabilities)을 탑재해야 하고, 경고 발령 시 운전자가 자율주행기술을 중지할 수 있어야 함을 요구하고 있고,[23] 최근 미시간 주에서는 자동차 해킹행위에 대해 최대 종신형을 내리겠다는 입법안이 발의되었다는 점도 참고할 만한 부분이다.[24]

넷째, 자율주행자동차 안전 관련 법령의 형식 및 체계와 관련해서 보면, 우리는 2015년과 2016년에 걸쳐 위에서 제시한 규제법령들을 제·개정하였고, 그중 가장 상세한 규율은 국토교통부 '고시'를 통해서 이뤄지고 있다. 아직은 상용화되기 이전의 시험운행 단계이고, 자율주행기술도 NHTSA 기준으로 1-2단계 수준에 그치며, 앞으로 기술적·제도적으로 많은 변화가 예상된다는 점에서 주무관서의 '고시'로 규율하는 것이 '지금은' 정당화될 수 있는 측면이 있을지도 모른다. 그러나 안전에 관한 사항은 국민의 삶에 매우 중요하고 큰 영향을 미치는 것이므로 자율주행이 상당한 수준의 기술력을 갖추고 제도적으로도 안정성을 갖게 되는 시기, 특히 상용화의 시기를 전후해서는 관련된 중요한 내용들은 '법률' 수준에 그 주요내용이 반영이 되도록 법령의 규율 수준을 높여야 할 것이다.[32] 이때 기존의 자동차에 적용되던 종래의 자동차관리법,

---

32) 원칙적으로는 법률 등 상위법에서 규율해야 할 것으로 생각되나, 만약 그렇지 못한 경우라면 좀 더 엄격한 심사기준을 적용할 여지가 있을 수 있다. 헌재 2008. 12. 26. 2008헌마419 등 결정의 1인 위헌의견 참조("국가 보호조치의 수준을 권력분립원칙과 민주주의원칙에 따라 국민에 의해 직접 민주적 정당성을 부여받은 의회가 직접 정하지 않고 이 사건 고시와 같이 하위의 법령에 의하여 보호조치의 수준이 결정되도록 하고 있는 경우에는, 보다 엄격한 기준

도로교통법, 도로법 및 개별 정보법, 책임법들의 개정 형식으로 할지, 적어도 안전 규제와 관련된 내용은 하나의 테두리로 따로 묶을지, 아니면 이 모두를 별도의 단행법으로 묶는 체계를 고려할지에 대해서도 고민이 필요하다.[25] 이는 자율주행의 단계에 따라 달라질 수 있을 것으로도 생각된다. 기존의 '운전자' 중심의 체계가 유지, 병행되는 한도에서는 종전 법제의 수정·보완으로 가능할 것이나, 자율주행자동차 '시스템' 중심으로 방점이 옮겨지면 그때는 새로운 체계에 입각한 종합적인 입법이 불가피할 것으로 예상한다.

5. 더 안전한 자율주행자동차 시대를 위하여

요즘 신문·방송·인터넷 등을 보면 자율주행자동차 관련 기사로 넘쳐나서 벌써 자율주행자동차 시대가 눈앞에 온 듯싶지만, 사실 지금의 자율주행기술은 NHTSA 기준으로 1-2단계에 불과하고, 3-4단계에 관한 기술과 법제도는 모두 준비되어 있지 않다. 다만 지금 우리에게 확실한 것은, 자율주행자동차가 우리에게 가져올 미래가 유토피아(utopia)일지 디스토피아(dystopia)일지는 알 수 없으나, 자율주행자동차 시대는 분명히 오고 있고, 글로벌 시장경쟁 체제에서 우리는 그 흐름을 피할 수 없으리란 점이다. 이

에 의하여 심사할 필요가 있다 할 것이다.")

처럼 우리에게 선택의 여지가 없는 미래라면, 우리는 그 긍정적인 변화는 물론이고 부정적인 미래의 모습에 대해서 더 철저하게 준비해야 할 것이다.

인공지능과 인간이 공존하는 포스트휴먼 시대의 자율주행자동차는 과학기술을 통해 과거보다 더 안전한 사회를 만들 것으로 기대되지만, 울리히 벡이 갈파한 위험사회의 논리에 비추어 보면, 예측 불가능한 위험 또한 증대한다는 것도 충분히 예상할 수 있다. 사람이 운전하는 자동차의 시대는 주로 개인의 과실에 따라 위험이 발생하고 이에 따라 각자 책임을 지는 구조였으므로 개별적이고 산재된 위험의 구조였는데, 이처럼 과거에 개별화 되어있던 위험들이 인공지능과 정보통신기술을 통해 집단적으로 관리·운영되는 구조에서 오류나 결함이 발생하게 될 경우에는, 그 위험의 정도는 상상하기 어려운 대규모의 것이 될 수 있고, 사고의 원인규명이나 피해의 입증은 대단히 어려우며, 국민의 생명·신체의 손해에 대한 회복은 거의 불가능한 수준이 될 수도 있음을 염두에 두어야 한다. 따라서 자율주행자동차의 문제는 경제적 부의 증대라는 효용과 공리의 관점에서만 인식되어서는 안 되며, 특히 국가는 국민의 생명·신체의 안전을 지키는 것이 가장 기본적인 존재의의임을 고려할 때, 다른 무엇보다 안전을 최우선의 가치에 두고 법제도 전반을 구상하지 않으면 안 된다.

결국 국가가 자율주행자동차의 법제도를 구상하고 입안함에 있어서는, 국민의 생명·신체의 안전을 위해 사전적·예방적인 공법적 규제를 최우선 순위로 고려해야 한다. 비안전분야의 불필요한 규제 장벽은 걷어낼 필요가 있지만, 안전의 영역에서는 섣부른 양보가 있어서는 안 되며 오히려 생명·신체의 안전 분야는 적정한 규제의 유지가 국가와 헌법이 요구하는 바임을 분명히 할 필요가 있다. 앞서 살핀 바와 같이 국내에서도 자동차관리법 및 동 시행령, 시행규칙의 개정과 안전운행에 관한 국토교통부 고시를 새로 제정하는 등으로 안전에 대한 규제입법을 마련하여 상당한 수준으로 대비하고 있으나, 관련 기술과 정책 환경은 대내외적으로 시시각각 변하고 있으므로 국내외의 법제와 정책들을 충분히 음미하여 안전을 최우선 가치로 하는 종합적 법체계를 구축해나가도록 노력해야 할 것이다. 개인의 민사책임과 형사책임을 묻는 책임법의 영역은 사후적인 구제의 문제이지만 이로 인해 자칫 사고를 내더라도 이익이 남는다면 감행할 수 있는 사업자들에 대해서 배상이나 처벌의 강화 등을 통해 사람의 안전이 더 우선적인 가치라는 메시지를 명확히 줄 수 있도록 보완될 필요가 있고, 해킹이나 정보보호 등과 관련된 정보법의 영역에서도 안전이 훼손되는 사례가 발생하지 않도록 규제 장치를 적절하게 구비해야 비로소 자율주행자동차가 사회적 수용성을 가지고 본래적으로 추구하는 안전과 편의라는 이상을 실현해 나갈 수 있게 될 것이다.

마지막으로 자율주행자동차의 문제는 단순히 관련 업계만의 경제적 득실의 문제가 아니라, 전 국민의 삶의 영역, 그리고 국가 인프라 전반에 걸쳐 심대한 파급효과를 가지는 문제인 만큼, 민·관의 다양한 전문가들이 모여 실질적이고도 충분한 숙의(熟議)의 과정을 거쳐 결론을 도출해나가는 노력이 필수적으로 요청된다.[33] 나아가 이는 단순히 국내만의 문제가 아니라 결국은 국제기술표준과 법제도의 정립을 통해 글로벌 문제가 될 것이므로, 우리가 관련 절차에 적극적으로 참여하여 안전기준을 적정하게 확보하는 방향으로 논의를 선도해 나가야 할 것이다.

---

[33] 자율주행자동차를 관장하는 주무부서인 국토교통부는 지난 2016년 6월 13일 범부처 민·관 협의기구로서 "자율주행차 융·복합 미래포럼"을 발족하고 제1회 포럼 행사를 개최하였다(국토교통부, 「자율주행차의 미래를 준비한다 "제1회 자율주행차 융·복합 미래포럼" 개최」, 《국토교통부 보도자료》, 2016.6.10). 자율주행자동차로의 변화는 미래 인간의 삶이 어떠해야 하는가에 대한 본질적인 문제와도 연결되기 때문에 위 포럼이 단순히 정부나 관련 산업의 입장을 대변하는 것에 그쳐서는 안 되고, 인문·사회 그리고 법제도적인 관점의 논의를 충분히 담아내는 기제가 되어야 한다고 생각한다.

4부

포스트휴먼과
미래 사회

7장

인공지능 시대가 가져올 변화와 과제

구본권

1. 인공지능 시대

1956년 여름 미국 다트머스대학에서 존 매카시, 클로드 섀넌, 허버트 사이먼, 마빈 민스키 등 당대의 저명 컴퓨터 과학자들이 모인 컨퍼런스가 한 달여 진행됐다. '인공지능(Artificial Intelligence)'이란 용어가 처음 등장한 컨퍼런스였다. 이후 '인공지능'은 몇 차례 부침을 반복하며 컴퓨터 공학과 인지과학 분야 과학자들이 중심이 된 연구와 논의를 이어왔다. 인공지능은 이론적으로 기술적으로 지속 발달해왔지만 관련 전문가 아닌 사람들에겐 주로 공상 과학 소설과 영화를 통해 만나는 상상력의 영역이었다. 선풍기, 세탁기, 에어컨 등 다수의 전자제품이 '인공지능'이라는 표지를 달았지만, 판매자도 구매하는 사람도 부가된 기능에 으레 따라붙는 마케팅 용어쯤으로 수용했다.

인공지능이 공상 과학 속 이야기가 아니라 모두에게 임박해 있는 현실이자 새로운 차원의 인간 존재방식이라는 인식이 퍼지면서 인공지능은 전문가 집단과 산업계의 용어가 아닌 사회적 어젠다가 됐다. 빠른 속도로 발달하는 인공지능이 사회와 개인의 삶을 송두리째 바꾸는 것은 물론이고, 나아가 인류의 생존 자체를 위협하는 가공할 존재가 될 수 있다는 우려도 확산되었다.

논의 확산의 계기는 크게 세 가지이다.

첫째, 세계적 석학들과 유명 기업인들이 인공지능을 인류 생존이 걸린 화두로 거듭 제기하면서 관심도가 높아졌다. 영국 케임브리지대 천체물리학자 스티븐 호킹, 마이크로소프트의 창업자 빌 게이츠, 애플의 공동창업자인 스티브 워즈니악, 테슬라의 창업자이자 최고경영자인 일론 머스크 등 세계적 석학과 유명 정보기술 기업인들이 한 목소리로 사람보다 똑똑한 인공지능이 인류 생존을 위협할 수 있다며 경고를 쏟아내고 있다. 스티븐 호킹은 2014년 "인공지능은 결국 의식을 갖게 되고 인간의 자리를 대체할 것"이라며 생물의 진화 속도보다 과학기술의 진보가 더 빠르기 때문에 이를 제어하지 못한다면 결국엔 지능을 갖춘 기계가 인류의 종말을 가져올 것이라고 경고했다. 이들의 우려는 성명서 발표와 경고에 그치지 않는다. 전기자동차와 자율주행차, 민간 우주 개발 프로젝트를 선도하며 최신 정보기술의 아이콘으로 여겨지는 일론 머스크는 2015년 초 "인공지능 연구는 악마를 불러오는 것과 다름없다"며 안전한 인공지능 연구를 위해 '삶의 미래 연구소(The Future of Life Institute)'에 1000만 달러를 기부했다.

옥스퍼드대학 인류미래연구소(Future of Humanity Institute) 소장인 닉 보스트롬은 2014년 펴낸『초지능(Super Intelligence)』에서 인간 지능과 같은 수준으로 기계의 지능이 높아지면 인류 문명의 근본적 변화가 불가피하다고 주장하며 논의에 불을 지폈다.[1] 보스트롬은 인공지능은 인류 역사에서 가장 중대한 변곡점이 될 것이라고 말한다.『특이점이 온다』의 저자 레이 커즈와일은 2045년 즈음에는 인간 지능을 뛰어넘는 슈퍼 지능이 나타나는 '특이점'에 도달하게 될 것이라고 예측한다.[2] 무어의 법칙과 멧칼프의 법칙 등 기하급수적으로 발달하는 컴퓨팅 능력과 네트워크 효과에 따라서 인공지능이 생래적인 인간 두뇌의 사고와 판단 능력을 능가하는 지점이 도래하는 것은 필연인데, 아무리 복잡한 인간 두뇌 기능도 2045년이면 컴퓨터가 완벽하게 구현하는 시기에 도달할 것이라는 예측이다.

최근의 뇌 과학은 인간 고유의 특징으로 간주되어온 두뇌의 사고와 판단 작용이 일종의 전기신호 처리과정임을 밝혀냈다. 인간 두뇌 신경망에서 1000억 개의 뉴런이 만들어내는 100조 개 이상의 연결을 모두 파악해 지도화하면 인간 두뇌의 작동방식을 이해할 수 있고, 나아가 인간의 사고와 판단을 기계를 통해 시뮬레이션할 수 있다는 목표까지 등장했다. 유럽연합은 인간 뇌 프로젝트에 11억9000만 유로를, 미국은 브레인 프로젝트에 30억 달러를 각각 투입하겠다는 로드맵을 제시하고 진행 중이다.

1965년 영국의 수학자 어빙 굿은 '지능 폭발' 개념으로 인공지능의 위험성을 설명했다. 초기 변화가 미미해도 시간이 지날수록

기하급수적으로 규모가 커지는 '긍정적 피드백(positive feedback)'의 구조가 지능 폭발의 위력이다. 인간처럼 스스로 학습하고 진화하는 능력의 기계가 일단 등장하면, 그 지능은 필연적으로 '슈퍼 인공지능'으로 진화하게 될 것이며 이는 인간 통제 영역 바깥의 일이 된다는 주장이다.

두 번째 계기는 전문 연구기관들이 동시다발적으로 쏟아내는 미래산업 보고서이다. 철학자, 공학자, 미래학자들이 던지는 슈퍼 인공지능의 도래로 인한 인류 생존 위협의 경고와 별개로, 현실적 불안이 광범하게 확산되는 배경이다. 세계 전문 연구기관들이 쏟아내고 있는 미래 산업과 고용 관련 경제 분야의 보고서는 인공지능이 나중에 후손이 직면할 미래가 아닌 각자의 생계와 직결돼 있는 현실의 문제라는 것을 일깨우고 있다. 슈퍼 인공지능의 도래로 인한 인류 생존의 문제가 철학, 윤리학, 미래학 분야에서 전문가들에 의해 논의되고 있다면, 인공지능과 자동화로 인한 일자리와 고용의 과제는 모든 사람들이 개입한 상태로 진행되고 있는 경제학과 사회학 차원의 이해관계 조정의 문제이다.

옥스퍼드대학 마틴스쿨의 연구원 카를 베네딕트 프레이와 마이클 오스본은 2013년 발표한 「고용의 미래: 우리 직업은 컴퓨터화에 얼마나 민감한가」 보고서에서 자동화 기술로 인해 향후 10~20년 안에 현재 미국의 직업 47%가 사라질 가능성이 크다고 지적했다.[3] 2016년 1월 스위스 다보스에서 열린 연례 세계경제포럼(World Economic Forum)은 인공지능과 자동화 기술을 핵심으로 하는 '제4차 산업혁명'이 시작됐다며 이를 주제로 삼았다. 세계경제포럼이 자동화 기술이 일자리에 어떠한 영향을 끼칠지를 분석해 발표한 '미래고용보고서'는 인공지능 기술의 영향으로 향후 5년간 주요국에서 200만 개의 일자리가 창출되고 710만 개의 일자리가 사라질 것이라는 전망을 담았다. 미국 노동부가 2011년 발표한 보고서는 2011년 초등학교 신입생의 65%는 대학을 졸업할 즈음에는 현재 존재하지 않는 직업을 갖게 될 것이라고 전망했다. 세계경제포럼은 18세기 말 증기기관과 기계의 발명을 통한 자동화 기술을 1차 산업혁명, 19세기 말 전기 등 에너지원 활용과 작업 표준화를 통한 대량생산체계를 가능하게 한 생산시스템을 2차 산업혁명, 전자장치와 인터넷·디지털 등 정보통신 기술을 활용한 정보처리능력의 비약적 발전을 3차 산업혁명으로 규정했다. 4차 산업혁명은 3차 산업혁명의 구조가 인공지능에 의해 자동화와 연결성이 극대화되는 단계로, 상당수 인간의 지적 작업과 숙련기술이 로봇에 의해 대체되는 단계이다.

미국 매사추세츠공과대학의 에릭 브린욜프슨과 앤드루 맥아피는 『제2의 기계시대』에서 산업화 이후의 발전을 1차 기계혁명과 2차 기계혁명으로 구분한다.[4] 1차 기계혁명이 증기, 전기, 정보기술 등으로 인간의 육체적 노동력을 대체했다면, 2차 기계혁명은 인공지능과 자동화로 인간의 지적 작업 대부분을 대체한다고 말한다. 분석하는 사람에 따라 '제4차 산업혁명', '제2의 기계시대'로 개념 규정은 다르지만 공통된 것은 최근 인공지능과 자동화, 로봇 기술의 시기는 기존 산업적 발전의 연속성으로 설명되지 않는 새로운 시대라는 점이다.

인공지능 기술은 60년 전 인공지능 개념이 등장한 이래 긍정적 전망과 비관적 결과가 교차하는 순환을 거듭해왔다. 인공지능 연구에 대한 기대와 그 성과에 따라서 연구의 봄과 겨울이 반복되었다. 그에 따라 인공지능 연구를 가능하게 한 주된 동력인 미국 정부의 연구자금이 몰리거나 중단되었고, 관련 연구자들의 희비가 교차했다. 하지만 수년 전부터 이 분야에서 진행 중인 기술발전의 모습은 인공지능 분야가 다시 겨울을 맞을 것이라는 전망을 허용하지 않는다. 인공지능 연구는 문턱을 넘어섰다.

1997년 아이비엠(IBM)의 컴퓨터 딥블루와 세계 체스챔피언 가리 카스파로프가 벌인 체스 경기는 체스와 같은 지능적 게임에서 인간이 컴퓨터를 상대할 수 없는 국면이 시작됐음을 알린 신호탄이었다. 2011년 IBM의 슈퍼컴퓨터 왓슨이 미국의 퀴즈프로그램 '제퍼디 쇼'에 출연해 전설적인 퀴즈 챔피언들을 가볍게 물리치고 챔피언이 되면서, 똑똑한 컴퓨터가 새로운 단계로 진입했음을 알렸다. 컴퓨터의 퀴즈쇼 우승은 사람의 말을 알아듣고 지구상의 어떤 인간보다 빠르고 정확하게 답변을 내놓을 줄 아는 자연어 처리 기능의 인공지능이 등장했음을 의미한다. 퀴즈 부문에 사람이 이길 수 없는 새로운 상금사냥꾼이 출현한 게 아니다. 인공지능이 사람들이 영위해온 영역 대부분에서 파괴적 변화를 만들어낼 수 있다는 것을 뜻한다. 사람이 사회에서 수행하는 직무와 관계는 대부분 언어를 통해서 상대의 요구를 알아듣고 그에 대한 피드백을 주는 과정이다. 컴퓨터의 퀴즈쇼 우승은 기계가 사람의 일 대부분을 대체할 수 있음을 알려주는 걸 보여준 이벤트였다. 왓슨은 제퍼디 쇼 우승 이후 더 이상 퀴즈쇼에 출전하지 않았다. 퀴즈쇼에서 과시하고 획득한 신뢰와 능력으로 의료, 금융, 컨설팅, 자원탐사 등 다양한 산업분야로 진출하고 있다. 왓슨은 뉴욕의 메모리얼 슬론캐터링 암센터 등에서 암 진단을 하고 있고, 감성형 로봇 페퍼의 두뇌로 탑재됐다. 조지아공대의 인공지능 수업에서는 조교 역할을 성공적으로 수행했고, 뉴욕의 법무법인에서는 1초에 10억 장의 문서를 읽어내고 있다.

인공지능과 자동화 기술이 반려로봇과 생산 현장의 산업로봇, 자율주행자동차, 드론 등 물리적 형태와 결합하면서 로봇이 가져올 '직업 없는 미래'에 대한 우려를 피할 수 없게 됐다. 변호사, 약사, 의사, 기자, 작가, 통역사, 은행원, 펀드매니저, 회계사, 스포츠 경기 심판 등 전문직의 일자리가 인공지능과 자동화 프로그램에 의해 업무 영역 전체 또는 일부가 이미 대체되기 시작했다.

자율주행 기술은 일반인들에게 인공지능의 현 주소를 알려주는 상징이자, 업체들에겐 미래의 산업 지형과 기술 판도를 좌우하는 성배와 같은 존재다. 벤츠, 폴크스바겐, 도요타, GM, 현대기아차 등 세계 유수의 자동차 메이커들은 경쟁적으로 자율주행 기술을 선보이고 있다. 글로벌 업체들의 경쟁 속에 자율주행 기술은 빠르게 진전하며, 상품화 기대를 앞당기고 있다. 1년 교통사고 사망자는 120만 명, 그중 90%는 사람의 과실이 원인이다. 자율주행 기술은 운전과 이동을 편하게 바꾸는 것은 물론, 한해 100만 명을 살릴 수 있는 '인도주의적 기술'이라는 각별한 기대를 시장과 소비자로부터 받고 있으며 가속하고 있다.

구글과 마이크로소프트 등이 선보인 실시간 통·번역 서비스는 정보 이용에서 언어 장벽을 낮추는 편의 제공과 함께 관련 산업과 종사자의 직무를 재편하는 요인이다. 산업용 로봇은 공장을 넘어 수술실, 창고, 운송 분야 등으로 활동 영역을 빠르게 확대해 가고 있다. 미국 리싱크로보틱스가 개발해 판매중인 로봇 백스터는 사용자가 다양한 용도로 학습시켜서 활용할 수 있는 범용 로봇이다. 각 연구소와 기업에서 특정 용도로 쓰이던 컴퓨터가 범용 기능을 수행할 수 있도록 표준화되고 소프트웨어가 발달하면서 비로소 개인용 컴퓨터 시대가 개막된 것처럼, 범용 로봇의 등장은 '개인용 로봇시대'를 예고하고 있다. 소프트뱅크가 인수한 알데바란이 만든 감정인식 로봇 페퍼는 인공지능이 사람의 감정과 반응마저 모방해 감정적 교류가 가능하다고 홍보한다. 일터와 가정마다 비치된 컴퓨터처럼 앞으로는 지능을 갖춘 로봇이 사람들의 일상 속으로 들어올 것이다.

세 번째 계기는, 한국 사회의 '알파고 쇼크'다. 2016년 3월 9일부터 다섯 차례에 걸쳐 진행된 구글 딥마인드의 알파고와 이세돌 9단의 대국 결과는 인공지능이 어디까지 사람의 영역에 도전하고 있는지를 충격적으로 알려준 이벤트였다. 알파고–이세돌 대국은 기계에 대한 인간의 열세를 인정할 수밖에 없는 육체적 능력과 수리·연산 능력 영역에서의 대결이 아닌 인간 고유의 능력으로 여겨져 온 지능 게임 영역에서의 패배라는 점에서 충격이 더욱 컸다. 제2차 세계대전 이후 번영과 과학기술 우위를 자부하던 미국이 1957년 소련의 첫 인공위성 발사로 '스푸트니크 쇼크'에 빠진 것에 비견됐을 정도다. 추상화와 전략적 판단, 상대의 반응 파악 등 사람만이 수행할 수 있는 고차원적 사고능력이 요구되는 바둑에서 인간 최고수가 인공지능에 무참하게 무너진 결과는 승패 이상의 의미를 갖는다. 인간과 기계와의 대결에 새로운 시대가 개막했음을 선언한 일대 사건이다. 100만 번의 대국을 학습하는 데 사람은 1000년이 걸리지만, 알파고는 4주면 충분했다. 알파고의 완승 앞에서 그동안 학자들의 경고와 연구기관의 미래보고서를 통해 접해온 인공지능 시대의 삶이 피할 수 없는 눈앞의 현실이라는 걸 모두 절감했다. 정부와 언론, 산업계, 교육계 등 사회의 거의 모든 주체가 인공지능이라는 '발등의 불'에 대비한 새로운 경제구조와 교육 시스템 및 이를 위한 과감한 변화를 주장하고 나섰다. 한국 사회 특유의 조급한 문제 인식과 즉각적인 대응 태도는 인공지능과 관련해서도 반복되었고, 이는 주로 산업적 경쟁력과 개인의 직업에 대한 대비책이라는 구체적이고 현실적인 과제의 형태로 제시됐다.

2. 변화의 배경

한국 사회에서 인공지능 이슈는 주로 산업 경쟁력과 일자리 불안과 관련해서 진행되며 당면 대응책이 논의되고 있지만, 이는 피상적이고 제한적인 접근 방식이다. 인공지능으로 인한 사회 변화가 비단 개인과 산업의 경제적 생존 경쟁력에 국한되는 것이 아니기 때문이다. 그러한 관점에서 본다면, 인공지능 역시 효과가 광범한 새로운 기술방식의 하나에 지나지 않는다. 하지만, 인공지능으로 대표되는 지능적 정보기술 사회의 도래는 이제까지의 기술 발전과 차원을 달리하는 근본적이고, 단절적인 변화를 의미한다. 인공지능이 기반하고 있는 컴퓨팅과 디지털 정보기술에 내재한 구조적 속성에 기인한 것이라는 점에서, 변화는 전면적이고 불가피하고 불가역적이라는 특성을 갖는다.

디지털 기술은 모든 것을 뿌리부터 바꾸고 있다. 인류가 만들고 사용해온 거의 모든 기존 도구들을 변화시키고 있으며, 사람이 도구와 관계 맺는 방식을 달라지게 했다. 사람과 사람, 사람과 사회가 관계 맺는 방식 자체를 새롭게 변화시키고 있다. 스마트폰 등장 이후 인터넷에 상시 접속한 상태의 삶이 일반화하면서 디지털 의존도가 높아졌다. 하지만 사용량과 의존성이 해당 분야에 대한 이해와 통제를 수반하지는 않는다. 차량 운전이나 탑승은 자동차 구조나 동력학을 알지 못해도 지장이 없다. 의존도 높은 기술이지만, 기본적으로 기술이 가시적이고 그에 대한 사용자와 사회적 통제가 작동하기 때문이다.

하지만 디지털 기술은 다르다. 디지털 기술의 결과는 가시적이지만, 그 구조와 작동방식은 비가시적이다. 그 결과 역사상 사용자가 이토록 광범하고 동시에 깊이 의존하면서, 그에 대한 사용자의 이해와 통제 수준이 낮은 기술은 일찍이 없었다. 문제는 개인만이 아니라, 사회적으로도 기술에 대한 이해와 이를 바탕으로한 통제와 감시가 작동하지 않는다는 점이다. 단절적 변화를 가져오는 디지털 기술의 속성을 사용자가 이해하고 통제하기 위해서는, 먼저 그 구조에서 비롯하는 특징들을 살펴봐야 한다.

무엇보다 디지털 기술은 모든 영역에 예외 없이 적용된다. 통신과 전기, 컴퓨터 등 특정한 영역에 제한적으로 적용되는 게 아니다. 기존의 모든 기술과 제품, 방식에 결합이 가능하기 때문이다. 디지털 기술은 모든 것을 0과 1로 치환해서 기계가 인식할 수 있는 방식으로 변환시키는 '기계화'의 문법이다.

또한, 디지털 기술은 그 고안자이자 사용자인 인간으로 하여금 익숙한 모든 것을 바꾸도록 강요한다. 사람이 디지털 기술을 만들어냈지만, 디지털은 우리에게 '디지털에 맞출 것'을 요구한다. 거부하고 과거 방식을 고집하면 생존이 사실상 불가능해지고 있다. 사회와 산업의 영역이 디지털화함에 따라 이러한 추세와 환경은 개인이 선택할 수 있는 차원을 뛰어넘는다. 디지털화한 세계는 선택이 아닌 피할 수 없는 환경이 되었다.

디지털 세계에서 모든 것은 데이터이고 모든 데이터는 처리(Processing)된다. 독일 관념론이 우리가 인식하는 모든 것을 인간 정신작용이 만들어낸 의미와 개념으로 파악했다면, 디지털 세계는 모든 것을 데이터로 간주한다. 데이터일 때만 디지털 세계에서 존립할 수 있고, 데이터로 환원될 수 없는 존재는 디지털 세계에서 의미와 가치를 지닐 수 없다.

니컬러스 네그로폰테가 1995년 『디지털이다』에서 "아톰의 세계가 비트의 세계로 전환되는 걸 막을 수 없다"라고 예측한 그대로다. 무어의 법칙에 따른 컴퓨팅 능력의 기하급수적 발달, 인터넷을 통한 상시연결, 모바일·웨어러블 기기와 사물인터넷 환경에서 생산되는 빅데이터, 프로그래밍 기술의 발달 등이 동력이다.

이러한 속성들은 과학 발달과 산업혁명 이후 명멸한 숱한 기존 기술들과 디지털 기술 간의 구조적 차이점이다. 만물의 디지털화는 모든 것이 기계에 의해 처리 가능한 구조로 변화하는 것을 의미한다. 디지털은 사람의 인지 방식이 아닌 기계의 인지 방식이다. 디지털화는 겉보기에 기존 기능과 절차의 효율성과 편의성 제고로 제시되지만, 진짜 영향은 그 너머에 있다.

디지털은 기계와 인간이 전통적으로 관계 맺어온 방식에 구조적 변화를 가져왔다는 점이 중요하다. 기계화 시대 초기부터 근래에 이르기까지는 사람이 선택한 것을 기계에 처리하게 하는 방식이었지만, 전면적 디지털화는 개인과 사회의 업무 대부분이 기계화로 처리되는 구조로의 변화를 의미한다. 기본 설정(default setting) 값의 변화다. 사람이 특정 과업에 대해 기계적 처리를 선택하던 것에서 기본적으로 기계가 모든 것을 처리하는 구조로의 전환이다. 이는 사람과 도구의 기본적 관계가 역전되는 것을 의미한다. 모든 것은 기계로 처리되고 사람이 직접 수행하거나 처리 과정에 개입하는 것은 예외적이고 선택적인 것이 된다.

기계가 대부분의 과업을 처리하게 되면서, 해당 영역에서 사람과 기계의 관계는 협업 또는 대결로 나타나고 있다. 우선적으로 인공지능과 자동화가 인간의 일자리를 위협한다는 위기감으로 나타나지만, 이는 기본적으로 디지털이라는 기계의 언어를 채택해 기계가 인지하고 실행할 수 있는 영역을 확대한 데서 기인하는 현상이다. 즉 일자리 대체와 슈퍼 인공지능 출현 가능성에 대한 불안은 디지털이라는 도구를 통해서 기계가 인지 능력, 처리 능력을 보유하게 된 것의 부수적 현상이다. 그러한 현상을 만들어내는 근본적이고 본질적인 구조를 파악할 때, 전체적인 변화의 구조와 방향을 알 수 있다.

3. 알고리즘 사회로의 전환

사람 능력을 뛰어넘는 인공지능과 포스트휴먼 논의가 등장하게 된 근본적 이유도 모든 정보가 디지털 형태로 만들어져 기계 처리가 가능해진 결과다. 컴퓨터가 소프트웨어를 통해 데이터를 처리하는 일련의 구조를 알고리즘이라고 부른다. 알고리즘은 일종의 방정식과 같은 형태로, 수학적 방식으로 서술된 단계적인 실행법이다.

알고리즘은 내비게이션의 최단거리 연산, 검색엔진의 검색 결과 노출 규칙, 페이스북이나 온라인 쇼핑몰에서의 콘텐츠 노출과 추천 등에서 우리가 일상적으로 접하는 인터넷과 소프트웨어가 작동하는 논리구조다. 최첨단 인공지능의 구현인 자율주행자동차나 휴머노이드 로봇, 알파고와 같은 슈퍼컴퓨터의 업무수행 구조도 알고리즘에 기반한 작동이다. 알고리즘은 컴퓨터 소프트웨어가 프로그램대로 움직이도록 하는 설계도이다. 알고리즘은 정치적, 경제적, 문화적 영역에서 영향력이 갈수록 커지는 것으로 광범

하게 이해되고 있다.[5]

기술과 사회 체제는 지속적으로 변화해 왔다. 인공지능과 알고리즘 또한 그 변화의 연장이지만 기존의 변화와는 두 가지 측면에서 차이가 있다. 변화가 끼치는 영향의 범위가 다르고, 변화의 구조가 다르다. 디지털과 알고리즘으로 인한 변화가 기존 변화와 연속선에 있지 않고 단절적인 모습을 띠는 이유이다.

첫째, 광범한 데이터 생산 덕분에 알고리즘의 범위가 확대됐다.

컴퓨터와 자동화 기능의 공작기계 등이 활용된 지 오래지만 인터넷과 인공지능 환경에서 알고리즘이 중요해진 이유는 따로 있다. 과거 에어컨의 자동온도 조절 기능이나 프로그램 증권 매매 시스템처럼 특정 업무 처리에 적합한 데이터를 만드는 방식으로 자동화 프로그램이 작동했다. 알고리즘 기능의 자동화 기계가 작동하기 위해서는 먼저 기계가 인식하고 처리할 수 있도록 맞춤화되고 선별된 데이터가 필요했다. 특정한 목적과 업무 수행을 위한 해당 소프트웨어 프로그램의 목적성과 그를 위해 제공되어야 하는 선별된 데이터의 구조와 성격은 가시적으로 드러나기 마련이었다. 유비쿼터스 컴퓨팅과 만물의 디지털화는 경제적 활동만이 아니라 개인들의 미디어 이용과 관계맺기 등 대부분의 사회 활동이 알고리즘으로 처리될 수 있는 환경을 제공했다. 스마트폰, 클라우드, 사물인터넷, 빅데이터 환경으로 인해 생활영역 대부분의 데이터가 기계화에 적합한 디지털 형태로 생산된다. 알고리즘이 디지털 세상에서 개인과 사회 많은 부분을 실질적으로 움직이는 구조가 된 배경이다. 또한 알고리즘이 다루는 데이터의 방대한 규모는 기본적으로 인간이 인식하고 처리할 수 있는 수준이 아니라는 점에서, 빅데이터 환경은 더욱 알고리즘에 의존적이게 된다.

둘째, 알고리즘은 눈에 보이지 않게 작동하는 비가시성이 특징이다.

데이터와 알고리즘에 기반한 변화는 본질적으로 변화의 구조와 지향, 진행상황에 대한 다중의 이해와 접근을 어렵게 한다. 블랙박스 속의 기술이라는 점에서 그로 인한 변화와 영향은 미지의 영역이다. 어느 때보다 광범하고 구조적인 변화이지만, 그에 대한 사회 구성원 일반의 이해가 상대적으로 낮을 수밖에 없다. 기술의 복잡성과 전문성 때문이 아니다. 비공개성과 비접근성 때문이다. 생명과학, 화학, 원자핵 관련 기술 등 다른 분야의 기술 역시 전문적이고 복잡하지만, 기술이 지향하는 방향과 그로 인한 영향이 가시적이다. 관련한 논의가 전문가 집단과 사회 전체 차원에서 진행되기 마련이다. 하지만 알고리즘 기반의 소프트웨어 기술은 기본적으로 비가시적이다. 알고리즘은 기업의 핵심 기밀과 자산으로 저작권에 의해 보호되며 특허 등록과정에서 최소한의 얼개만 드러나는 경우가 일반적이다. 검색엔진이나 자동투자 프로그램에서처럼 알고리즘의 작동방식이 공개되면 이를 자신의 목적대로 변형해 사용하는 어뷰징 행위가 생겨날 수 있다는 주장과 실제 어뷰징이 존재하는 현실은 알고리즘을 기밀화하는 논리다. 블랙박스 속에 감춰져 있는 데이터와 알고리즘에 접근할 수 있는 권한은 기본적으로 프로그램을 설계한 소수의 개발자들과 이를 소유한 초국적 거대 기업들, 그리고 일부 국가권력 등이다.

알고리즘이 점점 더 많은 영역에 적용되는 이유는 기본적으로 효율성 때문이다. 디지털 데이터로 만들고 알고리즘으로 처리하면 복잡하고 혼돈된 상태에 일관된 논리와 질서가 부여돼 기계에 의한 자동화와 시스템적 처리가 가능해진다. 그래서 알고리즘은 인간의 작업이 지닌 부정확성, 편향성, 비효율성을 제거할 것으로 기대된다. "진실, 객관성, 정확성의 아우라로 방대한 데이터가 전에 불가능했던 통찰을 만들어내는 더 뛰어난 지적 형식을 제공한다는 일반적 믿음"이 존재한다.[6]

하지만 이는 단순한 기대일 뿐이다. 뉴미디어 이론가 레브 마노비치는 소프트웨어는 알고리즘과 데이터 구조로 구성돼 있다고 본다.[7] 데이터와 알고리즘 두 측면에서 각각 의도하지 않은 편향된 결과가 나올 수 있다.

먼저 알고리즘 측면의 편향성은 알고리즘 자체가 중립적이거나 공정하지 않다는 데 기인한다. 알고리즘은 유일하지 않다. 무수한 대안의 하나일 뿐이다. 영국 논리학자 로버트 코왈스키에 따르면, 알고리즘은 논리와 통제라는 두 요소로 구성된다.[8] 논리 요소는 문제 해결을 위해 쓰이는 지식이고, 통제는 지식을 활용한 문제 해결 전략을 의미한다. 알고리즘이 지식이자 문제 해결 전략이라는 것은, 알고리즘이 구현하는 해결방안과 지식이 유일한 것이 아니라 여러 대안의 하나일 뿐이라는 것을 내포한다.[9] 알고리즘은 기본적으로 개발자와 그가 속한 사회와 상호작용하면서 만들어진다. 미국 메릴랜드대학 법학 교수 대니얼 시트론은 "알고리즘을 객관적이라고 생각해 신뢰하는 경향이 있지만, 그 알고리즘을 만드는 것은 인간이므로 다양한 편견과 관점이 알고리즘에 스며들 수 있다"라고 지적한다.[10] 단계적 수식 프로그램인 알고리즘은 세부적 코드마다 실제로는 구체적인 가정과 선택을 필요로 한다. 이 과정에 개발자의 성향과 판단, 사회적 압력이 알게 모르게 개입한다. 미국 조지아공대의 기술사학자 멜빈 크랜즈버그 교수가 만든 '기술의 법칙'은 "기술 자체는 좋은 것도 나쁜 것도 아니지만, 중립적이지도 않다"(제1조) "기술은 지극히 인간적인 활동이다"(제6조)라고 정의한다.[11]

다음은 데이터 자체에서 오는 편향성이다. 컴퓨터 스스로 데이터를 통해 학습하는 머신러닝은 주어진 데이터의 한계를 벗어날 수 없다. 머신러닝은 기존 데이터의 규모와 특성 그리고 그 데이터를 만드는 사람들의 속성이 반영되는 구조다. 방대한 데이터를 필요로 하는 인공지능을 예로 들면, 이 분야에 종사하는 사람들은 백인, 남성, 고소득자, 영어 사용자가 절대다수다. 이들의 데이터 또는 이들이 친숙하거나 선호하는 데이터 위주로 수집되고 알고리즘이 설계된다. 인공지능 알고리즘이 흑인, 여성, 저소득층을 차별하는 결과가 다수 만들어진 배경이다.[12] 기계학습 방식의 구글 번역이 영어 등 서유럽 언어에서 높은 정확도를 보이는 것도 기본적으로 데이터의 규모와 속성에 따른 결과다. 최근 심화신경망 방식의 인공지능은 '비지도 학습(unsupervised learning)'이 특징이다. 목표와 데이터만 제시하면 사람이 구체적인 방법을 알려주지 않지만, 가장 효율적인 방법을 컴퓨터 스스로 찾아낸다.

하버드 법과대학 교수 로렌스 레식은 법이 사회를 규율하듯

소프트웨어는 사이버세계를 규율한다고 『코드 2.0』에서 말했다.[13] 소프트웨어를 작동시키는 일련의 법칙이 알고리즘이다. 디지털 세상에서 빅데이터와 결합한 알고리즘은 현실과 가상공간에 지대한 영향을 끼치는 논리적 구조물이지만, 이에 대한 비판적 관점에서의 연구는 드물다.[14] 알고리즘은 데이터가 생성해내는 객관적 결과물이 아니라, 설계하고 운영하는 사람이나 조직의 가치와 세계관이 담길 수밖에 없다. 설계자의 이데올로기가 담겨 있는 만큼 알고리즘은 그 의도를 읽히지 않으려 하고, 그래서 비가시성을 띠게 된다.[15] 알고리즘이 가져오는 효과와 사회에 끼치는 영향은 알아차리기 어려운 이유다.[16] 또한 윈도 운영체제의 코드가 수천만 줄, 페이스북의 소프트웨어 코드가 1억 줄에 이르는 것처럼 방대하고 복잡한 수식의 소프트웨어는 그를 작동시키는 알고리즘을 더욱 비가시적으로 만든다.

알고리즘의 비가시성과 그에 대한 비판적 관점의 결여는 인공지능과 관련해 우려와 공포로 연결된다. 인공지능의 작동방식도 기본적으로 알고리즘 기반이다. 미래에 인간보다 뛰어난 인공지능이 등장할 것인가 또 그러한 초지능이 출현할 경우 이를 인간이 통제할 수 있느냐의 문제는 현재 사람이 기술과 맺고 있는 관계에 대한 비판적 성찰을 요구한다. 알고리즘으로 구성된 인공지능 기술을 우리가 얼마나 통제할 수 있느냐 하는 물음이다. 기술의 통제는 그 속성과 구조에 대한 이해를 전제로 하며, 공개와 접근성은 그를 위한 기본 요건이다.

인공지능이 적용된 초기 제품들에서 드러난 기술과 그에 대한 대응방식은 우려를 제기한다. 딥마인드의 알파고는 이세돌과의 4번째 대국에서 백(白) 78수 이후 판세를 파악하지 못하고 잇따라 잘못된 응수를 한 뒤 결국 기권패했다. 인공지능이 일종의 오작동을 일으킨 것이다. 딥마인드는 알파고가 승리했을 때와 마찬가지로 패착의 원인을 무엇이라고 말할 수 없었다. 알파고가 채택한 '비지도 학습'은 인간 두뇌의 판단 과정을 모방한 심층신경망 구조의 기계학습인데, 정보의 선별과 판단이 이뤄지는 핵심 과정이 은닉층(hidden layer)에서 이뤄진다. 마이크로소프트가 2016년 3월 내놓은 인공지능 채팅로봇 테이가 인종차별적이고 반상식적 표현의 응대법을 학습해 다수를 상대로 실행한 것도 유사하다. 개발자들과 업체는 스스로 학습해 대화하는 '똑똑한' 채팅로봇을 설계했지만 인공지능이 어떤 데이터를 어떻게 활용해서 답변을 만들지에 대한 이해가 없었다. 개발업체도 어떤 알고리즘 때문에 인공지능 채팅로봇이 오작동했는지 오류 구조를 알지 못했다. 기계가 자율성을 갖춘 존재처럼 스스로 데이터를 학습해, 연산 처리하는 숨겨진 구조인 은닉층에서 판단했다. 어떤 과정에서 오류가 발생했는지 알 수 없으니 잘못된 결과를 바로잡을 수도 없었다. 결국 업체가 긴급하게 대응한 방식은 서비스의 전면 중단이었다. 채팅로봇이 아닌 물리적 운동능력을 지닌 로봇이었다면 광범한 피해가 불가피한 사건이었다.

　이는 알고리즘이 지배하는 사회에서 우리가 직면할 새로운 차원의 위험이 어떤 의미와 영향을 지니는지를 알려준다. 개발자나 서비스 업체도 자신들이 만든 알고리즘의 작동방식을 정확하게 파악하지 못하고 따라서 통제할 수 없는 상태이지만, 이를 출시해 일반에 서비스한다는 걸 알려준 사례. 작동방식과 통제법을 모르는 알고리즘이 출시되면 어떤 결과가 벌어질지는 2016년 미국에서 자율주행 기능으로 운전하다가 트럭을 오인해 사망사고를 일으킨 테슬라 사례에서도 드러났다. 알고리즘과 소프트웨어로 인한 사고는 사람의 조작이 결합돼 일어나는 사고와 다르다. 사고마다 개별성을 띠는 게 아니라, 구조적 특성으로 인해 사고가 보편적이고 불가피하게 된다는 것을 의미한다. 그러한 구조적·보편적 위험성을 안고 있는 알고리즘 기술에 대해서 투명성과 접근성이 주어지지 않으면, 해당 기술은 미래를 재앙으로 몰고갈 수 있다. 블랙박스 속 기술이 지닌 함의와 영향력을 논의하기 위해서는 공개와 접근성이 필수적인 이유이다.

아일랜드 메이누스대학의 롭 키친은 알고리즘을 설계하는 관행은 본질적으로 사회적, 문화적, 정치적, 경제적인 작업이고 어떻게 알고리즘이 작동하느냐에 따라서 많은 정치적, 경제적, 윤리적 문제를 제기한다고 보고, 알고리즘에 대한 비판적 접근의 필요성을 강조한다.[17]

레식이 소프트웨어가 사이버 세계를 규율하는 법률의 역할을 한다고 파악한 선구적 작업 이후 디지털화 진전에 따라 소프트웨어의 힘과 영향력은 확대일로를 걸어왔다. 소프트웨어의 작동원리인 알고리즘에 대한 조명이 이뤄지면서 그 구조와 영향에 대한 이론적 검토도 다양화하고 있다.

소프트웨어 코드는 순수하게 수학적이고 객관적인 수식이 아니라 사회적·정치적·문화적 차원을 지닌 문법이자 법률이다. 알고리즘은 그 자체로 독립된 작은 상자가 아니라 그와 연결된 다른 수백 명과 연결되어 있으며 사용자인 우리에게 영향을 끼치고 서로 교환하는 거대한 장치다.[18] 그래서 알고리즘은 그것이 개발되고 실행된 조건으로부터 분리될 수 없으며 중립적일 수 없다.[19] 메릴랜드대학의 프랭크 파스콸레는 알고리즘을 '황제의 새 법'이라고 부르며 "많은 중요한 알고리즘의 규칙과 권력이 숨겨져 있고 투명하지 않고, 검증 불가능하지만 생활을 규율하고 있다"라고 지적했다.[20] 메릴랜드대학의 닉 디아코폴로스는 "법률의 조항은 모두에게 공개돼 있지만, 알고리즘은 기술적 복잡성의 층위에 숨겨져 있어 훨씬 모호하다. 우리는 점점 알고리즘의 영향이 커지는 세상에 살고 있지만, 알고리즘이 어떤 영향을 끼치는지는 투명성을 결여하고 있다"라고 지적하고 알고리즘의 책임성을 위해 투명성을 대안으로 제시했다.[21]

4. 인간과 도구의 새로운 관계

나아가 디지털 기술은 도구적 인간이 그동안 자연과 맺어온 관계를 근본적으로 전복시키는 계기로 작용한다. 아리스토텔레스가 기술을 힘의 하나로 분류하고, 앙리 베르그송이 구체적으로 개념화했듯이 '도구를 만들어 쓰는 존재(Homo Faber)'는 인간의 두드러진 특징이다. 호모파베르는 자연과 사회 등 외부 세계에 대한 영향력을 확대하고 통제력을 키우기 위한 목적에서 도구를 만들어 사용해왔다. 더 큰 힘과 통제를 위한 도구의 개발은 인간의 육체적 힘은 물론이고 인간의 사고력과 판단력을 위협하는 인공지능 시대로 이어졌다. 강력한 도구를 만들어 통제력을 극대화하려는 시도는 강력해진 도구 스스로 자율성을 획득해 도구를 만든 인간의 통제마저 벗어나려는 미래로 이어질 수 있다는 우려를 낳았다. 보스트롬은 인공지능이 인간의 지능을 능가하는 순간 로봇은 인간 통제를 벗어나 자신들의 계획에 따라 미래를 만들어갈 것이라고 주장한다.

일찍이 자크 엘륄은 "기술이 자율적이 됐다"라면서 자율성을 띤 기술은 인간의 필요와 의도보다는 기술 자체의 관성과 욕망에 따라 진전한다고 지적했다.[22] 《와이어드》를 창간한 케빈 켈리는 『기술의 충격』에서 기술에 유전자나 생명체처럼 자율적으로 자기복제와 확산, 진화하는 성향을 가진 요소인 '테크늄'이 있다고 주장했다.[23] 기술이 자율성과 자기진화 성향을 지녔는가는 과학적 입증의 문제가 아니라, 기술의 역사와 구조에 대한 고찰에서 제시된 관점이다. 유기체처럼 지속적으로 진화한 역사를 보여온 기술은 디지털과 알고리즘의 환경에 이르렀고, 이제는 자율적으로 학습과 판단 기능을 갖춘 인공지능의 단계에 도달했다.

인공지능은 인간이 통제할 수 있는 기술인가에 대한 우려를 불러왔다. 인공지능이 인류 생존을 위협할 것이라는 디스토피아 예견가들만이 아니라, 미래에 강한 인공지능(Strong A.I.)이 출현하지 않는다고 보장할 수 없기 때문에 이에 대한 논의와 대비를 강조하는 주장도 있다.[24] 이런 미래의 가능성 및 개연성과 별개로 알고리즘의 공개와 접근성 논의가 필요한 이유는 디지털 기술이 현실 세계에 끼치는 영향 때문이다.

　사람이 도구를 만들지만 도구는 사람과 사회에 영향을 준다. 석기, 청동기, 철기, 문자시대, 활자시대, 산업화시대, 정보화시대 등 호모파베르가 만들어낸 도구는 사회와 시대를 규정한다. 인간 능력의 연장이자 외부와 관계 맺는 수단인 도구의 영향이 항상 지대했지만, 인공지능 시대는 다르다. 과거에는 전기나 화학 등 아무리 필수적이고 보편적인 기술이라 해도 그 기술이 적용되는 범위가 한정적이었고 기술이 적용되지 않는 영역이 있었다. 또한 시간과 공간의 한계 속에서 작동하기 때문에 시간적, 공간적 거리에 따른 물리적 한계도 명확했다. 하지만 디지털 기술은 다르다. 적용되지 않는 예외를 찾기 어렵고 시공간적 거리를 제약으로 여기지 않는다. 인공지능은 그러한 디지털 기술의 정점에 있는 기술이다. 인간이 도구에 대한 창조자로서 우위를 지닌 상태에서 통제 가능한 관계를 맺는 게 아니라, 그 관계가 역전될 가능성이 커지고 있다. 인간은 도구에 강력하고 다양한 기능을 부여함으로써 도구를 이용해 모든 것을 할 수 있다고 기대하고 과도하게 의존하게 되었다. 하지만 블랙박스 속 알고리즘과 은닉층을 통한 기계학습 방식의 인공지능에서 보듯, 인간은 도구에 대한 이해와 통제권을 잃어버리고 있다. 이해하고 통제할 수 없는 도구에 깊이 의존하는 것은 인간이 도구와 맺는 관계가 근본적으로 달라짐을 시사한다.

　앞서 살펴본 것처럼 디지털과 알고리즘 기반의 인공지능 기술은 인류 사회의 오랜 구조와 합의를 재검토하게 만드는 동력이 자 기본적 환경이다.

기술이 사회에 광범하면서 근본적인 영향을 끼친다는 사실은 해당 영역에 파괴적 변화가 닥친다는 걸 의미한다. 육체적 노동만 이 아니라 인간만의 영역이라고 여겨온 지적 작업 대부분을 인공 지능과 자동화 프로그램에 대체당할 것이라는 미래 전망은 개인 들이 미래 직업에 대해 더 다양하고 창의적으로 준비하는 것으로 가능하지 않다. 인공지능 시대에 사라지는 일자리와 양극화될 분 배 구조에 대한 새로운 사회적 논의를 요구한다. 근대 시민사회와 산업화의 필요 인력 양성을 위해 만들어진 학교교육 체제와 사회 적 지식 전달 시스템 역시 근본적 변화가 요구된다. 유발 하라리 는 "아이들이 현재 학교에서 배우는 내용의 대부분은 성인이 됐을 때 쓸모없을 지식"이라고 말한다.[25]

그러나 자동화와 인공지능으로 인한 산업과 직업의 변화, 그 에 따른 교육시스템의 재편에 앞서 더 근본적 변화를 조명할 필요 가 있다. 직업과 교육 시스템의 변화 또한 디지털화와 인공지능의 진전에 따른 변화가 외부로 드러난 단편적 모습이기 때문이다.

5. 비인격적 행위 주체의 등장

새로운 기술 환경은 직업과 지식 체계의 재편을 넘어서 사회 전체에 광범하고 구조적인 변화를 가져온다. 개인과 사회가 기본적 조건이자 환경으로 전제하고 수용해왔던 인식 틀과 통제 수단이 근본적으로 변화하면서 맞게 되는 변화다.

앞서 살펴본 것처럼, 이는 데이터와 알고리즘에 의해서 우리의 생활과 주변 환경이 재편되고 따라서 기계에 의해서 조작 가능하고 통제될 수 있다는 것을 의미한다. 알고리즘이 강력하고 광범한 영향력을 행사하지만 그 작동구조와 방식이 드러나지 않는 특성상 사용자와 사회가 인지하고 통제하기 어려워진다. 인공지능과 이에 기반한 플랫폼 서비스의 알고리즘을 개발하고 운영하는 소수의 글로벌 기업들 및 그에 접근할 수 있는 세력이 그 효용을 자신들의 목적에 따라 극대화하는 세상이다.

기술의 진전으로 포장돼 나타나지만, 이는 일찍이 없던 격차사회, 감시사회, 위험사회의 계기이기도 하다. 기술과 서비스의 대부분이 온라인과 디지털 형태로 이뤄짐에 따라, 시간과 공간의 한계가 사라지고 이는 기존의 격차가 칸막이 없이 확대될 수 있는 조건이 만들어진다. 디지털화하고 세계화한 사회에서 이미 격차 확대를 경험 중인데, 이는 인공지능과 알고리즘 환경에서 그 규모가 더욱 확대될 가능성이 높다.

일상생활 대부분이 디지털과 온라인에 의존하게 되면서 그 플랫폼과 서비스 알고리즘을 설계하고 데이터에 접근 가능한 집단과 일반 사용자 간의 정보 격차는 실질적인 감시사회로 진전한다. 효율성과 편익을 누리기 위해 필수적으로 제공해야 하는 각 개인의 데이터는 이를 설계하고 관리하는 기업과 권력에 제공된다. 이는 에드워드 스노든이 폭로한 미국 국가안보국(NSA)의 감청

실태에서 드러난 것처럼 국가정보기관이 개인의 거의 모든 디지털 정보에 접근하는 초감시사회를 현실화시켰다.

설계도와 작동 구조가 공개되지 않는 알고리즘은 그 결과와 영향력을 알 수 없고 그래서 위험사회다. 독일 사회학자 울리히 벡은 근대가 지식사회인 데 비해 현대 사회는 위험사회라고 규정한다. 그가 말하는 위험사회의 본질은 '무지사회'다. 무지사회는 진전된 과학기술과 지식으로 극복될 수 있는 것이 아니라 그 향상된 과학기술과 지식 때문에 생겨난 것이다.[26] 사회가 전면적으로 디지털화되고 인공지능이 등장하기 이전부터 벡이 주장한 위험사회 이론은 과학기술의 힘이 극대화되어 인간의 능력을 능가하는 인공지능과 알고리즘 시대에 더 적확한 설명이 됐다.

기술이 고도화하고 발달하면서 디지털이 등장하고 디지털 시대의 그늘이 격차사회, 감시사회, 위험사회로 나타났다면 인공지능은 아예 새로운 형태의 그림자를 만들어낸다. '지능을 갖춘 비인격 존재'라는 기존에 존재하지 않던 새로운 행위 주체의 인간 세계 진입이라는 문제다. 유발 하라리 히브루대학 교수는 이를 '의식 없는 지능'의 등장으로 표현하며, 인류가 역사상 처음 직면한 중대한 고비라고 본다.[27] 최근의 비지도 학습 방식의 심화신경망 기반 기계학습은 사람이 알려주지 않았지만 인공지능이 자율적 학습을 통해 사람보다 효율적이고 뛰어난 길을 찾아내는 능력을 이미 갖췄음을 입증했다. 구글 딥마인드의 인공지능 DQN이나 자율주행 자동차의 알고리즘은 인간이 인식하지 못하는 것까지 인식하는 능력을 보여줬다. 그러한 인공지능의 인식은 인간 인식에 비해 효율성과 정확성이 높아, 비용을 고려하는 사회에서 적극 채택되게 된다. 인식은 실천을 요구받는다. 인공지능이 효율적이고 정확한 인식 기능을 바탕으로 이를 실행할 경우, 인공지능은 인간에 비해 합리적이고 효율적인 결과를 가져올 것이라는 기대를 받게 된다. 자본주의 체제에서 인공지능의 '자율적' 인식과 실행은 효율성과 합리성을 명분으로 지속 확대되는 동력을 지닌다.

인간의 자율성과 다르지만, 인공지능은 사람이 그 세부적 내용과 그로 인한 결과와 영향을 알지 못하는 방식으로 인식하고 행동할 수 있는 기능을 갖췄다는 점에서 기존의 도구와 다르다. 현재 인공지능의 자율적 인식과 판단이 설계자가 허용하고 위임한 범위에 해당하는지 여부에 대한 논란과 별개로, 인공지능이 결과적으로 자율적 기능을 구현한다는 점에서 인공지능은 도구 이상의 도구다. 2016년 미국 도로교통안전국(NHTSA)은 사람만으로 명시하고 있던 차량의 운전 주체에 자율주행 시스템을 포함시키는 방안을 검토하겠다고 밝혔고, 유럽연합에서는 로봇을 새로운 형태의 법적 주체로 간주하고 세금을 매기는 방안을 고려하고 있다.[28] 인간을 대신해 자율적 판단과 기능 수행을 하는 '의식 없는 지능'에 대해, 인간 아닌 새로운 인식과 행위의 주체로 인정하려는 움직임이 시작된 것이다.

의식 없는 지능 또는 지적 능력이 있는 비인격적 존재는 인간과 사회에 근본적 질문을 제기한다. 기존 가치체계와 사회 시스템에 인공지능이라는 새로운 주체를 어떻게 통합시키느냐의 문제다. 사람이 인지하거나 위임하지 않은 영역까지 판단하고 실행하는 기계기능에 대해 법적 책임을 물을 수 있는 자격을 부여할 것인가와 같은 문제를 던진다. 인공지능의 등장은 그로 인한 효율성과 우려를 넘어 의식 없는 지능에 대해 자율적 인식과 행위 기능을 어느 범위까지 허용할 것인가를 고려하게 만든다. 의식 없는 지능은 감정과 고통이 없는 상태이므로, 고통과 형벌을 부가할 수 없다. 자율적 판단과 행위의 주체이지만, 책임을 물을 수 없는 상태인 인공지능에 어떻게 자율에 따른 대가와 책임을 물을 수 있을 것인가. 인간 위주로 설계된 사회 시스템이 비인격적 행위 주체에 대해 타당하지 않은 상황이다.

이는 그동안 인간만을 주체적 인식과 활동의 주체로 보고, 그 위에서 형성해온 기존의 모든 사회적 체계와 규정 등에 새 변수가 등장했음을 의미한다. 『인류의 마지막 발명품』에서 저자 제임스 바랏은 인공지능이 인간이 만들어낸 최후의 도구가 될 것이라고 주장했다.[29] 미래에 영향을 끼치는 수많은 변수들로 인해 이러한 극단적 전망은 실제 실현될지는 알 수 없는 공상 과학적 상상일 뿐이다. 하지만, 인공지능은 인간만을 인식과 사회적 행동의 주체로 여겨온 오랜 인식과 사회 체계에 새로운 차원의 관점을 요청하고 있고, 이는 피할 수 없는 현실적 문제다.

이러한 변화가 인류 역사상 유례를 경험하지 못한, 본질적이고 전면적이고 구조적인 만큼 이는 사회혁명에 비견되는 새로운 틀을 요구한다. 기존의 다양한 사회문제들과 구성주체들 간의 이해 조정을 다뤄온 사회 체계로는 해결하기 어렵다. 모든 구성원에게 영향이 끼치고 그 범위가 지대하므로, 각 구성 주체의 관점과 처지가 반영된 새로운 차원의 거버넌스가 필수적이다. 이는 광범하고 다층적인 차원의 논의와 합의 절차를 수반한다. 근대 시민사회에 시민이라는 주체의 등장과 그에 대한 인식의 확산으로 인해, 사회계약론 논의가 전개되고 시민혁명이 일어난 것에 비길 수 있다. 시민혁명 이후 각 사회 세력의 참여와 논의를 통해 새로운 사회계약이 만들어지고 이는 근대 시민사회의 기틀이 됐다. 새로운 기술 환경이 변화시키고 있는 현실과 미래에 적합한 거버넌스 시스템을 만들기 위한 근본적인 논의와 모색이 필요한 이유다. 이는 구체적으로 비인격 주체의 자율성과 책임성을 어느 수준까지 인정하고 허용할 것인지, 그에 따른 변화를 기존 사회 시스템과 어떤 방식으로 조화시킬지에 관한 논의다.

인공지능은 아무리 뛰어나도 의식 없는 똑똑한 기계이기 때문에 기계로만 취급하면 된다고 무시할 수 있는 일도 아니다. 튜링상을 받은 네덜란드의 컴퓨터과학자 에츠허르 데이크스트라(Edsger Dijkstra)는 "기계가 생각할 수 있느냐고 묻는 것은 잠수함이 항해를 할 수 있느냐고 묻는 것과 같다"라고 말했다.[30] 사람과 같은 방식으로 느끼고 의식하지 않지만, 기능적으로 사람의 역할을 대신하는 존재가 등장한다는 것은 필연적으로 기존 질서를 재검토할 것을 요구한다.

제록스의 팔로알토 리서치센터(PARC) 소장을 지낸 존 실리 브라운은 정보기술의 맹목적인 낙관론의 한계를 지적한다.[31] 기능이 강력할수록 그로 인한 문제도 그만큼 치명적이기 때문에 문제에 대한 해결책을 정보기술 내부가 아니라 해당 기술의 바깥에 있는 요소들에서 모색해야 한다는 것이다. 기술사회 안의 연구와 논의를 넘어 새로운 사회계약론 차원에서 사회 전체가 참여하는 논의와 협의틀이 더욱 중요해지고 있다.

8장
포스트휴먼 시대의 기술철학[1]

손화철

알파고와 이세돌의 대결이 벌어진 2016년 3월의 충격은 그리 오래 가지 않았다. 많은 이들을 당혹하게 하거나 설레게 했던 인공지능의 놀라운 능력은 어느새 당연한 것으로 받아들여지는 듯하다. 이제는 마치 발표된 일기예보에 반응하는 것처럼 언론과 대중, 전문가와 정책결정자가 저마다 어떻게 인공지능의 시대에 잘 적응할 것인지를 앞 다투어 고민하는 양상이다. 이러한 상황에서 현대 기술의 문제를 핵심과제로 삼는 기술철학의 자리는 참으로 애매하다. 한편으로는 그동안 천착해 온 물음에 많은 이들의 관심이 쏠리는 것을 긍정적으로 평가할 수 있지만, 다른 한 편으로는 그간 지속되어 온 논의들이 엉뚱한 방식으로 요약되거나 무시되는 부정적 결과도 있다. 알파고에서 사용된 기술이 이전의 기술과 근본적인 차이를 보이는 점 또한 큰 도전이다. 이른바 포스트휴먼 시대의 도래가 한 발 더 실감나게 다가온 것이다. 이 도전에 면하여 기술철학에게 주어지는 과제는 무엇인가?

이 물음에 답하기 위하여 이 글에서는 기술철학이 응용철학 혹은 실천철학이라는 점을 먼저 주장하고, 이어서 알파고가 가지는 철학적 함의와 포스트휴머니즘의 이론적 도전을 차례로 살펴보도록 한다. 알파고를 가까이 들여다보면 포스트휴먼 시대에 기술철학이 담당해야 할 구체적인 과제들을 도출할 수 있다. 알파고는 철학적으로 중요한 기술, 즉 인간의 삶과 생각에 심대하고도 근본적인 영향을 미칠 포스트휴먼 시대 기술을 예고하는 대표적인 사례이기 때문이다.

1. 기술사회의 미래를 위한 실천적 대안: 기술철학

기술철학은 실천철학이며, 실천철학이어야 한다. 기술철학은 신생분야이고 계속해서 새로운 움직임이 일어나기 때문에, 이 주장에 모두가 동의하는 것은 아니다. 대표적으로 조셉 핏(Joseph Pitt)은 기술철학이 막연한 사회비평에 머물 것이 아니라 기술에 대한 치밀한 인식론적 분석에 초점을 맞추어야 한다고 주장한다.[2] 이상욱은 이러한 의견에 동조하는 이가 적지 않다고 평하기도 한다.[3] 그러나 기술철학의 물음이 궁극적으로는 실천의 문제와 연결된다고 보는 입장을 변호하는 것은 어렵지 않다.

과학철학과의 비교로부터 시작해 보자. "과학이란 무엇인가?"라는 물음은 "기술이란 무엇인가?"와 형식적으로는 유사하지만 다른 의미를 가진다.[4] 전자가 과학이 다른 학문과 어떻게 다른지를 묻는 인식론적인 물음이라면 후자는 현대 기술에 대한 단순한 놀라움을 넘어 대처 방안을 묻는 규범적 성격을 띤다. 하이데거가 기술에 대한 물음이 기술의 본질을 묻는 것이라고 말하면서 그 본질을 존재의 자기 드러냄으로 이해했을 때에도, 결국 그의 탐구는 어떻게 그 드러냄에 반응할 것인가를 묻는 것으로 이어졌다.[5]

이러한 차이는 최근까지 이어지는 과학철학과 기술철학의 연구 흐름에서도 그대로 드러난다. 과학철학에서도 윤리적 문제를 다루는 경우가 없지 않지만, 여전히 과학적 방법론과 실재론 같은 문제가 중요한 위치를 차지한다. 반면 기술철학에서 중요하게 대두되는 주제는 기술사회에 대한 비관론이나 기술민주화 이론 등이다. (물론 기술철학이 기술 활동과 다른 활동의 차이를 규명하는 것이라는 입장도 없지는 않다.)

역사적으로도 기술철학의 규범적 특징은 확연하다. 기술철학이 20세기 전반부에 활성화되기 시작한 결정적인 이유는 세계 양차대전과 핵폭탄 충격의 여파라고 볼 수 있다. 1970년대 중반 이후 이른바 '경험으로의 전환(empirical turn)'을 택한 학자들에 의해서 '실천철학으로서의 기술철학'은 더욱 적극적인 양상을 띠기 시작했다. 이들은 기술철학 초기의 '고전적 기술철학(classical philosophy of technology)'이 취한 비관적인 기술 비판을 극복하고 기술사회의 미래를 위한 대안을 제시하고자 노력하였다. 규범적인 평가에 그치지 않고 실천적 대안의 제시로 그 지평을 넓힌 것이다.

기술철학의 실제 발전과정을 군이 언급하지 않더라도, 기술

혁신이 엄청난 영향력을 가지는 현대사회에서 기술철학이 규범적인 성격을 가지는 것은 자연스럽다. 기술철학의 논의에 아무런 실천적 함의가 없거나, 없어야 한다고 주장하는 이들은 그들의 주장 자체가 기술 발전의 당위성에 대한 입장을 표명하는 셈이라는 비판에 직면하기 십상이다. 기술혁신에 모든 것을 거는 현대기술사회에서 기술철학의 모든 논의들은 그 의도와는 상관없이 일정한 규범적 함의를 지니는 셈이다.

기술철학이 실천철학이라는 것을 새삼 다시 강조하는 이유는, 최근 몇 년 동안 일어난 기술의 비약적인 발달이 기술 자체뿐 아니라 기술에 대한 우리의 이해에도 일종의 패러다임적 변화를 불러왔기 때문이다. 기술에 대한 인간의 책임이 더 많이 요구되고, 이에 따라 기술철학의 실천적 역할이 가지는 중요성도 커진다.

2. 알파고 쇼크가 남긴 것

이세돌 9단과 인공지능 알파고의 대결은 근대 이후 발전을 거듭해 온 현대기술의 또 다른 비약을 명백하게 보여주는 중요한 순간이었다. 이 대국으로 기계가 '학습'의 과정을 거쳐 스스로를 향상시킬 수 있다는 점이 공개적으로 확인되었다. 이는 기술혁신의 놀라운 결과물이기도 하지만 철학적으로도 큰 의미를 가진다.

1) 인공지능의 '학습'

역시 핵심은 '학습'이다. 과거의 컴퓨터 프로그램들은 입력치를 가공하여 출력치를 제공하는 역할을 담당했다. 아무리 복잡한 연산이라도 출력치는 입력치와 그 입력치를 계산하는 방식에 의해 제한되었다. 컴퓨터가 처리할 수 있는 데이터의 양이 엄청나게 늘어나고 연산의 속도가 빨라지면서 입력되는 데이터를 사실상 제어할 수 없게 된 빅데이터 기술에서 한 걸음 더 나아가, 알파고는 심화학습(deep learning)이라는 비교적 새로운 기계 학습 방식에 따라 그 데이터를 정보로 가공한다.[6] 그 결과 인공지능은 인간의 학습에서 일어나는 것과 마찬가지로 입력치만 가지고서는 예상할 수 없는 출력치를 산출하게 되었다. 경기 중간뿐 아니라 경기 이후에도, 이세돌뿐 아니라 개발자인 하사비스도, 알파고의 한 수 한 수가 어떤 연산의 과정을 거쳐 그 결론에 이르렀는지 알 수 없으며, 그 과정이 적절했는지를 평가할 수 없다. 유일한 판단의 기준은 그 수가 결과적으로 알파고의 승리를 이끌었는지, 더 나아가서 알파고가 이세돌을 이겼는지 여부가 된다. 이세돌도 누군가에게 바둑을 배웠겠지만 어느 순간 자신에게 바둑을 가르친 스승을 이겼을 터이다. 스승은 이세돌의 한 수 한 수를 제대로 파악하지 못해 지고 만다. 하산할 때가 온 것이다.

경우의 수가 많다고는 하지만 바둑은 목적과 규칙이 명백한 게임이기 때문에 알파고의 성공을 과대평가할 필요는 없다는 반론이 있을 수 있다. 그러나 그 점을 고려하더라도 학습을 해서 입력치를 능가하는 출력치를 가지게 되는 것이 가지는 의미는 크다. 보기에 따라서는 엘륄이 말한 기술의 자율성(autonomy of technique)이 문자 그대로, 혹은 극단적으로 실현되는 것이라 할 수도 있다.[7] 엘륄이 그러한 표현을 쓴 것은 기술사회에서 효율성을 유일한 기준으로 한 기술적인 판단과 평가가 절대적이 된 나머지 인간의 다른 판단들이 무시되고 무의미해지는 상황 때문이다. 그런데 이때 기술적인 판단을 내리는 것은 여전히 사람이다. 알파고는 여기서 한 걸음 더 나아간다. 알파고는 스스로 판단하는 위치에 서 있고, 사람은 타자가 된 알파고의 판단을 믿을 수밖에 없다. 이렇게 믿는 이유는 알파고가 효율적이라는 것을 따로 계산했기 때문이 아니다. 단지 지금까지 알파고의 승률이 높았으니까 알파고에 의지해야 하는 것이다.

미래에 알파고와 같은 인공지능을 의사의 진단이나 주식시장 딜러의 거래에 적용시키게 되어도 비슷한 과정이 이어질 것이 예상된다.[1] 인공지능이 내린 판단의 적정성은 오직 그 결과로 확인할 수 있다. 일단 인공지능의 판단이 사람의 판단보다 더 낫다는 것이 통계적으로 입증되면, 이후로는 그 판단의 근거를 파악할 수 없어도 인공지능을 신뢰하고 사람을 믿지 않게 될 것이다. 인공지능이 인간이 수용할 수 없는 양의 데이터를 축적하고 분석할 수 있기 때문에 그런 일이 일어날 가능성은 충분히 크고, 이미 그 방

---

1) 이미 주식시장에서 초단타매매를 위해 인공지능 시스템을 활용한다. 그 현실과 함의에 대해서는 제리 카플란, 신동숙 옮김, 『인간은 필요 없다』(한스미디어, 2016), 79~89쪽 참조.

향을 향해 기술이 진보하는 중이다. 과거의 기술이 육체노동과 상대적으로 단순한 노동으로부터 인간을 대체하기 시작했다면, 인공지능은 가장 고도의 판단을 내려야 하는 것으로 알려져 있는 의사와 변호사 같은 전문직종의 일을 대체할 수 있다는 점에서도 큰 파장이 예상된다. 2015년 다보스 포럼에서 이 문제를 본격적으로 제기한 이후, 많은 언론들은 바로 이 지점에 주목하면서 국가적인 대책을 요구하기도 한다.[8]

2) 도구인가 주체인가

기술의 도구주의적 이해도 인공지능의 발전으로 더욱 설득력을 잃는다. 기술이 인간 삶의 지평과 맥락에 영향을 미치기 때문에 인간의 목적을 위해 사용하는 단순한 도구가 아니라는 점은 이미 기술철학 내에서 많이 논의된 주제이다. 기술이 인간의 목적만을 위해 사용되고 버려지는 중립적인 도구가 아니라 그 사용 과정에서 인간의 삶에 일정한 영향을 미친다는 주장이다. 그런데 인공지능 기술은 여기서 한 걸음 더 나아가 사용의 주체가 누구인지에 대한 의문을 불러일으킨다. 우리가 익히 아는 도구의 개념이 심대하게 바뀌고 있다.

우선 믿을 만한 판단을 스스로 내리는 인공지능 기술에 이르러서는 그 목적을 설정하는 인간의 자리는 점점 더 협소해진다. 물론 바둑을 이기는 것, 진단 처방으로 환자를 살리는 것이 목적일 것이고, 이를 위해 인공지능을 수단으로 사용한다고 말할 수 있다. 그러나 최종 목적을 이루기까지 여러 단계를 거쳐야 하는 복잡한 판단들이 훨씬 더 많고, 이 판단의 과정 중 어디까지를 인공지능에 맡길 수 있는지에 대해서는 논란의 여지가 있다.

최근에 자율주행자동차 때문에 다시 인구에 회자되는 이른바 '트롤리 딜레마(Trolly Dilemma)' 상황을 생각해 보자. 순간적인 판단에 따라 선로 위를 달리는 광차가 다섯 명의 인부가 있는 곳으로 향하거나 한 명의 인부를 향하게 되는 상황에서 어느 것이 도덕적이냐 하는 물음이다. 이 문제는 사람이 일관된 도덕적 입장에 따라 행동하는 것이 힘들다는 것을 보여주는 사례이고, 실제 상황에서라면 누군가 이 둘 중 하나를 취한다고 해서 도덕적인 비난을 가하기 어렵다. 그런데 자율주행자동차의 상용화를 앞둔 시점에서는 이 문제를 단순히 딜레마로 취급할 일이 아니다. 어떤 식으로든지 이런 상황에 대처할 구체적인 알고리즘을 준비해야 한다. 자율주행자동차의 인공지능에 "사람의 생명과 안전을 최우선으로 해야 한다"는 최종 목표를 설정해 두었다 하더라도, 구체적인 시간과 장소에서 이것이 어떻게 실현될 것인지는 별개의 문제다. 이런 개별판단을 과연 인공지능에 맡겨야 할 것인가?

나아가 인공지능은 끊임없이 외부와 소통한다는 점에서 이전의 다른 기술과 매우 다르다. 보통의 도구는 일단 제작되고 나면 일정한 사용의 범위 내에서 제작자와 독립적으로 사용된다. 예를 들어 자동차는 망가지기 전에는 사용자의 목적에 따라 그 기능의 범위 내에서 사용되고, 제작자의 영향력 아래 있지 않다. 그러나 빅데이터 기술이나 그와 연결된 인공지능은 계속해서 외부 세계와 소통해야 하는 구조를 가진다. 결국 사용자가 기술을 사용할 때에 그는 그 기술의 제작자 혹은 그 기술을 서비스하는 다른 행위자와 소통하는 셈이다.

인공지능의 판단 과정은 누구에게도 알려지지 않는 (혹은 알려질 수 없는) 블랙박스다. 요컨대 도구의 사용자는 자신이 사용하는 인공지능의 용도를 알 뿐 그 구조와 작동의 방식, 판단의 과정에 대해서는 전혀 모른다. 물론 대부분의 운전자도 자동차의 구조에 대해 알지 못하지만, 인공지능의 판단은 끊임없이 제공되는 데이터를 바탕으로 그때그때 만들어지고 실행된다. 일단 생산되고 나면 구조의 변화 없이 사용될 뿐인 자동차와는 다르다.

3) 누가(무엇이) 누구를(무엇을) 지배하는가?

기술의 발달로 권력과 정보가 더 많은 사람들에게 분산된다고 하는 인식은 상당히 일반적이다. 자동차 덕분에 더 많은 사람들이 이동의 자유를 갖게 되었고 인터넷이 있어 정보의 공유가 더 쉬워졌다는 주장이 대표적이다. 그러나 자세히 살펴보면 그러한 관찰은 일면적이다. 기술 진보 때문에 여러 가능성들과 기회, 기능들을 더 보편적으로 향유하게 된 것은 사실이지만, 기술사회 전체적으로는 전문가의 권력과 정보가 더욱 집중화되었다. 알파고가 이를 보여주는 대표적인 예이다.

알파고의 성공 이면에는 구글의 엄청난 데이터와 연산능력, 그리고 막강한 기술력과 자본력이 있다. 다른 최첨단 기술들과 마찬가지로, 인공지능 역시 엄청난 투자를 필요로 하기 때문에 개발에 참여할 수 있는 주체들은 한정되어 있다. 인공지능을 널리 사용하게 되면 이들이 가장 큰 수혜자가 될 것임은 당연하다.

이와 같은 상황을 고려하면 인공지능의 자의식을 가질 날을 우려하는 것은 시기상조일 뿐 아니라 순서가 뒤바뀐 것임을 알 수 있다. 인공지능이 무엇을 할 수 있느냐가 아니라 인공지능이 어떤 권력 구조 속에서 사용되느냐가 더 중요하고, 후자는 지금 여기의 문제다. 현대 기술사회의 무한경쟁과 물질주의를 감안한다면, 인공지능이 인류 전체의 자유와 행복을 지향하게 될 리는 만무하다. 인공지능은 권력과 부를 가진 소수의 행복에 복무하게 될 것이다.

유명한 아이작 아시모프(Isaac Asimov)의 동명 소설과 로봇 3법칙[2]을 모티프로 하여 만든 SF 영화 〈아이, 로봇(I, Robot)〉은 우리의 관심을 엉뚱한 곳으로 돌리는 좋은 예다. 인간 생활을 돕는 로봇들을 만드는 회사의 중앙제어를 맡은 인공지능은 스스로 진화해서 자율성을 갖게 된다. 이후 부도덕하고 파괴적인 인간들을 돕기 위해서는 차라리 로봇이 혁명을 일으켜 다스리는 것이 낫다고 생각한다. 중앙제어 인공지능이 원격조정으로 로봇들의 혁명을 일으키자 주인공은 인공지능을 파괴한다. 이 이야기에서 비현실적인 것은 인공지능의 진화가 아니라 이야기가 시작되는 시점이

---

[2] 로봇 3법칙: 1. 로봇은 인간에게 위해를 가할 수 없으며, 인간이 위험상황에 있을 때 방관해서는 아니 된다. 2. 로봇은 제1법칙에 저촉되지 않는 한 인간의 명령에 복종하여야 한다. 3. 로봇은 제1법칙 또는 제2법칙에 저촉되지 않는 한 자신의 존재를 보호하여야 한다. 아이작 아시모프, 『아이, 로봇』(우리교육, 2008), 6쪽 참조.

로봇 3법칙이 지켜지는 안정적인 사회라는 점이다. 우리는 인간의 안전을 최우선으로 하는 사회에 살지 않는다. 인공지능의 미래에 대해 사람들이 거부감을 가지는 것은 인공지능 자체보다는 그것을 만들어 내려 노력하는 오늘의 사회에 대한 막연한 거부감인지도 모른다.

오늘날 로봇산업의 첨단에는 영화에 나오는 정도의 자율성을 가지지는 못했지만 충분히 자동 살상을 실행할 수 있는 군사로봇이 있다.[3] 스티븐 호킹과 엘론 머스크 같은 과학 기술 분야의 유명인사들이 자동 살상무기에 대한 강력한 경고를 제기했는데[9] 안타깝게도 큰 반향이 있는 것 같지 않다.

4) 인공지능과 인간다움

이른바 강한 인공지능, 곧 인간과 같이 자의식을 가진 인공지능의 출현을 예고하는 이들도 없지 않다. 이러한 예측은 알파고 이후 폭발적인 반향을 일으켜 많은 이들이 "인간을 지배하는 인공지능의 시대가 올 것인가?"와 같은 식의 물음을 던지곤 한다. 그러나 다수의 전문가들은 강한 인공지능의 가능성 자체를 부인하거나 이것이 가능해지기까지는 여러 가지 기술적인 난관이 있을

---

[3] 최근 미국에서 경찰을 대상으로 벌어진 총기 사건 당시, 미국 경찰은 원격조정 폭탄 로봇을 범인이 숨어 있는 곳에 침투시켜 범인을 폭사시켰다. 자동 살상 로봇은 아니지만, 향후 많은 논란을 예고한다. 조일준, 「'폭탄로봇'으로 저격범 폭살… 미 '경찰의 군대화' 논란 가열」, 《한겨레 신문》(2016.7.10.), http://goo.gl/u5CbeV(최종접속일: 2016.7.26).

것이라고 본다. 알파고가 훌륭한 성과를 낸 것은 맞지만 인간과 같이 자의식을 가지고 상상력과 창의력을 발휘하는 것과는 여전히 거리가 멀다. 사실 이런 식의 논의는 당면한 기술사회의 여러 가지 문제들을 희석시키는 부작용을 낳을 뿐이다.

강한 인공지능의 가능성을 차치한다 해서 인공지능이 인간의 인간다움에 제기하는 문제가 없어지는 것은 아니다. 알파고 정도의 초보적인 인공지능도 이미 인간다움의 정의에 문제를 제기한다. 아리스토텔레스가 인간을 생각하는 동물이라고 했을 때, 그 '생각'의 범위는 상당히 넓었을 것이다. 비교 대상이 동물이었으니 상당히 포괄적인 기억력과 복잡한 사고 능력, 계산과 종합의 능력, 분석과 응용의 능력, 창의력과 상상력 등이 모두 생각에 포함되었다고 할 수 있다. 생각의 능력은 현대기술의 시대가 시작된 이후로도 오랫동안 인간을 구분하는 중요한 기준이 되었다. 그러나 개인용 컴퓨터가 보급된 1980년대 이래 이 생각의 많은 부분이 기술의 영역으로 넘어가는 듯하다. 빅데이터와 인공지능 기술에 이르러 이제 인간이 기술보다 더 우월하다고 주장할 수 있는 부분은 창의성과 상상력, 혹은 이세돌 9단이 패배 후 보여준 품격, 즉 그의 침착하고 절제된 태도 정도로 축소되고 말았다.

그러나 "인간은 창의력이 있다는 점에서 인공지능과 다르다"는 주장의 실제 내용이 얼마나 빈약한지 생각해 보면 당혹스럽다. 창의력과 품격을 갖추지 못한 사람들이 많을 뿐 아니라 그런 미덕보다는 효율성을 강요받는 경우가 다반사다. 인공지능은 인류 전체가 함께 개발한 것이 아니라 소수 천재들의 작품이다. 이런 면

에서 이세돌의 1승은 이세돌의 승리인 반면, 그의 4패는 인간 모두의 패배이다.[10]

3. 포스트휴머니즘의 등장

처음부터 확고하지만은 않았던 기술철학의 규범적 역할에 대한 일반적인 합의가 최근에 와서 더욱 흔들리는 중이다. 기술발전의 부작용이 극명하게 드러났던 세계대전의 악몽이 점차 가시면서 기술에 대한 우려가 잦아들고, 정보소통기술이 발전하면서 새로운 가능성이 열리기 시작했기 때문이다. 기술의 발전이 막을 수 없는 도도한 흐름이라는 인식이 팽배하다. 기술의 발전이 자율적이라고 했던 자크 엘륄은 대안 없는 비판자, 기술혐오주의자 혹은 비관주의자라 하여 많은 비판을 받았다. 그러나 앞에서 살펴본 것처럼, 오늘날 기술의 자율성은 긍정적 의미에서 받아들여질 만한 주장이 되고 말았다. 기술철학에서도 기술발전의 방향에 대한 근본적인 문제제기보다는 앞으로 나타나게 될 미래기술에 어떻게 대처할 것인지를 논하는 쪽으로 관심의 초점이 옮겨지는 듯하다.

이 새로운 흐름을 잘 보여주는 것이 바로 포스트휴머니즘이다. 트랜스휴머니즘과 구별되기도 하고 혼용되기도 하는 이 입장은 기술의 발전에 따라 새로운 인간, 즉 포스트휴먼의 시대가 시작되었거나 곧 시작된다고 본다.

칼루스와 헤어브레히터는 포스트휴머니즘을 포스트휴먼-이

즘과 포스트–휴머니즘의 두 갈래로 나눌 수 있다고 하는데,[11] 이 구분은 오늘날 점차 그 규모를 키워가는 이 입장의 지형도를 잘 보여준다. 포스트휴먼–이즘은 트랜스휴머니즘(transhumanism)으로 더 잘 알려져 있다. 이들은 기술의 발전으로 인간의 육체적, 정신적 능력이 향상된 포스트휴먼 혹은 트랜스휴먼이 등장할 것임을 예고한다. 가장 잘 알려진 트랜스휴머니스트인 레이 커즈와일(Ray Kurzweil)은 2039년이 되면 첨단기술들의 융합하여 발전한 기술이 드디어 인간의 능력을 넘어서는 때, 곧 특이점에 도달하게 될 것이라고 주장한다. 또 다른 트랜스휴머니스트이자 '모라벡의 역설'[4]로 유명한 한스 모라벡(Hans Moravec)은 앞으로 인간의 마음을 다운로드하여 영원히 살 수 있게 될 것이라 주장하기도 한다.

포스트–휴머니즘은 비판적 포스트휴머니즘이라 부르기도 하는데, 대표적인 학자로는 캐서린 N. 헤일즈(Katherine N. Hayles), 닐 베드밍턴(Neil Badmington) 등이 있다. 이들은 기술의 발달이 휴머니즘의 극복을 선도한다고 본다. 근대의 산물인 휴머니즘은 인간의 이름으로 자연을, 남성의 이름으로 여성을 억압하였다. 그러나 현대기술로 인해 이러한 억압은 극복되거나 버려진다. 자연과 인간, 기계와 인간의 차이를 더 이상 강조하지 않게 되고, 따라서 불필요한 억압이나 차별도 없어진다.

포스트휴머니즘의 새로운 인간관은 기존의 기술철학이 당연한 것으로 받아들여 온 제작자이자 사용자로서의 인간과 사용되

---

4) "인간에게 어려운 것은 기계에게 쉽고, 인간에게 쉬운 것은 기계에게 어렵다."

는 객체로서의 기술이라는 구분을 뛰어넘는다. 이 입장에 따르면 사실상 '기술철학'이라는 용어 자체가 엄밀한 의미에서는 부적합한 것이 된다. '기술'이라는 것을 따로 떼어 생각할 수 없다면 기술에 대한 철학적 사유를 굳이 인간이나 존재에 대한 일반적인 사유와 구분할 필요가 없기 때문이다. 기술철학을 실천철학으로 파악하는 것 역시 부정된다. 억지로 기술철학의 영역에 남겨둘 주제가 있다면, 인간의 인간됨을 규정하는 요소가 무엇인지를 파악하여 기계 혹은 로봇을 인간으로 인정하는 기준을 설정하거나, '창의력' 혹은 '직감' 혹은 '반성적 능력'을 어떻게 정의할 것인지 고민하는 것 정도이다. 흥미롭게도 이와 같은 논의들이 이미 여러 경로로 진행되는 중이다. 특히 대중을 대상으로 신기술이 가지는 함의를 설명하는 글들에서 이와 같은 논의들이 활발하다. 이들은 "과연 로봇에게도 인격이 있는가?" 혹은 "미래에는 로봇의 인권도 보장할 것인가?"와 같은 물음들을 제기하고 이에 대한 토론을 유도하곤 한다.

4. 우리는 무엇을 준비해야 하는가: 기술철학의 충고

알파고와 인공지능 같이 근본적으로 새로운 기술들과 포스트휴머니즘의 도전에 전통적인 기술철학은 어떻게 대응할 것인가? 그중에서도 논자가 주장하는 바와 같이 기술철학을 실천철학으로 볼 때 기술철학의 과제는 무엇인가?

1) 호모파베르의 역설

기술철학이 실천철학으로서의 역할을 수행하기 위해서 필요한 첫 번째 조건은 이른바 '호모파베르의 역설'을 명확하게 이해하고 인정해야 한다. '호모파베르의 역설'은 미디어학자인 월터 옹이 쓴 『구술문화와 문자문화』의 한 구절을 염두에 두고 만든 개념이다. 이 책에서 옹은 쓰기의 기술, 즉 문자문화가 인간의 의식을 어떻게 바꾸었는지를 상세하게 밝힌다.

> 기술은 인공적이다. 그러나 역설적이게도, 이 인공성은 인간에게 자연스러운(본성적인) 것이다. 기술이 적절하게 내면화되었을 때, 그것은 인간의 삶을 저급하게 만드는 것이 아니라 그 가치를 높여준다.[12]

> 기술은 단순히 외부적인 도움을 주는 것이 아니라 의식의 내부적인 변화를 일으키는데, 그중에서도 언어에 영향을 미칠 때 가장 그러하다. 그런 변화는 우리를 향상시킨다. 쓰기는 의식을 고양시킨다.[13]

자연 그대로를 받아들이는 것이 아니라, 자연을 인공적으로 조작하여 쓰는 것이 인간의 자연스러운 특징이다. 그런데 "인공적인 것을 만드는 게 자연스럽다"는 다소 말장난 같은 역설은, 인간이 만든 기술 때문에 인간 자신이 본질적으로 변화한다는 사실을 고려하면 더 풍부한 의미를 가진다. 인간은 자신의 본성에 따라 기술을 만들어 사용하는데, 그 기술이 인간을 변화시킨다. 그 변화는 거의 본성에 영향을 미칠 정도로 심대하다. 옹은 문자 기술 덕분에 이성적이고 합리적인 사고가 가능했다고 주장한다. 이 견해에 따르면 플라톤이 말하는 진정한 앎 혹은 철학적인 사유는 결국 글자가 있었기에 가능했다. '생각하는 인간'에서 말하는 '생각'이 수학적이고 논리적인 합리성만을 가리키는 것은 아닐 터이다. 그러나 글자가 인간의 생각하는 능력을 얼마나 획기적으로 바꾸었는지를 감안하면 기술이 인간의 본성에 변화를 가져왔다는 표현도 지나치지 않다.

호모파베르의 역설은 철학적 입장이기보다 기술이라는 현상을 그대로 기술(記述)하는 것에 가깝다. 그러나 이 역설을 받아들임으로써 고전적 기술철학의 입장과 경험으로의 전환이 취하는 입장을 건설적으로 절충할 수 있다. 고전적 기술철학은 기술이 인간의 본성에 영향을 미치는 것을 경계하면서 기술이 인간의 지배 아래 있는 도구로 남아 있어야 한다고 보았다. 그러나 호모파베르의 역설을 받아들이면 고전적 기술철학의 입장은 너무 비관적이고 비현실적인 것으로 평가된다. 기술은 인간이 만든다는 단순한 사실을 너무 가볍게 포기하여 기술의 위험을 과장했기 때문이다. 경험으로의 전환은 현대기술 역시 도구일 뿐이라고 주장하면서 고전적 기술철학자들이 지적한 문제들 역시 해결하면 된다는 식으로 접근하였다. 이에 대해서는 사태의 심각성을 충분히 파악하지 못했다는 비판이 가능하다. 기술은 단순히 인간의 활동과 생각을 제약하거나 확장시키는 정도가 아니라 인간 본성에까지 영향을 미치기 때문이다. 포스트휴머니즘은 새로운 인간의 등장을 필연적일 뿐 아니라 긍정적으로 평가하지만 이는 모순된 것으로 판명난다. 새로운 인간이 시대를 긍정적으로 보지만 그 긍정의 기준은 여전히 현재에 속하기 때문이다.

2) 철학적으로 중요한 기술

고전적 기술철학에 대한 핵심 비판 중 하나는 이들이 기술을 하나의 실체인 것처럼 이야기한다는 점이다. 수많은 개별 기술들이 있는데도 마치 '기술'이라는 무엇인가가 따로 있는 것으로 상정하고 기술 일반에 대해 논의하는 것은 아무 의미도 없다는 것이다. 이런 지적의 정당성에 대해서는 별도의 논의가 있어야 하겠지만, 거기에 일말의 진실이 있음을 부인할 수 없다. 현대 기술 전체가 발전해 가는 방향에 대한 통찰이 필요한 것은 사실이나, 그러한 통찰이 실제 기술 개발과 사용의 현장에서 어떤 구체적인 지침을 제공하지는 못하기 때문이다.

그렇다고 해서 매일매일 쏟아져 나오는 신기술들을 일일이 파악하고 그 철학적 함의를 분석할 수도 없는 노릇이다. 바로 이런 이유로 랭던 위너(Langdon Winner)는 기술의 사회적 구성(Social Construction of Technology)을 주장하는 기술사회학자들을 비판한다. 사회구성주의자들은 이 기술에서 저 기술로 주제를 바꾸면서 그 각각이 사회적으로 구성되었다는 것을 끊임없이 밝혀내지만 그 분석에서 도출되는 실질적인 결과가 없다는 것이다.[14]

개별 기술의 중요성에 유념하면서도 기술 일반에 대한 통찰을 잃지 않기 위해서는 기술의 역사에서 '철학적으로 중요한 기술 (philosophically significant technology)'이 무엇인지를 밝혀야 한다.[5] 그 정의는 다음과 같이 정리할 수 있다.

철학적으로 중요한 기술이란, 그 개발을 통해 인간과 자연, 혹은 인간과 인간 사이의 상호작용에서 이전과는 질적으로 다른 변화를 일으켜 인간과 자연의 존재와 그에 대한 인식을 크게 바꾼 기술 활동, 공학 이론, 인공물을 말한다.

철학적으로 중요한 기술의 예로는 문자, 시계, 전기, 플라스틱, 핵폭탄, 인공지능 등을 들 수 있다. 이는 산업적으로 중요한 기술들과는 다르다. 예를 들어 증기기관은 인간이 과거에는 상상할 수 없었던 물리적 힘을 발휘할 수 있게 해 주었지만 인간과 자연의 상호작용을 근본적으로 바꾸지는 않았다. 이에 비해 핵폭탄은 지구 전체를 없애버릴 수 있는 힘을 제공했다는 점에서 철학적으로 중요한 기술이다. 핵폭탄 이후 인간은 자연을 보호해야 하는 (혹은 보호할 수 있는) 존재가 되었다. 전기는 매우 뚜렷한 지리적 한계에 제한되어 있던 동력과 정보를 장거리로 전달하게 되었다

---

5) 이는 요나스(Hans Jonas)가 현대기술이 왜 철학의 대상인지를 설명하면 기술의 형식과 내용을 나누어 설명한 것에서 착안하였다. 그는 현대기술의 내용을 역학, 화학, 소비재로서의 기계들, 전기, 전기를 이용한 동력기술, 전기를 이용한 통신기술과 정보기술, 생명공학 등으로 나누고, 이들 영역에서 현대기술이 과거의 기술과 어떻게 질적으로 다른 특징을 가지는지를 설명한다. 한스 요나스, 이유택 옮김, 『기술 의학 윤리: 책임 원칙의 실현』(솔, 2005), 31~40쪽 참조.

는 점에서 철학적으로 중요하다. 그런 면에서 인터넷은 전기의 연
장선상에서 보아야지 따로 철학적으로 중요한 기술이라고 할 필
요는 없을지 모른다.

'철학적으로 중요한 기술'의 개념이 불분명하고 모호하며 논
란의 여지가 있는 것은 사실이다. 그러나 그러한 논란 자체가 기
술철학에서 우선 탐구 대상이 되어야 할 기술과 그렇지 않은 기술
을 구분하는 의미 있는 과정이다. 이는 특별히 다양한 미래 신기
술의 등장 시점에 철학적 탐구의 노력을 어디에 집중할 것인지를
알려주는 한 기준이 된다.

예를 들어, 이미 살펴본 것처럼 인공지능은 인간의 고유한 영
역 중 가장 중요한 사고와 학습의 능력을 모방했다는 점에서 철학
적으로 중요한 기술이다. 알파고에 사용되었다고 하는 기계학습
방법인 심화학습은 아무런 사전 정보 없이 특정한 사물(예를 들어
고양이)을 구별해 내거나 일정한 활동의 패턴을 파악할 수 있다고
한다. 물론 2, 3세의 어린아이가 금방 해낼 수 있는 작업을 엄청난
연산력을 동원해서야 수행할 수 있다는 문제가 있지만, 그것은 극
복될 가능성이 높은 현실적인 제약일 뿐이다. 따라서 인공지능은
다른 신기술과는 다른 차원에서 검토되어야 한다.

3) 기술담론의 허세를 넘어

자크 엘륄은 기술의 자율성이 심화됨에 따라 기술담론의 허
세(technological bluff)가 등장한다고 주장한다.[15] 기술담론의 허세

란 기술의 실질적인 유효성 여부와는 상관없이 기술발전 자체를 당연하고 긍정적으로 받아들이게 하는 각종 담론을 말한다. 매일매일 신문에 신기술 개발에 대한 소식이 나오고 예상되는 경제적 이익을 추정하거나, 절반 이상이 상상으로 채워진 장밋빛 미래에 대한 희망을 피력하는 것이 대표적인 예이다. 그런데 이보다 더 미묘한 종류의 허세도 있다. 신기술의 개발과 관련한 각종 논의와 토론들이 실질적인 대책으로 이어지지 않고 말의 성찬으로 끝나는 경우다. 이런 경우 문제점들을 이미 언급했다는 사실이 해당 개발의 정당성을 보장하는 결과가 된다.

이런 결과가 모두 어떤 음모에 의한 것은 아니다. 이 논의들이 의미 있는 결과로 이어지지 않는 이유는 각기 다른 전제와 시점을 전제하고 자신의 이야기만을 되풀이하기 때문이다. 알파고에 대한 논의가 놀랄 만큼 빨리 잦아든 원인도 여기에서 찾을 수 있다. 수많은 토론들이 서로 다른 지면에서 전개되었는데, 토론 주최자의 관심과 목적, 토론자의 전공이나 직업, 토론의 길이나 구성 등 다양한 요소에 따라 서로 다른 논점과 주장, 결론들이 제기되거나 도출되었다. 일자리가 대거 없어질 것이라는 예측에서부터 인공지능이 과연 인간의 지성을 구현하게 될 것인지에 이르기까지 다양한 차원의 문제제기가 이루어졌고, 알파고의 능력을 하찮은 것으로 폄하하는 입장부터 종교적으로 큰 문제가 있다는 입장까지 다양한 평가도 이루어졌다. 문제는 이런 다양한 논의들이 제각기 다른 방향과 차원에서 진행되기 때문에, 이들을 한 자리에 모아 쟁점을 도출하고 그에 대한 일정한 합의를 시도하는 체계적인 노력을 하기 힘들다는 것이다. 결과적으로 많은 논의들이 "우려할 만한 부분이 많이 있으니 앞으로 조심해야 한다"는 정도의 선에서 마무리되고 만다.

이런 논의들은 아무리 많이 반복되어도 의미 있는 결론으로 이어지기 어렵다. 기술의 발전이 엄청난 속도와 규모로 이루어지는 것을 감안하면 이런 성찰적 사유는 결국 급변하는 상황에 대한 인상비평에 그치게 될 공산이 크다. 이러한 상황을 막기 위해서는 신기술에 대한 여러 물음들을 정리하고 조정하거나, 핵심적인 물음들에 대한 성찰을 유도하는 방안을 마련해야 한다. 제4차 산업혁명을 운운하는 시대에 기술철학이 담당해야 할 중요한 임무는 기술에 대한 각종 논의와 토론을 효과적으로 조정하고 종합하는 일이다. 기술철학은 과학기술학, 기술사회학과 함께 이 역할을 담당할 수 있는 중요한 학문 분야다.

우선 학계나 공론장에서의 논의들이 좀 더 정확한 정보와 지식을 바탕으로 수행될 필요가 있다. 또한 논의 내용이 단기적인 문제에 대한 것인지 장기적인 전망과 관련된 것인지를 명확하게 하고 어떤 생각을 전제로 하여 진행되는지를 확인해야 한다. 기술철학은 기술 자체에 대한 연구에 그칠 것이 아니라, 기술에 대한 다양한 논의들, 즉 기술담론에 대한 비판적 검토를 함께 수행해야 한다.

4) 기술영향평가의 한계와 대안

신기술의 사회, 경제, 문화, 정치적인 영향력에 대한 비판적 검토는 제도적 측면에서도 이루어져야 한다. 미래기술의 발전 방향과 개발 이전에 미리 확인해야 할 우려점을 체계적으로 점검하려는 노력의 일환으로 정부에서는 해마다 새로운 기술들에 대한 기술영향평가를 진행한다.[16] 기술영향평가는 해당 기술을 개발하여 얻게 될 단기, 중기, 장기적인 유익과 위험을 미리 가늠해 보고 어떤 정책적인 대안이 필요할 것인지를 조언한다. 이 평가를 위해 대상이 되는 해당분야의 공학자뿐 아니라 법학자, 인문학자, 공무원들이 모여 논의를 하고, 일반 시민들도 별도의 모임을 여러 차례 가지면서 자신들의 입장을 구축해 나간다.

현재 우리나라에서 진행되는 기술영향평가는 '기대와 우려'를 표명하는 것에서 많이 나가기 힘들다. 매해 특정 기술에 대해 짧은 시간 동안 전문가들과 시민들이 각자 자신의 생각을 피력하고 조정하는 선에서 평가가 이루어질 수밖에 없기 때문이다. 나아가 관련 분야의 전문가들은 이해 당사자들일 가능성도 많아서 기술영향평가의 중립성을 담보하기 힘들다. 국가의 과학기술 전략 수립을 위한 과정이기도 하기 때문에 정부가 주도하는 것이 일면 타당하기도 하지만, 정부의 입김과 바람이 영향을 미치는 것도 사실이다. 그러나 기술영향평가가 실질적인 영향력을 가지지 못한 채 미래 기술에 대한 염려를 충분히 받아들이면서 기술적 혁신을 꾀한다는 느낌만 준다면 이 또한 기술담론의 허세로 전락할 가능성이 농후하다.

기술영향평가가 미래 기술에 대한 좀 더 심층적인 성찰과 고민을 담아내고 국가나 기업의 정책에 실질적인 영향력을 행사하게 하려면 근본적인 변화가 필요하다. 우선 기술영향평가에서 경제적인 측면을 너무 강조하지 않도록 해야 한다. 기술에 대한 과도한 우려나 규제가 경쟁체제에서 국가적 우위를 점하는 것을 방해할 가능성까지 고려해야 한다면 이는 기술영향평가의 외연을 너무 확장하는 셈이 된다. 기술영향평가는 그 기술이 실현되었을 때 미칠 수 있는 윤리적, 법적, 사회적 영향을 미리 생각하여 평가하는 것이지, 그 기술의 경쟁력을 평가하는 것이 아니다. 기술영향평가가 정부와 이해당사자의 입김으로부터 독립적이어야 한다는 것 역시 중요하다. 현재 기술영향평가를 수행하는 위원들의 구성을 보면 공학자와 기업체, 그리고 공무원의 수가 압도적으로 많다. 물론 기술에 대한 전문적 지식이 필요하기 때문에 불가피한 면이 없지 않지만, 철학자, 사회학자, 법조인, 종교인이 좀 더 많이 참여하도록 해야 한다.

심층적인 기술영향평가를 하기 위해서는 각 분야별 전문가의 참여뿐 아니라 충분한 시간을 가지고 기술영향평가에만 집중할 수 있는 인력과 기관이 필요하다. 국내에도 소개된 적이 있는 네덜란드의 라테나우 연구소(Rathenau Institute)는 국가의 지원을 받으면서도 상당한 독립성을 유지하고 나노 기술을 비롯한 많은 신기술들에 대한 기술영향평가와 윤리적 연구를 수행한다.[17]

5) 인문학자와 공학자의 소통

기술철학이 그 역할을 충실하게 감당하기 위해 공학자들과 긴밀히 소통해야 하는 것은 당연하다. 기술의 내용을 속속들이 파악하지는 못하더라도, 특정기술의 기본적인 얼개와 쓰임새, 그리고 향후 발전 방향을 파악하는 것은 기술철학의 여러 주제들을 다루는 데 매우 중요하다. 이러한 소통은 공학자들을 위해서도 중요하다. 불꽃 튀는 경쟁 상황에서 당장 눈앞에 있는 프로젝트를 완수하는 데 집중한 나머지 자신이 개발하는 기술의 함의를 생각하지 못하는 공학자들이 적지 않다.

문제는 그러한 접촉이 그리 쉽지 않다는 점이다. 공학자들은 자신들의 전문분야를 엄격하게 구분하고 함부로 넘나들지 않을 뿐 아니라, 다른 분야와의 접촉을 마다하는 경우가 많다. 최근 융합의 바람이 불면서 서로 다른 분야의 공학자들이 협업하는 일은 늘었지만, 기술철학이나 기술사회학의 접근에까지 열려 있는 것은 아니다. 그러나 장기적으로 보아서는 이러한 접촉의 유익이 인문사회 분야의 연구뿐 아니라 기술발전의 방향성을 파악하는 데에도 도움이 될 것이다.

이런 현실적인 숙제들을 해결하기 위한 시도들이 이루어지는 중이다. 작년에 출범한 〈한국포스트휴먼학회〉[18]는 철학자, 법조인, 공학자들이 모여 주로 공학자들의 설명을 듣고 미래 기술의 다양한 가능성들에 대해 배워서 이에 법제적으로 대응할 방안을 모색한다. 이어지는 토론에서는 해당 기술에 대한 인문사회적, 법적 분석과 문제제기가 이루어지는데, 여러 공학자들은 이러한 시도를 생소하지만 신선하게 받아들인다. 신기술에 대한 법제는 그 기술의 발전 방향을 결정할 수 있는 만큼 매우 중요한 계기인데, 이를 제정하기 위해서는 기술영역뿐 아니라 사회, 경제, 문화, 정치적인 요소들도 고려해야 한다.

6) 구체적인 정책 대안에 기반한 토론

기술철학이 응용학문으로서의 역할을 감당하기 위해서는 신기술 분야에 대하여 다소 과감한 정책 대안을 제시하고 그에 대한 토론을 이끌어내는 노력이 필요하다. 물론 공학적인 지식 부족 때문에 한계가 있는 경우도 있겠으나, 철학자가 제시하는 대안은 주로 기술의 개발이나 사용의 방향성에 연관된 내용이므로 전문가들의 도움과 검토를 받는다면 큰 문제가 되지는 않을 것이다. 더구나 우리나라의 기술혁신 노력에서는 기술의 윤리적, 법적, 사회적 함의에 대한 고려가 충분히 이루어지지 않기 때문에, 문제제기를 하는 것 자체가 의미가 있다.

기술철학이라는 분야와 무관하게 지금까지 비슷한 노력이 없었던 것은 아니다. 그러나 앞서 언급했듯이 우려를 표명하고 주의를 환기하는 정도로 논의가 끝나는 경우가 많았기 때문에 별다른 실효를 거두지 못했다. 예를 들어 "빅데이터 기술이 과도한 사생활 침해로 이어질 가능성이 크다"는 우려에 대해 정부나 전문가들이 "우리도 그 문제를 충분히 인지하고 있으니 그런 일이 발생하지 않도록 주의하겠다" 정도의 대응이 나오는 식이다. 기술철학은 여기서 한 걸음 더 나아가 빅데이터 기술을 향유하는 시대에도 지켜져야 할 사생활이 어떤 것인지 고민하고 그 결과에 따라 이 기술의 사용범위를 어떻게 제한할 것인지를 제안할 수 있을 것이다. 이러한 접근이 많은 저항과 논란을 일으키겠지만, 그런 논란이 맹목적인 기술발전을 제어하는 한 방편이 되기도 할 것이다.

알파고 및 인공지능의 사용과 관련해서는 "인공지능이 규범적 판단의 독립적 주체가 되어서는 안 되며, 의사소통의 상대로서보다는 정밀한 자료 분석을 수행하여 인간의 판단을 보조하도록 해야 한다"고 주장할 수 있다. SNS상에서의 채팅봇을 만들려는 시도에 대해서는 과연 그러한 기능이 어떤 유익을 가져오는지 물어야 한다.

사람이 기술을 만들지만, 기술 역시 사람을 만든다. 그 과정은 시간이 걸리는 일이고, 미래의 결과는 언제나 현재의 기획일 수밖에 없다. 그 현재의 기획을 수행하는 주체가 사람이라면, "우리가 원하든 원하지 않든 인공지능의 시대는 시작될 것"[19]이라는 주장은 그 자체로 인간의 인간됨을 거부하는 말이 된다.

기술철학은 실천철학이고, 실천철학이어야 한다. 빠른 속도로, 그리고 인류가 경험하지 못했던 방식으로 발전하는 현대기술을 주의 깊게 살피고, 각각에 대한 적절한 대응이 무엇인지 살펴야 한다. 쓰나미와 지진 앞에 인간은 무력해질 수밖에 없지만, 기술의 발전은 그와 다르다. 그 규모와 속도에 압도되기보다는 호모파베르의 자리, 주인의 자리에 있어야 한다.

물론 인간은 자기가 만든 피조물에 의해 구성된다는 사실을 겸허하게 인정해야 한다. 그러나 우리가 줄에 매달려 춤추는 인형이 아니라면 그 구성의 과정마저 일정하게 조정하려는 노력이 필요하다. 이런 현실과 당위 사이에 기술철학의 자리, 기술철학의 역할이 있다.

1장

1 Nick Bostrom, *Superintelligence*(Oxford: Oxford University Press, 2014).

2 가령, 레이 커즈와일, 『특이점이 온다』, 김명남·장시형 옮김(김영사, 2007).

3 Nick Bostrom, "Transhumanist FAQ v.2.1"(2003), http://www. nickbostrom.com(최종방문일: 2016.6.30); 또한 트랜스휴머니즘 및 포스트휴머니즘에 대한 개략적인 이해를 위해서는, C. Christopher Hook, "Transhumanism and Posthumanism", *Encyclopedia of Bioethics*, 3rd ed.(MacMillan Reference USA, 2003), pp.2517~2520; 혹은 국내 문헌으로는 신상규, 『호모사피엔스의 미래: 포스트휴먼과 트랜스휴머니즘』(아카넷, 2014), 2~3장 참조.

4 임소연, 『사이보그로 살아가기』(생각의힘, 2014), 23쪽.

5 이런 변화에 대해 회의적인 논변의 예로는, 캐서린 헤일즈(허진 역), 『우리는 어떻게 포스트휴먼이 되었는가』(열린책들, 2013) 9장을 볼 것.

6 이 절의 일부 내용은 김건우, 「신경과학적 마음 조작 기술의 윤리」, 《생명윤리포럼》 제3권 제1호의 내용을 활용하였다. 이 기술적 주제와 관련한 간략한 서술로는, 이도준, 「뇌와 마음의 관계: 연구 방법의 원리」, 《생명윤리포럼》 제3권 제1호(국가생명윤리정책연구원, 2014) 참조.

7 신경윤리와 관련하여 참고할 만한 문헌으로는, 닐 레비, 신경인문학연구회 옮김, 『신경윤리학이란 무엇인가: 뇌과학, 인간윤리의 무게를 재다』(바다출판사, 2011), 13~14쪽; 이 분야의 주요 논문집으로는 Martha J. Farah (ed.), *Neuroethics*(MIT Press, 2010)가 있다.

8 동영상 전문 웹사이트인 유튜브(http://www.youtube.com)에서 현대의

첨단 신경보철기술들을 포함하여, 다양한 향상의 방법에 관한 동영상들을 찾아 볼 수 있다.

9 약물적, 유전적 인간향상의 방법들에 관한 소개와 논의로는, 닐 레비, 앞의 책, 주 18; 혹은 라메즈 남, 남윤호 옮김, 『인간의 미래』(동아시아, 2007), 2~4장 참조.

10 케빈 워윅, 정은영 옮김, 『나는 왜 사이보그가 되었는가』(김영사, 2004). 워윅은 스스로가 사이보그가 되는 수술을 함으로써, 인류 최초의 사이보그가 된 인물이다. 1998년 그는 실리콘 칩을 팔에 이식하여 컴퓨터가 자신의 모든 행동을 원격으로 추적하고 확인할 수 있게 하였고, 2002년 그는 미세전극배열을 팔의 정중신경을 통해 신경계에 이식하였기도 하였다. 손을 움직일 때 신경계에서 흐르는 신호를 통해 로봇 손은 그의 움직임을 정확히 복제하는 것으로, 그의 신경계에서 로봇들을 직접 조종할 수도 있다. 인터넷을 통해 신경계 신호를 보내 대서양 건너편의 로봇 손을 조종하기도 하였다.

11 에릭 드렉슬러, 조현욱 옮김, 『창조의 엔진: 나노기술의 미래』(김영사, 2011), 46~58쪽.

12 http://rak.minduploading.org(최종방문일: 2016.7.22).

13 백종현, 「인간개념의 혼란과 포스트휴머니즘의 문제」, 《철학사상》 제58호(서울대학교 철학사상연구소, 2015), 127~153쪽.

14 관련 주요 국내 문헌으로는, 박은정, 『생명공학 시대의 법과 윤리』(이화여자대학교출판부, 2000). 이 책은 특별히 '포스트휴먼화'를 의제로 삼지는 않지만, 뇌사, 유전자 개량, 인간복제, 장기이식, 인간대상연구, 생명공학적 특허 등 현대의 여러 생명공학기술이 제기하는 주요한 윤리적, 법정책적 문제들을 광범위하고 심도 있게 다루고 있다

15 라메즈 남, 앞의 책, 서문.

16 Harris, John. *Enhancing Evolution: The Ethical Case for Making Better People* (Princeton University Press, 2007).

17 http://www.transhumanism.org/index.php/wta/declaration(최종방문일: 2016.7.20).

18 인간향상에서의 인간 존엄성을 둘러싼 논쟁을 잘 정리한 글로는, 도널 오

마투나, 신상규 옮김, 「인간 존엄성과 인간향상의 윤리」, 『인간과 포스트 휴머니즘』(이화여자대학교출판부, 2013), 109~138쪽.

19 마이클 샌델, 강명신 옮김, 『생명의 윤리를 말하다』(동녘, 2010). 이 책에서 샌델은 자신의 논변이 굳이 종교적일 필요가 없다고 말한다. 그러나 '선물에 대한 감사'의 이유를 가장 쉽게 설명할 수 있는 원천은 종교 혹은 신(神)임을 그도 부인하지 못할 것이다. 한편 샌델의 비판과 유사한 것으로, Dónal O'Mathúna, *Nanoethics: Big Ethical Issues with Small Technology*(Continuum Press, 2003), p.155; 혹은 좀 더 종교적인 관점에서의 비판으로는, Leon R. Kass, "Ageless Bodies, Happy Souls: Biotechnology and the Pursuit of Perfection", *The New Atlantis*(2003).

20 국문번역서에서는 '부자의 유전자 가난한 자의 유전자'라는 제목으로 번역되었다. 프랜시스 후쿠야마, 송정화 옮김, 『부자의 유전자 가난한 자의 유전자』(한국경제신문, 2003).

21 이런 취지에서 인간 존엄이라는 개념은 공허한 개념이라는 비판도 있어 왔다. 존엄성이란 인간에 대한 존중, 혹은 자율성에 대한 존중 이념 이상의 의미를 갖지 않는다는 것이다. 미국의 생명윤리학자인 러쓰 맥클린(Ruth Macklin)의 주장이 그 예이다. 인간 존엄이란 개념은 공허한 것이기에, 낙태, 안락사 등 그 개념이 흔히 활용되는 생명윤리학의 논의에서 그것을 제거하고 인간 존중이나 자율성 존중으로 대체해도 충분하다는 것이다. Ruth Macklin, "Dignity is a useless concept", *BMJ* 327(2003), pp.1419~1420.

22 위르겐 하버마스, 장은주 옮김, 『인간이라는 자연의 미래』(나남출판, 2003), 204~206쪽.

23 프랜시스 후쿠야마, 앞의 책.

24 존 롤스, 황경식 옮김, 개정판, 『정의론』(이학사, 2003), 제2장. 이 번역서에서는 일차재를 '기본적 가치'라고 번역하고 있다.

25 Fritz Allhoff, "Germ-Line Genetic Enhancement and Rawlsian Primary Goods", *Kennedy Institute of Ethics Journal* 15:1(2005), pp.39~56.

26 프랜시스 후쿠야마, 앞의 책.

27 라메즈 남, 앞의 책, 87~105쪽.

28 존 롤스, 앞의 책, 105~111쪽.

29 김도균, "생명공학영역에서 사적 자치와 기회균등정의", 서울대학교기술
과법센터 刊, 『과학기술과 법』 (박영사, 2007), 148–52쪽. 다만 김도균
교수의 제안은 향상 기술 일반이 아니라 유전자라는 재화의 분배에 국한
되어 있다.

30 Bas C. van Fraassen, *Empirical Stance*(Yale University Press, 2002),
p.xvii.

2장

1 이 글은 원래 「인간 개념의 혼란과 포스트휴머니즘 문제」라는 제목으로
《철학사상》 제58호(서울대학교 철학사상연구소, 2015)에 게재했던 것을
이 책의 취지에 맞게 개정한 것이다.

2 Aristoteles, *Politica*, 1253a 9/10 참조.

3 『莊子』, 在宥: "吾欲取天地之精 以佐五穀 以養民人" 참조.

4 『荀子』, 天論: "天職旣立 天功旣成 形具而神生" 참조.

5 『呂氏春秋』, 盡數: "聖人察陰陽之宜 辨萬物之利 以便生 故精神安乎形
而年壽得長焉"; 王符, 『潛夫論』, 卜列: "夫人之所以爲人者 非以此八尺之
身也 乃以其精神也" 참조.

6 『史記』, 太史公自序: "道家使人精神專一 動合無形 贍足萬物" 참조.

7 중국 고전에서 '심(心)'은 대강 세 갈래의 의미를 갖는다.

① 심장(心臟): "심장은 몸의 혈맥을 주관한다.(心主身之血脈)"(『黃帝內
經』, 「素問」, 痿 論)

② 사유기관(思惟器官): "눈과 귀의 기관은 생각하지 못하여 사물에 가려
지니 사물과 사물이 교제하면 거기에 끌려갈 뿐이요, 마음의 기관은 생각
할 수 있으니 생각하면 얻고 생각하지 못하면 얻지 못한다.(耳目之官 不
思而蔽於物 物交物則引之 而已矣 心之官則思 思則得之 不思則不得也)"
(『孟子』, 告子上 15)

③ 형신(形神)의 자유로운 의지 주체: "마음이란 형체[신체]의 군주이고 신

명[정신]의 주인으로, 스스로 명령을 내리고 명령을 받지 않는다. 마음은 스스로 금지하고, 스스로 부리고, 스스로 빼앗고, 스스로 취하고, 스스로 행동하고, 스스로 중지하는 것이다.(心 者形之君 而神明之主也 出令而無所受令 自禁也 自使也 自奪也 自取也 自行也 自止也)"(『荀子』, 解蔽 4).

8 『구약성서』, 「시편」 104, 30.

9 Platon, *Phaidros*, 245c.

10 "따뜻한 정신은 영혼이다."(Diogenes Laertios, *Vitae philosophorum*, VII, 157)

11 Cicero, *De natura deorum,* II, 19.

12 Diogenes Laertios, VII, 156.

13 같은 책, VII, 158 참조.

14 "mens sana in corpore sano."(Juvenal, *Satires,* X, 356)

15 Plotinos, *Enneades,* II, 2, 2 참조.

16 Augustinus, *De natura et origine animae,* IV, 22~23; *Detrinitate,* XV, 5, 7 참조.

17 "전적으로 정신으로 이루어진 생물(animal, quod totum ex mente constaret)"이 있다면, "그런 정신은 자연본성에 따르는 것은 아무것도 자신 안에 갖지 않을 것이다(ea mens nihil haberet in se, quodesset secundum naturam)."(Cicero, *De finibus bonorum et malorum,* IV, 28) 참조.

18 임마누엘 칸트, 『순수이성비판』[*KrV*], A345=B403.

19 Platon, *Timaios,* 77a 이하 참조.

20 『孟子集註』, 告子章句上 3: "生 指人物之所以知覺運動者而言" 참조.

21 임마누엘 칸트, 『실천이성비판』[*KpV*], A16=V9.

22 같은 책, A16=V9.

23 임마누엘 칸트, 『실용적 관점에서의 인간학』[*Anth*], AB3=VII127.

24 임마누엘 칸트, 『윤리형이상학: 법이론의 형이상학적 기초원리』[*MS, RL*], AB1=VI121.

25 같은 책, AB5=VI213.

26 에른스트 페터 피셔, 박규호 옮김, 『사람이 알아야 할 모든 것: 인간』(들

녘, 2005), 10면 이하.

27 임마누엘 칸트, 앞의 책(*KpV*), A142 이하=V80.

28 같은 책, A143=V80.

29 임마누엘 칸트, 『윤리형이상학 정초』[*GMS*], B79=IV436.

30 임마누엘 칸트, 앞의 책(*Anth*), A315=B313=VII321.

31 마이클 가자니가, 박인균 옮김, 『뇌로부터의 자유: 무엇이 우리의 생각, 감정, 행동을 조종하는가?』(추수밭, 2012), 197~198면.

32 에드워드 O. 윌슨, 최재천·장대익 옮김, 『통섭: 지식의 대통합』(사이언스북스, 2005), 202면.

33 같은 책, 202~203면.

34 에른스트 페터 피셔, 앞의 책, 219면.

35 같은 책, 219면.

36 같은 책, 245면 이하.

37 Leibniz, *Monadologie*, 28 참조.

38 도날 P. 오마나투, 이상헌·이원봉 옮김, 『나노윤리』(아카넷, 2015), 224면.

39 Francis Bacon, Meditationes Sacræ, 11, Artikel "De Hæresibus": *The Essaies of Sr Francis Bacon, His Religious Meditations, Places of Perswasion and Disswasion*(London, 1613), p.180.

40 Marx Horkheimer & Theodor W. Adorno, *Dialektik der Aufklärung*, (Frankfurt am Mein, 1947), S.10.

41 같은 책, 11면 참조.

42 임마누엘 칸트, 『판단력비판』[*KU*], B179=V306.

3장

1 이 글은 「포스트휴먼 시대의 인간 본성」이라는 제목으로 《철학》 제126집 (한국철학회, 2016), 157~182쪽에 게재한 필자의 글을 이 책의 취지에 맞게 수정한 글임을 밝혀둔다.

2 포스트휴머니즘과 트랜스휴머니즘에 관한 전반적인 개괄을 위해서는 신상규, 『호모사피엔스의 미래』(아카넷, 2014); N. Katherine Hayles,

How We Became Posthuman(University of Chicago Press, 1999); Nick Bostrom, "Human Genetic Enhancements: A Transhumanist Perspective", *Journal of Value Inquiry* 37(2003), pp.493~506; Thomas Philbeck, 「포스트 휴먼자아: 혼합체로의 도전」, 『인간과 포스트휴머니즘』 (이화여자대학교출판부, 2013), 23~40쪽 참조.

3 Francis Fukuyama, *Our Post-Human Future: Consequences of the Biotechnology Revolution*(Straus & Giroux, 2002).

4 Michael Sandel, *The Case Against Perfection: Ethics in the Age of Genetic Engineering*(Harvard University Press, 2007).

5 본성과 자연은 동일한 단어(nature)로 표현된다는 것에 주목하라. Leon Kass, "The Wisdom of Repugnance: Why We Should Ban the Cloning of Humans", *New Republic* 216(1998), pp.17~26.

6 J. Savulescu, B. Foddy & M. Clayton, "Why We Should Allow Performance Enhancing Drugs in Sport", *British Journal of Sports Medicine* 38(2004), pp.666~670.

7 Tim Lewens, "Enhancement and Human Nature: The Case of Sandel", *Journal of Medical Ethics* 35(2009), pp.354~356; Allen Buchanan, "Human Nature and Enhancement", *Bioethics* 23(2009), pp.141~150.

8 M. Kronfeldner, N. Roughley & G. Toepfer, "Recent Work on Human Nature: Beyond Traditional Essences", *Philosophy Compass* 9(2014), pp.642~652; Richard Samuels, "Science and Human Nature", *Royal Institute of Philosophy Supplement* 70(2012), pp.1~28.

9 Marc Ereshefsky, "Species", Edward N. Zalta (ed.), *The Stanford Encyclopedia of Philosophy*(2010); Elliott Sober, *Philosophy of Biology*(Westview Press, 1993).

10 Ernst Mayr, *This Is Biology*(Harvard University Press, 1997).

11 M. T. Ghiselin, *Metaphysics and the Origins of Species*(SUNY Press, 1997).

12 David Hull, "On Human Nature", *PSA*(1986), pp.3~13.

13 Edouard Machery, "A Plea for Human Nature", *Philosophical*

Psychology 21(2008), pp.321~329; Edouard Machery, "Recon-conceptualizing Human Nature: Response to Lewens", *Philosophy & Technology* 25(2012), pp.475~478.

14 Edouard Machery, "A Plea for Human Nature", p.323.

15 Tim Lewens, 앞의 글; Grant Ramsey, "Human Nature in a Post-essentialist World", *Philosophy of Science* 80(2013), pp.983~993.

16 Grant Ramsey, 앞의 글.

17 Richard Samuels, 앞의 글.

18 Richard Boyd, "Realism, Anti-Foundationalism and the Enthusiasm for Natural Kinds", *Philosophical Studies* 61(1991), pp.127~148; Richard Boyd, "Homeostasis, Species, and Higher Taxa", in: R. Wilson(ed.), *Species: New Interdisciplinary Essays*(MIT Press, 1999), pp.141-186; 천현득, 「감정은 자연종인가?: 감정의 자연종 지위 논쟁과 감정 제거주의」, 《철학사상》 제27권(서울대학교 철학사상연구소, 2008), 317~346쪽.

19 Richard Samuels, 앞의 글, 26~27쪽.

20 Pillippa Foot, *Natural Goodness*(Oxford University Press, 2001); Michael Thompson, *Life and Action: Elementary Structures of Practice and Practical Thought*(Harvard University Press, 2008).

21 Tim Lewens, "Enhancement and Human Nature: The Case of Sandel", *Journal of Medical Ethics* 35(2009). pp.354~356; Allen Buchanan, 앞의 글.

22 Allen Buchanan, 앞의 글.

23 Leon Kass, 앞의 글.

24 E. O. Wilson, *On Human Nature*(Harvard University Press, 1978), p.47.

25 Allen Buchanan, 앞의 글, p.142.

26 의사결정은 흔히 알려진 상황하에서의 의사결정, 불확실성하에서의 의사결정, 그리고 위험하에서의 의사결정으로 구분된다. 어떤 일이 발생할지 모두 아는 알려진 상황에서는 좋은 선택지를 고르는 일은 손쉽

다. 어떤 일이 발생할지 전혀 알 수 없는 불확실한 상황에서의 의사결정은 발생 확률에 대한 정보가 전혀 없이 각 결과들의 가치들만으로 평가해야 한다. 인간 본성이 적절한 (확률적) 정보를 제공해준다면 인간향상을 둘러싼 의사결정은 위험하에서의 의사결정이 될 것이고, 우리 논의는 이러한 종류의 의사결정에 초점을 맞춘다. Katie Steele & H. Orri Stefánsson, "Decision Theory", Edward N. Zalta (ed.), *The Stanford Encyclopedia of Philosophy*(2015).

4장

1 Nick Bostrom, "A History of Transhumanist Thought", *Journal of Evolution and Technology* 14:1(2005), pp.1~25. 트랜스휴머니즘 주창자들에 따라 그 입장이 미묘하게 다른데 이 글에서는 세계트랜스휴머니스협회(World Transhumanist Association)의 선언을 트랜스휴머니스트의 기본 입장이라고 간주했다. 이 책에 실린 김건우의 글을 참조..

2 Sumi Colligan, "Why the Intersexed Shouldn't Be Fixed: Insights from Queer Theory and Disability Studies", in Bonnie G. Smith & Beth Hutchison (eds.), *Gendering Disability*(Rutgers University Press, 2004), pp.45~60.

3 Lennard J. Davis, "The End of Identity Politics and the Beginning of Dismodernism", *Bending over Backwards: Disability, Dismodernism, Other Difficult Positions*(New York University Press, 2002).

4 Laura Mauldin, "On Dialogue: Disability Studies and Science & Technology Studies", *Somatosphere*(2014), http://somatosphere.net/2014/05/on-dialogue-disability-studies-and-science-technology-studies.html(최종접속일: 2015.9.24).

5 Lennard J. Davis, "Introduction: Normality, Power, and Culture", Davis Lennard J. (ed.), *The Disability Studies Reader*(New York and London: Routledge, 2013).

6 Inguun Moser, "Disability and the Promises of Technology: Technol-

ogy, Subjectivity and Embodiment within an Order of the Normal", *Information, Communication & Society* 9:3(2006), pp.373~395.

7 베네딕테 잉스타 & 수잔 레이놀스 휘테, 김도현 옮김, 『우리가 아는 장애는 없다: 장애에 대한 문화인류학적 접근』(그린비, 1995).

8 수전 웬델, 강진영 · 김은정 · 황지성 옮김, 『거부당한 몸: 장애와 질병에 대한 여성주의 철학』(그린비, 2013[1996]).

9 Lennard J. Davis, "The End of Identity Politics and the Beginning of Dismodernism", p.32.

10 Nick Bostrom, 앞의 글, p.3.

11 Cora Kaplan, "Afterword: Liberalism, Feminism, and Defect", in Helen Deutsch & Felicity Nussbaum (eds.), *"Defects": Engendering the Modern Body*(Ann Arbor: University of Michigan Press, 2000), p.303.

12 Cary Wolfe, "Learning from Temple Grandin: Animal Studies, Disability Studies, and Who Come After the Subject", *What is Posthumanism* (University of Minnesota Press, 2010), pp.127~142.

13 Sumi Colligan, 앞의 책, p.46.

14 Ericka Check Hyden, "Tomorrow's Children", *Nature* 530(2016), pp.402~405.

15 수전 웬델, 앞의 책, 164쪽.

16 톰 셰익스피어, 이지수 옮김, 『장애학의 쟁점: 영국 사회모델의 의미와 한계』(학지사, 2013).

17 Laura Mauldin, 앞의 글; Wolbring Gregor, "What Next for the Human Species?: Human Performance Enhancement, Albeism and Pluralism", *Development Dialogue* 54(2009), pp.141~161.

18 수전 웬델, 앞의 책.

6장

1 이 글은 「자율주행자동차 시대 국민의 생명·신체의 안전보호를 위한 공법적 검토」라는 제목으로 《헌법학연구》 제22권 제3호(한국헌법학회, 2016.9)에 게재한 논문을 이 책의 취지에 맞게 축약·보완한 것임을 밝힙니다(더 상세한 논의는 논문을 참고하기 바람).

2 국토교통부 7대 신산업 육성 홈페이지(http://www.molit.go.kr/7works/content/main.jsp) (2016.9.16. 검색) 참조.

3 이에 대한 공법적 논의로는, 김대환, 「국가의 국민안전보장의무」, 《공법학연구》 제15권 제3호(한국비교공법학회, 2014.8); 김중권, 「危險防止와 行政救濟: 국가의 기본권적 보호의무와 행정구제시스템」, 《국가법연구》 제10집 제2호(한국국가법학회, 2014); 송기춘, 「기본권보호의무」, 《헌법재판 주요선례연구2》(헌법재판소 헌법재판연구원, 2012.12); 송석윤, 「위험사회에서의 안전과 기본권으로서의 안전권」, 《헌법과 사회변동》(경인문화사, 2007); 이부하, 「보장국가에서 국민의 안전보호와 관련한 헌법이론」, 《헌법학연구》 제22권 제1호(한국헌법학회, 2016.3); 정문식, 「안전에 관한 기본권의 헌법상 근거와 위헌심사기준」, 《법과정책연구》 제7집 제1호(한국법정책학회, 2007.6); 조홍식, 「리스크 法 — 리스크管理體系로서의 環境法—」, 《서울대 법학》 제43권 제4호(서울대 법학연구소, 2002.12) 등 참조.

4 안전의 관점에서 다루지 않았지만 행정규제 전반에 대해 개관한 선행연구로는, 황창근·이중기, 「자율주행자동차 운행을 위한 행정규제 개선의 시론적 고찰—자동차, 운전자, 도로를 중심으로—」, 《홍익법학》 제17권 제2호(홍익법학회, 2016) 참조.

5 정경오, 「자율주행자동차의 법적 쟁점」, 한국정보법학회 사례연구회 발제문 PPT, 2016.4.12, 14쪽.

6 Mark R. Rosekind, "Remarks: Second Public Meeting on Automated Vehicle Technologies", April 27, 2016(http://www.nhtsa.gov/About+NHTSA/Speeches,+Press+Events+&+ Testimonies/mr-2nd-meeting-automated-vehicles-04272016)) 그러나 동시에 안전한

혁신을 이루어야 한다는 점도 언급한다.

7 이종영·김정임, 「자율주행자동차 운행의 법적 문제」, 《중앙법학》 제17집 제2호(중앙법학회, 2015.6), 147쪽.

8 울리히 벡, 홍성태 옮김, 『위험사회: 새로운 근대(성)를 향하여』(새물결, 1997 (2006 4쇄)), 56쪽.

9 같은 책, 56-57쪽.

10 양천수, 「위험·재난 및 안전 개념에 대한 법이론적 고찰」, 《공법학연구》 제16권 제2호(한국비교공법학회, 2015.5), 192쪽.

11 김규옥, 「자동차와 도로의 자율협력주행을 위한 도로 운영 방안」, 《교통》 213호(한국교통연구원, 2015.11), 25쪽.

12 권영준·이소은, 「자율주행자동차 사고와 민사책임」, 《민사법학》 제75호 (한국민사법학회, 2016.6), 451쪽; 황창근·이중기, 앞의 글, 29-31쪽 참조.

13 OECD/ITF, *AUTOMATED AND AUTONOMOUS DRIVING: REGULATION UNDER UNCERTAINTY*, 2015, 23쪽. 단, 이 표에선 정보법은 빠져 있다.

14 사전배려의 원칙과 리스크 평가와 비용·편익 분석에 대한 상세는 조홍식, 앞의 글, 73-123쪽 참조.

15 조홍식, 앞의 글, 39쪽.

16 헌재 2008. 12. 26. 2008헌마419 등 [미국산 쇠고기 및 쇠고기 제품 수입 위생조건 위헌확인]; 헌재 2015. 4. 30. 2012헌마38 [담배사업법 위헌확인]

17 헌재 1997. 1. 16. 90헌마110 등; 헌재 2008. 12. 26. 2008헌마419 등

18 헌재 1997. 1. 16. 90헌마110 등.

19 헌재 2009. 2. 26. 2005헌마764 등 [교통사고처리특례법 제4조 제1항 등 위헌확인]

20 국토교통부, 「자율주행차, 초소형차 어디서나 원하는 곳 달린다」, 《국토 교통부 보도자료》, 2016.5.16, 12쪽.

21 조홍식, 앞의 글, 83쪽 이하 참조.

22 《연합뉴스》, 「국내서 개발한 무인車, 시험운행은 애리조나 가야 가능」, 2016. 8. 24 등 다수.

23 California Department of Motor Vehicles, *Summary of Draft Autonomous Vehicles Deployment Regulations*, December 16, 2015, https://www.dmv.ca.gov /portal/wcm/connect/dbcf0f21−4085−47a1−889f−3b8a64eaa1ff/AVRegulationsSummary. pdf?MOD=AJPERES. (2016. 8. 1. 검색)

24 *The Truth About Cars*, "Life in Prison for Car Hacking? Michigan Takes the First Steps", April 29, 2016.

25 유사 취지: 황창근 · 이중기, 앞의 글, 54–55쪽.

7장

1 Nick Bostrom, *Super Intelligence*(Oxford: Oxford University Press, 2014).

2 레이 커즈와일, 『특이점이 온다』, 김명남 · 장시형 옮김(김영사, 2007).

3 C. B. Frey & M. A. Osborne, "The Future of Employment: How Susceptible Are Jobs to Computerisation"(최종접속일: 2013.9.7).

4 에릭 브린욜프슨 & 앤드루 맥아피, 이한음 옮김, 『제2의 기계 시대』, (청림출판, 2014).

5 쿠키어 마이어쇤베르거, 이지현 옮김, 『빅데이터가 만드는 세상』(21세기북스, 2013).

6 D. Boyd & K. Crawford, "Critical Questions for Big Data", *Information, Communication & Society* 15:5(2012), pp.662~679.

7 레브 마노비치, 이재현 옮김, 『소프트웨어가 명령한다』(커뮤니케이션북스, 2014).

8 R. Kowalski, "Algorithm = Logic + Control", *Communication of the ACM* 22:7(1979), pp.424~436. 〈http://www.doc.ic.ac.uk/~rak/papers/algorithm%20=%20logic%20+%20control.pdf〉 (최종접속일: 2016.6.30).

9 이재현, 『디지털 문화』(커뮤니케이션북스, 2013).

10 D. Citron, "Civil Rights in Our Information Age", *The Offensive*

Internet: Privacy, Speech, and Reputation(2010), pp.31~49.

11 M. Kranzberg, "Technology and History: "Kranzberg's Laws"", *Technology and Culture* 27:3(1986), pp.544~560.

12 구본권, 「"사람은 편견 가득"…로봇에 맡기면 '공정한 판단' 나올까」, 《한겨레》(2016.7.5), 36면.

13 로렌스 레식, 김정오 옮김, 『코드 2.0』(나남, 2009).

14 Matthew Fuller, *Software Studies: A Lexicon*(Cambridge MA: MIT Press, 2008).

15 오세욱·이재현, 「소프트웨어 '페이스북'의 알고리즘 분석: 행위자 네트워크 관점」, 《언론과 사회》 21권 1호(언론과 사회사, 2013), 136~183쪽.

16 S. Alvaro, "The Power of Algorithms: How Software Formats the Culture"(2014), http://blogs.cccb.org/lab/en/article_el-poder-dels-algoritmes-com-el-software-formata-la-cultura(최종접속일: 2016.6.30).

17 R. Kitchin, "Thinking Critically About and Researching Algorithms", *The Programmable City*(2014), p.5.

18 N. Seaver, "Knowing Algorithms", *Media in Transition 8* (2013), http://nickseaver.net/papers/seaverMiT8.pdf(최종접속일: 2016.6.30).

19 S. R. Geiger, "Bots, Bespoke, Code and the Materiality of Software Platforms", *Information, Communication & Society* 17:3(2014), pp. 342~356.

20 F. Pasquale, "The Emperor's New Codes: Reputation and Search Algorithms in the Finance Sector", Draft for discussion at the NYU "Governing Algorithms" conference(2014).

21 N. Diakopoulos, "Algorithmic Accountability Reporting: On the Investigation of Black Boxes"(Tow Center, 2014).

22 손화철, 『토플러 & 엘륄: 현대 기술의 빛과 그림자』(김영사, 2006).

23 케빈 켈리, 이한음 옮김, 『기술의 충격』(민음사, 2011).

24 김대식, 『김대식의 빅퀘스천』(동아시아, 2014).

25 이대희, 「〈사피엔스〉 저자 "학교 교육 80~90%, 쓸모없다""」, 《프레시안》

(2015.4.26), http://www.pressian.com/news/article.html?no=135917(최종접속일: 2016.6.30).

26 울리히 벡, 박미애 · 이진우 옮김, 『글로벌 위험사회』(길, 2010).

27 유발 하라리, 조현욱 옮김, 『사피엔스』(김영사, 2015).

28 G. Prodhane, "Europe's Robots to Become 'Electronic Persons' Under Draft Plan", *Reuter*(2016.6.21).

29 James Barat, *Our Final Invention: Artificial Intelligence and the End of the Human Era*(New York: Thomas Dunne Books, 2013).

30 E. Dijkstra, "The Threats to Computing Science", *EWD898*(1984) http://www.cs.utexas.edu/users/EWD/transcriptions/EWD08xx/EWD898.html(최종접속일: 2016.6.30).

31 존 실리 브라운 & 폴 두기드, 이진우 옮김, 『비트에서 인간으로』(거름, 2001).

8장

1 이 글은 2016년 6월 25일 「알파고 시대 기술철학의 과제」라는 제목으로 사회와 철학 연구회에서 구두 발표한 것을 다시 정리한 것이다. 당시 여러 질문으로 가르침을 주신 회원들께 감사드린다.

2 Joseph C. Pitt, *Thinking about Technology: Foundations of the Philosophy of Technology*(New York: Seven Bridges Press, 2000).

3 이상욱, 「현장성과 지향성: 현대기술을 읽는 한 방식」, 《철학과 현실》 제83집(철학문화연구소, 2009), 122쪽.

4 손화철, 「사회구성주의와 기술의 민주화에 대한 비판적 고찰」, 《철학》 제76집(한국철학회, 2003), 270~272쪽.

5 마르틴 하이데거, 이기상 · 신상희 · 박찬국 옮김, 「기술에 대한 논구」, 『강연과 논문』(이학사, 2008), 9~49쪽; Guenther Neske & Emil Kettering (eds.), Lisa Harries (trans.), "The Spiegel Interview", *Martin Heidegger and National Socialism*(New York: Paragon, 1990), pp.41~66.

6 알파고, 기계학습, 심화학습에 대한 서술은 한양대학교 김홍규 선생님의

지적에 따라 수정했다.

7 Jacques Ellul, J. Wilkinson (trans.), *The Technological Society*(New York: Vintage, 1964), pp.133~146.

8 김익현, 「4차산업혁명… 일자리 500만개 사라진다」, ZENnet Korea (2016.6.20). http://goo.gl/YevKBm(최종접속일: 2016.6.21).

9 고란, 「호킹 · 머스크 · 촘스키 "인공지능 킬러 로봇 개발 규제해야"」 《Korea Daily 뉴스》(2015.7.28). http://goo.gl/N1Xt9t(2016.6.21 확인).

10 손화철, "알파고에 대해 묻다", 《국민일보》(2016.5.20).

11 Ivan Callus & Stefan Herbrechter, "Posthumanism", Simon Malpas and Paul Wake (eds.), *The Routledge Cmpanion to Critical Theory*(London: Routledge, 2013), p.144.

12 Walter J. Ong, *Orality and Literacy: The Technologizing of the Word*(London: Routledge, 1982), p.82.

13 같은 책, 81쪽.

14 랭던 위너, 「기술철학자의 사회구성주의 비판」, 송성수 편역, 『과학기술은 사회적으로 어떻게 구성되는가』(새물결, 1999), 287~308쪽.

15 Jacques Ellul, G. W. Bromily (trans.), *The Technological Bluff* (Michigan: Eerdmans, 1990), p.xvi.

16 이를 담당하는 곳이 한국과학기술기획평가원(http://www.kistep.re.kr) 이다.

17 http://www.rathenau.nl/en. 이상욱, 「기술의 미래를 예측하는 일의 어려움」, 『욕망하는 테크놀로지』(동아시아, 2009), 102쪽 참조.

18 http://www.krposthuman.com.

19 김대식, 『김대식의 인간 vs. 기계: 인공지능이란 무엇인가』(동아시아, 2016), 11쪽.

참고문헌

1장

김건우. 「신경과학적 마음 조작 기술의 윤리」. 《생명윤리포럼》 제3권 제1호. 서울: 국가생명윤리정책연구원, 2014.

김도균. 「생명공학영역에서 사적 자치와 기회균등정의」. 서울대학교 기술과 법센터 편. 『과학기술과 법』. 서울: 박영사, 2007.

닐 레비. 신경인문학연구회 옮김. 『신경윤리학이란 무엇인가: 뇌과학, 인간윤리의 무게를 재다』. 서울: 바다출판사, 2011.

도널 오마투나. 신상규 옮김. 「인간 존엄성과 인간향상의 윤리」. 『인간과 포스트휴머니즘』. 서울: 이화여자대학교출판부, 2013.

라메즈 남. 남윤호 옮김. 『인간의 미래』. 서울: 동아시아, 2007.

마이클 샌델. 강명신 옮김. 『생명의 윤리를 말하다』. 서울: 동녘, 2010.

박상혁. 「보건의료서비스의 정의로운 배분을 위한 롤즈 정의론의 발전방향: 대니얼스의 롤즈적 보건의료정의론을 중심으로」. 황경식, 박정순 외 저. 『롤즈의 정의론과 그 이후』. 서울: 철학과현실사, 2009.

박은정. 『생명공학 시대의 법과 윤리』. 서울: 이화여자대학교출판부, 2000.

백종현. 「인간개념의 혼란과 포스트휴머니즘의 문제」. 《철학사상》 제58호. 서울: 서울대학교 철학사상연구소, 2015.

신상규. 『호모사피엔스의 미래: 포스트휴먼과 트랜스휴머니즘』. 서울: 아카넷, 2014.

레이 커즈와일. 김명남 · 장시형 옮김. 『특이점이 온다』. 서울: 김영사, 2007.

에릭 드렉슬러. 조현욱 옮김. 『창조의 엔진: 나노기술의 미래』. 서울: 김영사, 2011.

위르겐 하버마스. 장은주 옮김. 『인간이라는 자연의 미래』. 서울: 나남출판, 2003.

이도준. 「뇌와 마음의 관계: 연구 방법의 원리」. 《생명윤리포럼》 제3권 제1호. 서울: 국가생명윤리정책연구원, 2014.

임소연. 『사이보그로 살아가기』. 서울: 생각의힘, 2014.

존 롤스. 황경식 옮김. 『정의론』. 개정판. 서울: 이학사, 2003.

캐서린 헤일즈. 허진 옮김, 『우리는 어떻게 포스트휴먼이 되었는가』. 서울: 열린책들, 2013.

케빈 워윅. 정은영 옮김. 『나는 왜 사이보그가 되었는가』. 서울: 김영사, 2004.

프랜시스 후쿠야마. 송정화 옮김. 『부자의 유전자 가난한 자의 유전자』. 서울: 한국경제신문, 2003.

Allhoff, Fritz. "Germ-Line Genetic Enhancement and Rawlsian Primary Goods". *Kennedy Institute of Ethics Journal* 15:1, 2005.

Bostrom, Nick. "Transhumanist FAQ v.2.1"(2003). http://www.nickbostrom.com.

Bostrom, Nick. *Superintelligence*. Oxford University Press, 2014.

Farah, Martha J. (ed.). *Neuroethics*. MIT Press, 2010.

Harris, John. *Enhancing Evolution: The Ethical Case for Making Better People*, Princeton University Press, 2007.

Hook, C. Christopher. "Transhumanism and Posthumanism". *Encyclopedia of Bioethics*, 3rd ed. MacMillan Reference USA, 2003.

Kass, Leon R. "Ageless Bodies, Happy Souls: Biotechnology and the Pursuit of Perfection". *The New Atlantis*, 2003.

Lee, Patrick & George, Robert B. "The Nature and Basis of Human Dignity". *Ratio Juris* 21:2, 2008.

Macklin, Ruth. "Dignity is a useless concept". *BMJ* 327, 2003.

O'Mathúna, Dónal. *Nanoethics: Big Ethical Issues with Small Technology*. Continuum Press, 2003.

Rawls, John. *Political Liberalism*. Columbia University Press, 1993.

2장

『呂氏春秋』.

『黃帝內經』.

『莊子』.

『孟子集註』.

『荀子』.

王符. 『潛夫論』.

『史記』.

『구약성서』.

『신약성서』.

Aristoteles. *Politica.*

Augustinus. *De natura et origine animae.*

Augustinus. *De trinitate.*

Bacon, Francis. Meditationes Sacræ, 11. Artikel "De Hæresibus": *The Essaies of Sr Francis Bacon. His Religious Meditations. Places of Perswasion and Disswasion.* London 1613.

Cicero. *De natura deorum.*

Cicero. *De finibus bonorum et malorum.*

Diogenes Laertios. *Vitae philosophorum.*

Horkheimer, Marx & Theodor W. Adorno. *Dialektik der Aufklärung.* Frankfurt am Mein, 1947/²¹2013.

Juvenal. *Satires.*

Leibniz. *Monadologie.*

Platon. *Phaidros.*

Platon. *Timaios.*

Plotinos. *Enneades.*

도날 P. 오마나투. 이상헌 · 이원봉 옮김. 『나노윤리』. 서울: 아카넷, 2015.

마이클 가자니가. 박인균 옮김. 『뇌로부터의 자유: 무엇이 우리의 생각, 감정, 행동을 조종하는가?』. 서울: 추수밭, 2012.

에드워드 O. 윌슨. 최재천 · 장대익 옮김. 『통섭: 지식의 대통합』. 서울: 사이언스북스, 2005.

에른스트 페터 피셔. 박규호 옮김. 『사람이 알아야 할 모든 것: 인간』. 서울: 들녘, 2005.

임마누엘 칸트, 백종현 옮김. 『순수이성비판』[KrV]. 서울: 아카넷, 2006.

임마누엘 칸트, 백종현 옮김. 『실천이성비판』[KpV]. 서울: 아카넷, 2009.

임마누엘 칸트, 백종현 옮김. 『판단력비판』[KU]. 서울: 아카넷, 2009.

임마누엘 칸트, 백종현 옮김. 『윤리형이상학 정초』[GMS]. 서울: 아카넷, 2014.

임마누엘 칸트, 백종현 옮김. 『윤리형이상학』[MS]. 서울: 아카넷, 2012.

임마누엘 칸트, 백종현 옮김. 『실용적 관점에서의 인간학』[Antb]. 서울: 아카넷, 2014.

3장

신상규. 『호모사피엔스의 미래: 포스트휴먼과 트랜스휴머니즘』. 서울: 아카넷, 2014.

천현득. 「감정은 자연종인가?: 감정의 자연종 지위 논쟁과 감정 제거주의」. 《철학사상》 제27권. 서울: 서울대학교 철학사상연구소, 2008. 317–346쪽.

Bostrom, Nick. "Human Genetic Enhancements: A Transhumanist Perspective", *Journal of Value Inquiry* 37:4, 2003. pp.493–506.

Boyd, Richard. "Homeostasis, Species, and Higher Taxa". In: R. Wilson (ed.). *Species: New Interdisciplinary Essays.* MIT Press, 1999. pp.141–186.

Boyd, Richard. "Realism, Anti-Foundationalism and the Enthusiasm for Natural Kinds". *Philosophical Studies* 61, 1991. pp.127–148.

Buchanan, Allen. "Human Nature and Enhancement". *Bioethics* 23, 2009.

pp.141 – 150.

Ereshefsky, Marc. "Species". Edward N. Zalta (ed.). *The Stanford Encyclopedia of Philosophy*, 2010.

Foot, Pillippa. *Natural Goodness*. Oxford University Press, 2001.

Fukuyama, Francis. *Our Post-Human Future: Consequences of the Biotechnology Revolution*. Straus & Giroux, 2002.

Ghiselin, M. T. *Metaphysics and the Origins of Species*. SUNY Press, 1997.

Hayles, N. Katherine. *How We Became Posthuman*. University of Chicago Press, 1999.

Hull, David. "On Human Nature". *PSA*, 1986. pp.3 – 13.

Kass, Leon. "The Wisdom of Repugnance: Why We Should Ban the Cloning of Humans". *New Republic* 216, 1998. pp.17 – 26.

Kronfeldner, M., Roughley, N. & Toepfer, G. "Recent Work on Human Nature: Beyond Traditional Essences". *Philosophy Compass* 9, 2014. pp.642 – 652.

Lewens, Tim. "Enhancement and Human Nature: The Case of Sandel". *Journal of Medical Ethics* 35, 2009. pp.354 – 356.

Lewens, Tim. "Human Nature: The Very Idea". *Philosophy & Technology* 25, 2012. pp.459 – 474.

Machery, Edouard. "A Plea for Human Nature". *Philosophical Psychology* 21, 2008. pp.321 – 329.

Machery, Edouard. "Reconceptualizing Human Nature: Response to Lewens". *Philosophy & Technology* 25, 2012. pp.475 – 478.

Mayr, Ernst. *This Is Biology*. Harvard University Press, 1997.

Okasha, Samir. "Darwinian Metaphysics: Species and the Question of Essentialism." *Synthese* 131, 2002. pp.191 – 213.

Philbeck, Thomas. 「포스트 휴먼자아: 혼합체로의 도전」, 『인간과 포스트휴머니즘』. 서울: 이화여자대학교 출판부, 2013. pp.23 – 40.

Ramsey, Grant. "Human Nature in a Post-essentialist World". *Philosophy of Science* 80, 2013. pp.983–993.

Richerson, P. J. & Boyd, R. *Not by Genes Alone: How Culture Transformed Human Evolution*. University of Chicago Press, 2005.

Samuels, Richard. "Science and Human Nature". *Royal Institute of Philosophy Supplement* 70, 2012. pp.1–28.

Sandel, Michael. *The Case Against Perfection: Ethics in the Age of Genetic Engineering*. Harvard University Press, 2007.

Savulescu, J., B. Foddy & M. Clayton. "Why We Should Allow Performance Enhancing Drugs in Sport". *British Journal of Sports Medicine* 38, 2004. pp.666−670.

Sober, Elliott. *Philosophy of Biology*. Westview Press, 1993.

Steele, Katie & Stefánsson, H. Orri. "Decision Theory". Edward N. Zalta (ed.). *The Stanford Encyclopedia of Philosophy*, 2015.

Thompson, Michael. *Life and Action: Elementary Structures of Practice and Practical Thought*. Harvard University Press, 2008.

Wilson, E. O. *On Human Nature*. Harvard University Press, 1978.

4장

베네딕테 잉스타, 수잔 레이놀즈 휘테. 김도현 옮김. 『우리가 아는 장애는 없다: 장애에 대한 문화인류학적 접근』. 서울: 그린비, 1995.

수전 웬델. 강진영·김은정·황지성 옮김. 『거부당한 몸: 장애와 질병에 대한 여성주의 철학』. 서울: 그린비, 2013[1996].

톰 세익스피어. 이지수 옮김. 『장애학의 쟁점: 영국 사회모델의 의미와 한계』. 서울: 학지사, 2013.

Bostrom, Nick "A History of Transhumanist Thought". *Journal of Evolution and Technology* 14:1, 2005.

Colligan, Sumi. "Why the Intersexed Shouldn't Be Fixed: Insights from Queer Theory and Disability Studies". In: Bonnie G. Smith & Beth

Hutchison (eds.). *Gendering Disability.* Rutgers University Press, 2004.

Davis, Lennard J. "Introduction: Normaility, Power, and Culture", Davis Lennard J. (ed.), *The Disability Studies Reader.* New York and London: Routledge, 2013.

Davis, Lennard J. "The End of Identity Politics and the Beginning of Dismodernism". *Bending over Backwards: Disability, Dismodernism, Other Difficult Positions.* New York University Press, 2002.

Gregor, Wolbring. "What Next for the Human Species?: Human Performance Enhancement, Albeism and Pluralism". *Development Dialogue* 54, 2009.

Hyden, Ericka Check. "Tomorrow's Children". *Nature* 530, 2016.

Kaplan, Cora. "Afterword: Liberalism, Feminism, and Defect". In: Helen Deutsch & Felicity Nussbaum (eds.). *"Defects": Engendering the Modern Body.* Ann Arbor: University of Michigan Press, 2000.

Mauldin, Laura. "On Dialogue: Disability Studies and Science & Technology Studies".*Somatosphere*, 2014. http://somatosphere. net/2014/05/on-dialogue-disability-studies-and-science-technology-studies.html

Moser, Inguun. "Disability and the Promises of Technology: Technology, Subjectivity and Embodiment within an Order of the Normal". *Information, Communication & Society* 9:3, 2006.

Wolfe, Cary. "Learning from Temple Grandin: Animal Studies, Disability Studies, and Who Come After the Subject". *What is Posthumanism*, University of Minnesota Press, 2010.

5장

Baofu, Peter, *The Future of Post-Human Law: A Preface to a New Theory of Necessity, Contingency and Justice*(Newcastle: Cambridge

Scholars Publishing, 2010).

Braman, Sandra, "Posthuman Law: Information Policy and the Machinic World", *Peer-Reviewed Journal on the Internet* 7:12(Chicago: University of Illinois, 2002).

Kanwar, Vik, "Post-Human Humanitarian Law: The Law of War in the Age of Robotic Warfare", *Harvard Journal of National Security* 2(Cambridge: Harvard Law School, 2011).

MacCormack, Patricia, *Posthuman Ethics: Embodiment and Cultural Theory*(New York: Routledge, 2016).

6장

권영준·이소은. 「자율주행자동차 사고와 민사책임」. 《민사법학》 제75호. 서울: 한국민사법학회, 2016.

김규옥. 「자동차와 도로의 자율협력주행을 위한 도로 운영 방안」. 《교통》 213호, 세종: 한국교통연구원, 2015.

김대환. 「국가의 국민안전보장의무」. 《공법학연구》 제15권 제3호. 창원: 한국비교공법학회, 2014.

김중권. 「危險防止와 行政救濟: 국가의 기본권적 보호의무와 행정구제시스템」. 《국가법연구》 제10집 제2호. 완주: 한국국가법학회, 2014.

박준환. 「자율주행자동차 교통사고 시 손해배상 책임에 관한 쟁점」. 《이슈와 논점》 제1136호. 서울: 국회입법조사처, 2016.3.17.

송기춘. 「기본권보호의무」. 《헌법재판 주요선례연구2》. 헌법재판소 헌법재판연구원, 2012.12.

송석윤. 「위험사회에서의 안전과 기본권으로서의 안전권」. 《헌법과 사회변동》. 경인문화사, 2007.

양천수. 「위험·재난 및 안전 개념에 대한 법이론적 고찰」. 《공법학연구》 제16권 제2호. 한국비교공법학회, 2015.5.

울리히 벡, 홍성태 옮김. 『위험사회: 새로운 근대(성)를 향하여』. 서울: 새물결, 1997.

윤성현. 「자율주행자동차 시대 국민의 생명·신체의 안전보호를 위한 공업적 검토」. 《헌법학연구》 제22권 제3호. 한국헌법학회, 2016. 9.

윤성현. 『캐나다의 포스트 휴먼 기술법제에 관한 비교법적 연구 – 드론과 자율주행차를 중심으로』. 한국법제연구원, 2016.9.

이부하. 「보장국가에서 국민의 안전보호와 관련한 헌법이론」. 《헌법학연구》 제22권 제1호. 서울: 한국헌법학회, 2016.

이종영·김정임. 「자율주행자동차 운행의 법적 문제」. 《중앙법학》 제17집 제2호. 서울: 중앙법학회, 2015.

전광석. 『한국헌법론』. 집현재, 2016.

정경오. 「자율주행자동차의 법적 쟁점」. 한국정보법학회 사례연구회 발제문 PPT. 2016.4.12.

정문식. 「안전에 관한 기본권의 헌법상 근거와 위헌심사기준」. 《법과정책연구》 제7집 제1호. 서울: 한국법정책학회, 2007.

조홍식. 「리스크 法: 리스크管理體系로서의 環境法」. 《서울대 법학》 제43권 제4호. 서울: 서울대학교 법학연구소, 2002.

클라우스 슈밥, 송경진 옮김. 『클라우스 슈밥의 제4차 산업혁명』. 새로운현재, 2016.

한수웅. 『헌법학』. 법문사, 2016.

황창근·이중기. 「자율주행자동차 운행을 위한 행정규제 개선의 시론적 고찰: 자동차, 운전자, 도로를 중심으로」. 《홍익법학》 제17권 제2호. 서울: 홍익법학회, 2016.

《경향신문》. 「'위조서류로 인증' 폭스바겐, 한국서 퇴출」. 2016.8.2.

《국토교통부 보도자료》. 「자율주행차, 초소형차 어디서나 원하는 곳 달린다」. 2016.5.16.

《국토교통부 보도자료》. 「자율주행차의 미래를 준비한다 "제1회 자율주행차 융·복합 미래포럼" 개최」. 2016.6.10.

《국토교통부 보도자료》. 「자율주행차, 전국 어디서나 달린다」. 2016.9.29.

《디지털데일리》. 「테슬라 오토파일럿 차량 사고가 주는 시사점」. (김경환 변호사). 2016.7.28.

《연합뉴스》. 「국내서 개발한 무인車, 시험운행은 애리조나 가야 가능」. 2016.8.24.

《중앙일보》. 「미국 자율주행차 가이드라인 "운전자 완전 배제 허용"」. 2016.9.21.

《한국경제》. 「"자율주행차 새 성장동력"… 캐나다 온타리오주, 파격적인 규제 완화」. 2015.12.29.

《한국경제TV》. 「첫 민간 자율주행 시험센터도 규제에 덜미」. 2016.9.28.

《한국일보》. 「美서 급발진 사고 은폐했던 도요타, 벌금 1조3000억원 '철퇴'」. 2016.7.18.

《ZDNet Korea》, 「자율주행차의 아버지 "해킹 방지가 난제"」, 2016.5.19.

Bloomberg. "Google's Self-Driving Car Software Considered a Driver by U.S. Agency". 2016.2.10. http://www.bloomberg.com/news/articles/2016-02-10/google-s-self-driving-car-software-seen-as-driver-by-u-s-agency.

California Department of Motor Vehicles. "Summary of Draft Autonomous Vehicles Deployment Regulations". 2015.12.16. https://www.dmv.ca.gov/portal/wcm/connect/dbcf0f21-4085-47a1-889f-3b8a64eaa1ff/AVRegulationsSummary.pdf?MOD=AJPERES.

Google. "Google Self-Driving Car Project Monthly Report". 2016.2. https://static.googleusercontent.com/media/www.google.com/en//selfdrivingcar/files/reports/report-0216.pdf.

New York Times. "Tesla and Google Take Different Roads to Self-Driving Car". 2016.7.4. http://www.nytimes.com/2016/07/05/business/tesla-and-google-take-different-roads-to-self-driving-car.html?_r=0.

NHTSA. "Federal Automated Vehicles Policy-Accelerating the Next Revolution In Roadway Safety". 2016.9.

OECD/ITF. "Automated and Autonomous Driving: Regulation Under Uncertainty". 2015.

Rosekind, Mark R. "Remarks: Second Public Meeting on Automated

Vehicle Technologies". 2016.4.27. http://www.nhtsa.gov/About+NHTSA/Speeches,+Press+Events+&+Testimonies/mr-2nd-meeting-automated-vehicles-04272016.

The Truth About Cars. "Life in Prison for Car Hacking? Michigan Takes the First Steps". 2016.4.29. http://www.thetruthaboutcars.com/2016/04/life-in-prison-for-car-hacking-michigan-takes-the-first-steps.

7장

Alvaro, S. "The Power of Algorithms: How Software Formats the Culture". 2014. http://blogs.cccb.org/lab/en/article_el-poder-dels-algoritmes-com-el-software-formata-la-cultura.

Barat, J. *Our Final Invention: Artificial Intelligence and the End of the Human Era*. New York: Thomas Dunne Books, 2013.

Bostrom, N. *Super Intelligence*. Oxford: Oxford University Press, 2014.

Boyd, D. & Crawford, K. "Critical Questions for Big Data". *Information, Communication & Society* 15:5, 2012.

Citron, D. "Civil Rights in Our Information Age", *The Offensive Internet: Privacy, Speech, and Reputation*. 2010.

Diakopoulos, N. "Algorithmic Accountability Reporting: On the Investigation of Black Boxes". Tow Center, 2014.

Dijkstra E. "The Threats to Computing Science". *EWD898*, 1984. http://www.cs.utexas.edu/users/EWD/transcriptions/EWD08xx/EWD898.html.

Frey, C. B. & Osborne, M. A. "The Future of Employment: How Susceptible Are Jobs to Computerisation". 2013.

Fuller, M. *Software Studies: A Lexicon*. Cambridge MA: MIT Press, 2008.

Geiger, S. R. "Bots, Bespoke, Code and the Materiality of Software Platforms". *Information, Communication & Society* 17:3, 2014.

Kitchin, R. "Thinking Critically About and Researching Algorithms". *The Programmable City*. 2014.

Kowalski, R. "Algorithm = Logic + Control", *Communication of the ACM* 22:7, 1979. http://www.doc.ic.ac.uk/~rak/papers/algorithm%20 =%20logic%20+%20control.pdf.

Kranzberg, M. "Technology and History: "Kranzberg's Laws"". *Technology and Culture* 27:3, 1986.

Pasquale, F. "The Emperor's New Codes: Reputation and Search Algorithms in the Finance Sector". Draft for discussion at the NYU "Governing Algorithms" conference. 2014.

Prodhane, G. "Europe's Robots to Become 'Electronic Persons' Under Draft Plan. *Reuter*. 2016.6.21.

Seaver, N. "Knowing Algorithms". *Media in Transition 8*, 2013. http:// nickseaver.net/papers/seaverMiT8.pdf.

구본권. 「"사람은 편견 가득"… 로봇에 맡기면 '공정한 판단' 나올까」. 《한겨레》. 2016.7.5.

김대식. 『김대식의 빅퀘스천』. 서울: 동아시아, 2014.

레브 마노비치. 이재현 옮김. 『소프트웨어가 명령한다』. 서울: 커뮤니케이션 북스, 2014.

레이 커즈와일. 김명남·장시형 옮김. 『특이점이 온다』. 서울: 김영사, 2007.

로렌스 레식. 김정오 옮김. 『코드 2.0』. 서울: 나남, 2009.

손화철. 『토플러 & 엘륄: 현대 기술의 빛과 그림자』. 서울: 김영사, 2006.

에릭 브린욜프슨 & 앤드루 맥아피. 이한음 옮김. 『제2의 기계 시대』. 서울: 청림출판, 2014.

오세욱·이재현. 「소프트웨어 '페이스북'의 알고리즘 분석: 행위자 네트워크 관점」. 《언론과 사회》 21권 1호. 서울: 언론과 사회사, 2013.

울리히 벡. 박미애·이진우 옮김. 『글로벌 위험사회』. 서울: 길, 2010.

유발 하라리. 조현욱 옮김. 『사피엔스』. 서울: 김영사, 2015.

이대희. "〈사피엔스〉 저자 "학교 교육 80~90%, 쓸모 없다"". 《프레시안》.

2015.4.26. http://www.pressian.com/news/article.html?no=135917.

이재현. 『디지털 문화』. 서울: 커뮤니케이션북스, 2013.

존 실리 브라운 & 폴 두기드. 이진우 옮김. 『비트에서 인간으로』. 서울: 거름, 2001.

케빈 켈리. 이한음 옮김. 『기술의 충격』. 서울: 민음사, 2011.

쿠키어 마이어쇤베르거. 이지현 옮김. 『빅데이터가 만드는 세상』. 서울: 21세기북스, 2013.

8장

고란. 「호킹·머스크·촘스키 "인공지능 킬러 로봇 개발 규제해야"」. 《Korea Daily 뉴스》. 2015.7.28. http://goo.gl/N1Xt9t.

김대식. 『김대식의 인간 vs. 기계: 인공지능이란 무엇인가』. 서울: 동아시아, 2016.

김익현. 「4차산업혁명… 일자리 500만개 사라진다」. 《ZENnet Korea》. 2016.1.20. http://goo.gl/YevKBm.

랭던 위너. 「기술철학자의 사회구성주의 비판」. 송성수 편역. 『과학기술은 사회적으로 어떻게 구성되는가』. 서울: 새물결, 1999.

마르틴 하이데거. 이기상·신상희·박찬국 옮김. 『강연과 논문』. 서울: 이학사, 2008.

손화철. 「사회구성주의와 기술의 민주화에 대한 비판적 고찰」. 《철학》 제76집. 서울: 한국철학회, 2003.

손화철. 「알파고에 대해 묻다」. 《국민일보》. 2016.5.20. http://goo.gl/ADXwcn.

아이작 아시모프. 『아이, 로봇』. 서울: 우리교육, 2008.

이상욱. 「기술의 미래를 예측하는 일의 어려움」. 이상욱 외 저. 『욕망하는 테크놀로지』. 서울: 동아시아, 2009.

이상욱. 「현장성과 지향성: 현대기술을 읽는 한 방식」. 《철학과 현실》 제83집. 서울: 철학문화연구소, 2009.

제리 카플란. 신동숙 옮김. 『인간은 필요 없다』. 서울: 한스미디어, 2016.

조일준. 「'폭탄로봇'으로 저격범 폭살… 미 '경찰의 군대화' 논란 가열」. 《한겨레 신문》. 2016.7.10. http://goo.gl/u5CbeV.

한스 요나스. 이유택 옮김. 『기술 의학 윤리: 책임 원칙의 실현』. 서울: 솔, 2005.

Callus, Ivan & Herbrechter, Stefan. "Posthumanism". *The Routledge Cmpanion to Critical Theory*. Simon Malpas & Paul Wake (eds.). London: Routledge, 2013.

Ellul, Jacques. G. W. Bromily (trans.). *The Technological Bluff*. Grand Rapids, Michigan: Eerdmans, 1990.

Ellul, Jacques. J. Wilkinson (trans.). *The Technological Society*. New York: Vintage, 1964.

Heidegger, Martin. "The Spiegel Interview". Guenther Neske & Emil Kettering (eds.). Lisa Harries (trans.). *Martin Heidegger and National Socialism*. New York: Paragon, 1990.

Ong, Walter J. *Orality and Literacy: The Technologizing of the Word*. London: Routledge, 1982.

Pitt, C. Joseph. *Thinking about Technology: Foundations of the Philosophy of Technology*. New York: Seven Bridges Press, 2000.

찾아보기

인명

저자약력 (가나다순)

구본권
한겨레 사람과디지털연구소 소장

서울대학교 철학과를 졸업하고 한양대 대학원에서 저널리즘으로 박사학위를 받았다. 1990년 이후 《한겨레》 기자로 활동하고 있으며 2014년 한겨레가 만든 사람과디지털연구소의 소장을 맡고 있다. 디지털 환경에서 기술로 인해서 생겨나는 사회적·문화적 변화에 주목하고 이에 관한 정보와 논의를 전달하는 역할을 하고 있다. 지은 책으로 『로봇시대, 인간의 일』, 『당신을 공유하시겠습니까?』, 『인터넷에서는 무엇이 뉴스가 되나』, 옮긴 책으로 『잊혀질 권리』, 『페이스북을 떠나 진짜 세상을 만나다』 등이 있다.

김건우
광주과학기술원 기초교육학부 교수 (법학)

서울대학교 물리학과를 졸업하고 동대학 과학사및과학철학 협동과정에서 과학철학으로 석사학위를 취득했다. 이후 미국 캘리포니아대학교 (샌디에이고) 대학원 영국 옥스포드대학교 대학원 철학과에서 수학하고 서울대학교 법학대학원에서 법철학으로 박사학위를 받았다. 학문적 관심은 박사학위 취득 전후 법철학적 탐구, 즉 법의 근본 및 토대에 관한 탐구에 집중되었으나, 이후 연구는 매우 융합적이고 광범위하게 전개되고 있다. 과학기술 전반과 법학, 철학, 크게 이 세 가지 상이한 분야들을 넘나들면서 여러 주제들을 교육하고 연구하고 있는 것이다. 기존의 주요 과학기술은 물론 유전공학, 뇌과학, 진화심리학, 인지과학, 인공지능/로봇공학 등 첨단 과학기술의 발전이 가져온 인간 존재와 사회의 변화에 관심이 많으며, 특히 그 윤리적, 법적 쟁점들을 탐구하는 데에 주력하고 있다.

김경환
법무법인 민후 대표변호사

서울대학교 공대 전자공학과에서 학사·석사를 마친 후 사법시험에 합격하여, 현재 법무법인 민후 대표변호사를 역임하고 있다. IT와 관련된 법적 이슈, IT가 가져올 미래사회의 변화, IT와 관련된 규제 등에 대하여 관심이 많아 이런 문제를 법적으로 해결하는 데 주력하고 있다. 숭실사이버대학교 외래교수, 산업기술분쟁조정위원회 조정위원, 온라인광고분쟁조정위원회 조정위원, 개인정보분쟁조정위원회 조정위원, 방송통신위원회 법령자문위원, 국토교통부 자율주행차 융·복합 미래포럼 인문·사회분과 전문위원, 공정거래위원회 기업거래정책 자문위원, 지식재산위원회 해외진출 중소기업 IP전략지원 특별전문위원회 전문위원 등도 역임하고 있다.

백종현

서울대학교 명예교수, 한국포스트휴먼학회 회장

서울대학교 철학과에서 학사 · 석사 과정 후 독일 프라이부르크 대학에서 철학박사 학위를 받았다. 인하대 · 서울대 철학과 교수, 한국칸트학회 회장, 서울대 철학사상연구소 소장, 서울대 인문학연구원 원장, 한국철학회 회장 겸 이사장을 역임하였다.

주요 논문으로는 "Universality and Relativity of Culture"(*Humanitas Asiatica*, 1, Seoul, 2000), "Kant's Theory of Transcendental Truth as Ontology"(*Kant-Studien*, 96, Berlin & New York, 2005), "Reality and Knowledge"(*Philosophy and Culture*, 3, Seoul 2008) 등이 있으며, 주요 저서로는 *Phänomenologische Untersuchung zum Gegenstandsbegriff in Kants "Kritik der reinen Vernunft"*(Frankfurt/M. & New York, 1985), 『독일철학과 20세기 한국의 철학』(1998/증보판2000), 『존재와 진리 ― 칸트 〈순수이성비판〉의 근본 문제』(2000/2003/전정판2008), 『서양근대철학』(2001/증보판2003), 『현대한국사회의 철학적 문제: 윤리 개념의 형성』(2003), 『현대한국사회의 철학적 문제: 사회 운영 원리』(2004), 『철학의 개념과 주요 문제』(2007), 『시대와의 대화: 칸트와 헤겔의 철학』(2010), 『칸트 이성철학 9서5제』(2012), 『동아시아의 칸트철학』(편저, 2014), 『한국 칸트철학 소사전』(2015) 등이 있고, 역서로는 『칸트 비판철학의 형성과정과 체계』(F. 카울바흐, 1992), 『실천이성비판』(칸트, 2002/개정판 2009), 『윤리형이상학 정초』(칸트, 2005/개정판 2014), 『순수이성비판 1 · 2』(칸트, 2006), 『판단력비판』(칸트, 2009), 『이성의 한계 안에서의 종교』(칸트, 2011), 『윤리형이상학』(칸트, 2012), 『형이상학 서설』(칸트, 2012), 『영원한 평화』(칸트, 2013), 『실용적 관점에서의 인간학』(칸트, 2014) 등이 있다.

손화철

한동대학교 교양학부 교수 (철학)

서울대학교 철학과를 거쳐 벨기에 루벤대학교 철학부에서 "현대 기술과 민주주의"라는 주제로 박사학위를 취득했다. 세부 전공은 기술철학이고, 주요 연구 분야는 기술철학의 고전이론, 기술과 민주주의, 포스트휴머니즘, 빅데이터와 인공지능의 철학, 미디어 이론, 공학윤리, 연구윤리 등이다. 『랜던 위너』(컴북스, 2016)와 『현대기술의 빛과 그림자: 토플러와 엘륄』(김영사, 2006)을 썼고, 공저로 『과학기술학의 세계』(휴먼사이언스, 2014), 『한 평생의 지식』(민음사, 2012), 『과학철학: 흐름과 쟁점, 그리고 확장』(민음사, 2011) 등이 있으며, 닐 포스트먼의 『불평할 의무: 우리 시대의 언어와 기술, 그리고 교육에 대한 도발』(씨아이알, 2016)과 랜던 위너의 『길을 묻는 테크놀로지』(씨아이알, 2010)를 번역했다.

윤성현

한양대학교 정책과학대학 정책학과 교수

서울대학교 법학부를 졸업하고 동 대학원에서 헌법학 전공으로 석사와 박사학위를 받은 뒤, 헌법재판소 헌법재판연구원 책임연구관을 지냈다. 헌법학의 전통적인 관심분야인 민주주의 · 자유주의 · 법치주의에 관한 이론 · 판례 연구를 기본으로 하면서도, 동시에 규범학으로서의 헌법학의 실질적 정당성과 합리성을 제고하기 위해 철학 · 사상 · 역사 · 정치 · 경제 · 사회학 등 인문사회 학제간 연구에도 관심을 가지고 있다. 특히 한국포스트휴먼학회 연구위원으로 참여하게 되면서부터 장차 포스트휴먼 사회의 도래가 종래의 헌법 및 법체계의 패러다임 자체를 바꿀 수 있음을 인식하게 되어, 자율주행자동차와 드론 등 포스트휴먼 사회로의 변화에 대비한 법이론적 대응에도 주목하고 있다.

주요논문으로는 「존 스튜어트 밀의 정치경제학과 헌법상 경제민주주의론 서설」, 「J. S. Mill 민주주의론의 기초개념으로서 숙의(熟議)」, 「미국헌법상 표현의 자유의 지지논변으로서 사상의 시장론」, 「부담금의 위헌심사기준에 관한 헌법이론적 재검토」, 「지방교육자치제와 교육감직선제의 헌법학적 재검토」 등이 있다.

천현득
이화여자대학교 인문과학원 교수 (과학기술철학)
서울대학교에서 물리학을 공부하고, 동 대학원에서 과학사 및 과학철학 전공으로 석사와 박사학위를 받았다. 미국 피츠버그대학 방문연구원, 서울대학교 인지과학연구소 연구원을 지냈다. 연구 관심 분야는 과학기술철학, 인지과학철학, 포스트휴머니즘이다. 다양한 경험과학에서 제기되는 다양한 철학적 문제들을 주제로 연구해왔으며, 인지과학을 비롯한 경험 과학이 철학 이론과 접합될 수 있는 여러 가지 방식을 고민하고 있다. 논문으로는 "In what sense scientific knowledge collective knowlege", "Distributed cognition in scientific contexts", "쿤의 개념 이론", "분산된 인지와 비확장된 마음" 등이 있고, 저서로는 《과학이란 무엇인가》(공저), 《실험철학》(번역), 《역학의 철학》(공역)이 있다.

최주선
법무법인 민후 변호사
서울대학교 철학과를 졸업하고, 사법시험 52회에 합격하여 사법연수원 42기를 수료하였다. 53회 사법시험에서 제1차시험 법철학 검토위원을 역임하였다. 현재 법무법인 민후의 변호사로 재직하고 있으며, 한국포스트휴먼학회 사무총장과 한국포스트휴먼학회 연구위원회의 위원으로 활동하고 있다.

하대청
국가생명윤리정책연구원 선임연구원 (과학기술학·생명윤리학)
서울대학교 기계공학과를 졸업하고 2008년 광우병 위험 논쟁을 연구한 논문으로 서울대학교에서 박사학위(과학기술학 전공)를 취득했다. 위험의 지구적 정치, 생의료기술의 윤리와 정치에 대해 연구하고 글을 쓰고 있다. 최근에는 생존 기증자 장기이식의 생명정치, 유전체의학의 생명윤리 등을 연구하고 있다. 「위로부터의 지구화」와 위험담론의 역사적 구성」, 「지구적 생명정치와 위험의 개인화」 등의 논문이 있고 『생명정치의 사회과학』을 공저했다.

이 책은 대우재단의 저술 지원에 의해 발간된 것임.

포스트휴먼사이언스 01

포스트휴먼 시대의 휴먼

1판 1쇄 펴냄 | 2016년 11월 15일
1판 3쇄 펴냄 | 2019년 9월 17일

편　자 | 한국포스트휴먼연구소·한국포스트휴먼학회
펴낸이 | 김정호
펴낸곳 | 아카넷

출판등록 | 2000년 1월 24일(제406-2000-000012호)
주소 | 10881 경기도 파주시 회동길 445-3
전화 | 031-955-9511(편집)·031-955-9514(주문)　팩시밀리 | 031-955-9519
www.acanet.co.kr | www.phildam.net

Printed in Seoul, Korea.

ISBN 978-89-5733-525-3 94300
ISBN 978-89-5733-524-6 (세트)

이 도서의 국립중앙도서관 출판예정도서목록(CIP)은 서지정보유통지원시스템 홈페이지(http://seoji.nl.go.kr)와
국가자료공동목록시스템(http://www.nl.go.kr/kolisnet)에서 이용하실 수 있습니다.(CIP제어번호: CIP2016025387)

포스트휴먼사이언스 총서

기획간행위원회
—
백종현(위원장), 정원섭, 김경환,
구본권, 손화철, 최주선

편집위원
—
손화철(위원장), 강태경, 김경환,
김건우, 이상헌, 정원섭,
최주선, 하대청, 최은광(편집간사)